RESEARCH ON
TEACHING IMAGINATION

教学想象研究

姜艳 著

中国社会科学出版社

图书在版编目(CIP)数据

教学想象研究 / 姜艳著. — 北京：中国社会科学出版社，2022.6
ISBN 978-7-5227-0331-2

Ⅰ.①教… Ⅱ.①姜… Ⅲ.①教学研究 Ⅳ.①G420

中国版本图书馆 CIP 数据核字(2022)第 099001 号

出 版 人	赵剑英
责任编辑	郝玉明
责任校对	谢 静
责任印制	王 超
出　　版	中国社会科学出版社
社　　址	北京鼓楼西大街甲 158 号
邮　　编	100720
网　　址	http://www.csspw.cn
发 行 部	010-84083685
门 市 部	010-84029450
经　　销	新华书店及其他书店
印　　刷	北京君升印刷有限公司
装　　订	廊坊市广阳区广增装订厂
版　　次	2022 年 6 月第 1 版
印　　次	2022 年 6 月第 1 次印刷
开　　本	710×1000　1/16
印　　张	17.25
字　　数	274 千字
定　　价	89.00 元

凡购买中国社会科学出版社图书，如有质量问题请与本社营销中心联系调换
电话：010-84083683
版权所有　侵权必究

序

教学如果没有想象，形同鸟儿被束缚了翅膀，根本就无法自由飞翔，再高远的天空也都失去了意义。应该说教学想象是一个很有价值的研究课题，值得研究者为之付出足够的时间、精力和才华。记得姜艳博士在选定题目时，还心存诸多疑虑；而在完成论文写作时，我曾问她"是不是感觉到教学想象的研究越来越有意思了？"她则频频点头，笑得一脸灿烂。一个好的研究课题，就像深隐草木土石之下的矿藏，总能在被开掘之后，展现其独特而丰富的品质，以及更为广阔的发展前景。

教学想象的研究成果目前还不是很多，对许多问题的探讨需要研究者葆有敢为人先的学术勇气，一步一个脚印地闯出一条路来。在我的"激将"和"纵容"下，姜艳博士逐步克服胆怯和拘谨，学会大胆思考和独立表达。在她的多方尝试和努力构建下，教学想象被逐步勾勒出大致轮廓，较为清晰地揭示出"初稿"形象。在她顺利通过答辩两年多后的今天，我再次仔细地通读了这篇博士论文的全部文字，感觉她的教学想象研究有三点较为突出。

一是研究建立在比较扎实的文献和调研基础之上。作者一方面分别就想象理论的基础研究、不同领域中关于想象的研究、指向想象领域的实践研究等方面，对国内外教学想象的有关研究文献做了梳理与评点。另一方面还深入学校进行关于教学想象的实际调研，发现了教师教学想象所存在的问题。文献述评增强了理论探讨的基础，帮助确定了研究的起点；实际调研及其分析则增强了对策研究的针对性，切中现实教学的时弊。

二是大胆提出了对教学想象的基本理论问题的新颖观点。如辨析了教学想象的意涵、分类与特点，阐明了教学想象的价值与基本逻辑，深入揭示了教学想象的影响机制、生成机制和保障机制等。其中有些观点较为新颖，且经过相应论证，也较为合理。一般说来，在学位论文中能够提出新颖观点已经比较难了，进而将之论证得自圆其说就更显可贵。学术的立论也只有精雕细刻、精益求精，才有望成为高质量的作品。

三是进行了力所能及的教学想象的空间拓宽和深度拓展。为了更好地提升教师的教学想象力，改进教学的想象品质，论文对教学想象的实践提出了具体的策略。这些策略涉及教学各个环节，思路较为开阔，且结合实例进行分析，可以给教师展开教学想象提供有益的启迪和可参考的方案，展现了一定的研究"宽度"。同时，"想象教学艺术"的提出是很有意义，也是很有意思的。这可以视为整个研究升华的"点睛之笔"，从前瞻性来看，这可能是个有趣的学术生长点，使得整个研究更加富有活力和张力，展现了一定的研究深度。

好的学术研究问题，常常使得研究者成为第一受益人。想象蕴含神奇的力量，想象研究则是"惠人"更"惠己"。非常明显的，由于选做了教学想象的题目，姜艳博士对教学与人生的理解和体验也比以前更深刻、更丰富了，思维变得更轻盈灵活，审美变得富有情趣，表达也有些诗性倾向了。现在她成了一名高校青年教师，正好可以实践自己的研究了，如同鸟儿解除了翅膀的束缚，更有一片蓝天可供翱翔。前不久她在下课回家的路上，还给我发微信，分享其教学感受，说："每次上完课都很开心，经常把自己讲得很兴奋。"我开她的玩笑说："有没有用点教学想象啊？"她心领神会地说："用了用了！"那种语气让我想象得出她脸上的自信和愉悦。教学想象理论研究的种子，一旦得到课堂实践沃土的滋养，可望更快更好地走向枝繁叶茂。

教学想象的研究开了一个很好的头，让我们领略到教学发展的更多可能性。如再顺势展望一下，就会发现还有更多的课题亟待关注和研究，研究的成果也要尽可能在实践中转化成一种实际的力量，使更多的学生和教师受益。姜艳博士的《教学想象研究》能够在反复修改后正式出版，是可喜可贺的。尽管还带有一些青年学者通常难免的稚嫩和书卷气，但所展现的那股学术锐气和扎实学风依然给人留下深刻的印象。姜艳博士正值学术盛年，当然可以继续想象她的"教学想象"，而我们则可以"想象"她本人以及她所钟爱的"教学想象研究"的未来发展，这都是多么美好的事情啊！

是为序。

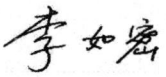

2021年11月20日于南京师范大学

目 录

绪论 想象走进教学研究的视野 ………………………………… 1
 第一节 教学想象的研究缘起 ………………………………… 1
 第二节 教学想象研究的意义 ………………………………… 4
 第三节 国内外关于教学想象的研究及发展趋势 …………… 6
 第四节 研究的主要内容、思路与方法 ……………………… 32

第一章 教学想象的意涵、分类与特点 ………………………… 36
 第一节 教学想象的意涵 ……………………………………… 36
 第二节 教学想象的分类 ……………………………………… 47
 第三节 教学想象的特点 ……………………………………… 53

第二章 教学想象的价值、现实诉求与基本逻辑 ……………… 62
 第一节 教学想象的价值 ……………………………………… 62
 第二节 教学想象的现实诉求 ………………………………… 79
 第三节 教学想象的基本逻辑 ………………………………… 85

第三章 教学想象的机制分析 …………………………………… 92
 第一节 教学想象的影响机制 ………………………………… 92
 第二节 教学想象的生成机制 ………………………………… 97
 第三节 教学想象的保障机制 ………………………………… 105

第四章 教学想象的调查研究 …………………………………… 112
 第一节 调查方案的设计 ……………………………………… 112
 第二节 调查资料的收集与数据处理 ………………………… 118
 第三节 调查资料的统计与分析 ……………………………… 129

第四节　调查研究的结果与讨论 …………………………… 188
　　第五节　教学想象运用现状的调查结论 …………………… 197
　　第六节　教学想象运用现状调查研究的反思 ……………… 201

第五章　教学想象空间的拓宽 …………………………………… 203
　　第一节　积极悦纳教学想象，觉醒教学想象意识 ………… 204
　　第二节　巧妙设计教学环节，提高教学想象力 …………… 208
　　第三节　优化教学想象过程，提升教学想象水平 ………… 218

第六章　教学想象深度的拓展：教学想象艺术 ………………… 224
　　第一节　教学想象艺术提出的必要性 ……………………… 224
　　第二节　教学想象艺术存在的前提条件 …………………… 227
　　第三节　实施教学想象艺术应遵循的原则 ………………… 236

结语　教学想象研究的未来走向 ………………………………… 243

附　　录 …………………………………………………………… 246

参考文献 …………………………………………………………… 253

后　　记 …………………………………………………………… 266

绪论　想象走进教学研究的视野

想象力比知识更重要，因为知识是有限的，而想象力概括着世界上的一切，推动着进步，并且是知识进化的源泉。

——［美］爱因斯坦《论教育》

"想象"于我们而言如同空气一般，我们可以很清晰地感觉到它时时刻刻地真实存在。然而，我们却无法直接触摸它，也很难用语言来描述它的存在状态。"想象力"是人类所必备的关键素养，当前社会已不再是信息化社会，而逐渐被智能化社会代替，人工智能与想象有着密切的联系，它是人想象力的智能化体现，随着人工智能的不断发展，我国人工智能逐渐进入快速发展期，出现了诸如电子购物、3D 打印技术、刷脸乘车、电子住宿以及无人驾驶、无人工厂等，可见，"想象"已经融入我们生活的方方面面，尤其是课堂教学中，深入研究教学想象问题变得极其重要。康德认为"想象力是沟通感性与知性的桥梁，是我们认识世界与获得知识的基础"①。由于人具有想象的能力，人类才能将历史文明一代代地传承下去，学校教育才能得以顺利实施，学生才可以根据相关信息的提示想象课本中人类历史的文明与科技，想象古人的情感世界、生活世界与学习世界，还原"历史"，体会知识背后的东西，才能利用所学知识生成新的知识，而非仅仅被动地接受知识。

第一节　教学想象的研究缘起

"想象"对于教学来说并不陌生，在课堂教学中，学生常常被要求想象各

---

① P. Brady., "The Role of Imagination in the Development of Curriculum Theory", *Discourse*, Vol. 1., No. 18 – 40, Feb., 1981.

种形象或教学场景。诸如，语文课上，要求学生根据鲁迅的文字描述，想象一下孔乙己在你心目中是什么样的形象；数学课上，要求学生想象一下立方体相对两个面在其展开图中的位置有何关系。这都需要我们首先在脑海中建构一个形象，运用想象辅助了解认识对象。然而，不可否认，"作为教师，在教学中，我们更多的是通过设计教学路线完成教学任务，我们经常忽视乃至忘记教学想象，满足于抽象教学思路的设计和演绎，或者直接让教学随意'生成'，并未注意到有关学生战胜学习挫折、促进学生间的相互交流、让学生表达自己的见解、提高思维能力等方面"①。事实上，国外研究发现，"教育质量的高低，取决于教育当中想象力的参与程度，要想使想象力参与其中，就是要不停地使用想象力"②。教学作为教育的重要组成部分，也要有意识地建构想象，教学缺乏想象必然使教学走向简单化和粗线条，失去了教学本该有的可能性的自觉探索。构建富有想象的教学成为必需。鉴于此，本研究以"想象"为主题，并将"想象"定位到"教学"层面，具有较高的教育价值和学术意义，主要是基于三个方面思考的结果。

一 学生想象力危机触发的反思

当前中小学阶段学生想象力普遍较差，这已成为共识。据调查，"1993年报告文学《夏令营中的较量》，描述了中日少年儿童在内蒙古进行的一次草原探险夏令营活动，这次活动充分暴露了中国儿童在生存与耐挫折能力方面的缺陷，在国内引发了持久而热烈的教育大讨论，在某种程度上推动了中国的一些教育改革"③。该报告文学的作者孙云晓先生，经过自己以及研究团队的多年观察研究，在2009年又推出《中国儿童想象力危机报告》，报告指出："中国儿童的想象力发展状况非常不乐观，甚至可以说已经糟糕到需要全社会关注甚至拯救的地步。"④ 调查显示，"中国孩子的计算能力排名世界第一，而创造力排名却倒数第五，只有4.7%的中小学生认为自己有好奇心和想象

---

① ［日］佐藤学：《静悄悄的革命》，李季湄译，长春出版社2003年版，第39页。
② In Peters, R. S. ed., *The Philosophy of Education*, London: Oxford University Press, 1973, p.121.
③ 该报告文学原名为"夏令营史上的一场变革"，最早发表在《少年儿童研究》1993年第2期，而《读者》杂志在转载其缩写后改名为"夏令营中的较量"，在全国范围内掀起广泛影响。
④ 孙云晓、赵霞：《中国儿童想象力危机报告》，《少年儿童研究》2009年第22期。

力，而希望培养想象力和创造力的只有14.9%"①。学生想象力水平较低，这已成为学界公认的事实。然而，学生想象力水平低下是与教学紧密相关的，教学缺乏想象必然会加剧学生想象力匮乏的程度，教学想象问题与学生想象力的问题息息相关，教学活动中没有学生则无法构成教学。因此，研究教学想象问题不可避免地要探究学生想象力的问题，这是无法绕开的必要条件，学生的想象力有赖于教学想象的引导、启发。

二 教师个性化消失的现实隐忧

富有想象的教学是充满艺术性的教学，同时也充满了教师的个性色彩。教师作为教学中的重要参与者，也是教学的关键要素，教师的情感态度、个性特征等与教学想象密切相关，教学是否具有艺术性及艺术性程度的高低受教学想象的影响较大，不能以一种统一的规范来要求教学。教学要富有想象、留有空间，传统教学过多宣扬、强调教师共性的特点，忽视了教师的个性，使得教师个性化消失。事实上，一个优秀的教师应当是一个独具风格的教师。教师个性化的缺失会使得教学缺乏想象、千篇一律，失去其本真的教学魅力以及留给他人的期待。因此，我们要使教学具有想象力，就要尊重教师的个性，使教师在认真学习教学理论的基础上，形成自己的独特风格，以便教师在教学中不仅能有计划地完成教学任务，而且能注重学生的综合素养提升，用自己的思路启发学生的思路，用自己的情感引发学生的情感。正是这一教学实践诉求使得我们积极思考教学想象问题，并努力构建富有想象力的教学。

三 教学模式同质化现象引发的思考

随着时代的进步，人们对教学活动的要求不断提高，由"有效课堂"转向"高效课堂"的现实诉求必然要求教学做出改革，教学模式同质化现象的频现引起我们对教学的反思。奚丽萍认为，"当前我国课堂教学中普遍存在同质化现象，教育呈现出标准化的特点，同质化是指事物与事物之间赖以相互区别的质发生了趋同的情况，这意味着在一定程度上同质化促进了教育的普及与均衡，但也导致了教育和受教育者的工具性异化"②。李允认为，"当今

---

① 赵永新、吴昊魁：《中国儿童想象力太差》，《人民日报》2009年8月17日第11版。
② 奚丽萍：《教育同质化现象论》，《教育研究与实验》2009年第5期。

中小学课堂教学模式异常繁荣的态势下明显存在着弃旧崇新的教学观念、精细规约的教学程序、迅捷量化的教学评价、模仿—改造的建构路径等同质化现象"①。教学同质化现象表明教学缺乏想象的程度逐渐加重,甚至会影响教学效果。富有想象的教学不是模仿既有的教学模式,也不是千篇一律地做同样的工作,而是每节课都有进步、有提高、有生成,既避免教师职业倦怠感,又使教师在职业道路上有所发展,师生精神交流、智慧的碰撞下必然会有超乎寻常的想象出现。拥有丰富的教学想象还可设计出多种多样具有吸引力的教学模式,使教学有所创生,尽可能地挖掘教学的潜力,提升教学的生命力。

第二节　教学想象研究的意义

一　理论意义

恩格斯认为,"一个民族想要站在科学的最高峰,就一刻也不能没有理论思维"②。教学理论思维的养成是教学研究的必备素养。教学想象问题不仅是一种方法、技术,更是一种教学思维,研究者们多致力于从方法技术层面培养、激发学生的想象力,鲜有从教学思维方面考虑想象力培养的问题,本书以此为切入点,将想象定位为一种教学思维,为想象问题的研究拓宽了理论视野,直观地呈现出较强的理论意义。

(一)为教学想象实践活动提供理论支撑

教学想象本质上属于教学实践活动,关于教学想象的研究既包括了理论的演绎、推理、思辨,又涵盖了实践的调查研究、分析、讨论等。其中,理论的演绎、推理与思辨为教学想象实践活动提供了理论方面的支持。然而,任何教学理论的建构均需要回归教学实践进行检验,而教学理论的总结、升华也来源于教学实践,同样,教学想象理论的探究需要在实践中寻找根基,所以,本研究是基于教学实践基础上的理论建构。前期基于课堂观察、深度访谈及问卷调查获得教学实践活动的第一手资料,在调查研究的基础上进行

---

① 李允:《繁荣背后的危机:中小学课堂教学模式同质化》,《课程·教材·教法》2015年第11期。

② 《马克思恩格斯选集》第3卷,人民出版社1972年版,第467页。

教学想象理论的建构，反过来可以更好地指导教学想象的实践活动，为教学想象的实施提供理论支撑。

（二）为未来的教学研究奠定理论基础

社会一直在变化，信息化时代的教学与智能化时代的教学必然有很大的区别，教学研究不应只是立足现在，重要的是展望未来。当前人工智能时代已经取代了信息化时代成为社会的主流，而人工智能就是想象的结果，依靠想象我们可以预见未来，教学想象的研究为未来的教学研究提供了理论上的支持。我们现在的教学研究是智能化教学，那么未来教学是什么样的呢？我们唯有依靠想象才能更好地预测未来教学，以做好迎接挑战的准备，这必然需要教学想象提供理论方面的支持。过去的教学基本上是传递—接受模式，也就是说，通过教学将知识从书本灌输到学生头脑中，然后再传承下去，教学的作用是储存与传授知识，然而，智能化时代要求学生不仅要认识知识是如何发展至今的，还要知道知识的未来发展趋势，这就不得不在教学中融入想象，借助想象预测教学的未来，而教学想象的研究则为此提供了理论方面的支撑。

二　实践意义

通过深入一线调查研究发现中小学课堂普遍缺乏想象力，因此，致力于教学想象的激发、建构不仅需要而且必要。教学具有想象力，学生才具有更大的想象空间，激发学生的想象力是教学活动较为重要的任务，在教学实践活动中通过构建富有想象的教学来培育学生的想象力，以期为想象危机问题的缓解提供实践依据，对于优化教学活动具有重要的实践意义。

（一）为一线课堂富有想象地实施教学提供指导

构建富有想象的课堂教学是一线中小学课堂应该努力的方向，尽管中小学教学还没有完全走出"唯分数论"的影响，但这是未来教育教学发展的方向。新教材改版一直备受瞩目，现在新出版统编本教材也做出了相应的改变，一些课文后面的课后题，均变成了开放题，而且会提示学生发挥想象，说一说课文的内容。类似"发挥想象"的提示语，出现在课后题中的频率十分高。还有一个新的变化就是想象力也被专门安排在独立的章节里，与古诗词、寓言故事、传统文化等并列分别占一个章节。统编本小学语文三年级下册第五章是"想象力的激发",在第五章的首页,有句引言是爱因斯坦的名言——"想象力比知识更重要"。接着是"走进想象的世界,感受想象的神奇;发挥想象写故事,创造自己的想象世界"。后面节选了两篇十分富有想象力的课文,接着有个"习作",习作练习也是给学生留有想象空间的作业。教材的改变充分说明想象力的培养对中小学来说极为重要。而本研究旨在探究教学中融入想象的问题,因此,可以为具体的教学实践活动提供较好的指导。

(二) 为培养学生想象力提供新的研究视角

毋庸置疑,学生想象力培养的问题非常重要,这已然成为学术界及一线教学实践的共识,通过文献梳理也发现不少关于想象力的研究,其中,有一线教师的研究也有理论研究者的研究,但几乎所有的关于想象力的实践研究均是一线教师针对学生想象力培养而进行的实践层面的探讨,同样,绝大多数的理论研究者关于想象的研究亦是对学生想象力培养问题进行的理论与实践相结合的探究。然而,学生想象力的培养实际上离不开教学想象的构建,二者有着密切的关联。在一定程度上,教学想象的培养与激发最终指向的是学生想象力的培养,教学缺乏想象力,学生的想象力更无法养成,因此,教学想象的激发与培养是学生想象力培养的前提。相比较而言,构建富有想象的教学比单纯培养学生想象力效果要更好。中小学生的身心发展、知识能力的提升有赖于教学,构建富有想象的课堂教学,实际上也可以说是为学生富有想象的学习提供了想象的环境,教学富有想象力,学生也会更有想象力。教学想象会激发、引导学生的想象,使学生的想象由浅层次走向深层次。反过来,如果教学缺乏想象力,也会限制学生想象力的深化与升华。依此,教学想象的研究为学生想象力的培育提供了新的研究思路。

第三节 国内外关于教学想象的研究及发展趋势

鉴于在收集资料时除了本人拙作之外,没有搜到直接研究"教学想象"问题的文献与书籍资料,甚至连"教育想象"的相关研究都很少,因此,在梳理文献书籍资料时将范围扩大了,重点围绕"想象",考虑到几种梳理文献的方案,分别是历史研究线索、主题研究线索、学科分类研究线索以及按国别研究的线索。为立体展现想象问题的已有研究内容,本研究在梳理资料时采取混合法,从宏观上将"想象"问题分为理论基础研究、学科拓展研究与实践应用研究；微观上又涵盖内涵、分类、功能、策略等方面，在宏观与微观之下分别按历史与国别的线索进行梳理。

一　围绕想象理论的基础研究

"想象"理论的基础研究主要基于历史的线索，梳理了想象的源起、内涵、分类三个方面，旨在了解教学想象的源头以清晰地呈现该研究问题的空白。

（一）关于想象源起的研究

作家刘慈欣认为，"中国人从来不缺乏想象力"，"在远古蒙昧时代，尽管人们对宇宙的了解还相当有限，但是我们的先人就已经把当时人类的智慧发挥到极致。盘古开天辟地的神话传说就是我们的先人关于宇宙生成、生命出现最早期、最浪漫的想象。这预示了我们的民族是多么地富有想象力、创造力及生命力"[①]。

无论蒙昧时期还是神话时代，均是人类最具有想象力的时代，但是这种想象力是一种原初状态，人与大自然是浑然一体的。"人类的进步源于'分类学'（知性活动）基于分类学知识，人们将自己从自然中分离出来。事实上，最初的分类学带有想象力的成分，这一点法国社会学家涂尔干和莫斯已经证实。但随着分类学的不断发展，理性与理智能力逐渐代替想象力成为人类释放自然、摆脱自然的主要能力，想象力在这个时候也逐渐被少数人掌握和垄断，诸如巫师、部落首领以及尧、舜、禹、商汤、周文王等拥有超凡才能和想象力的'王'。"[②]

春秋战国后，政治人物崇尚追逐军事武力强权，此时的想象力逐渐沦为人文学者的把戏，这种转变始于屈原时代，所以，这时的想象力大多集中在"文学领域"，同时导致了唐诗宋词的繁荣，例如，具有代表性的李白、李商隐、李煜、李清照等，其诗词中所体现出的想象力已经到了古代文学的巅峰时期。后来，秦始皇焚书坑儒，制造了历史上一场影响深重的文化浩劫，也深刻地影响了想象力的发展。"随着时代变迁，到了当代社会，想象力成为市场的计谋，即使是乡村社会保留的'原初想象力'，也被包装成市场上明码标价的'商品'。"[③] 据此可知，随着时代的发展，想象力不断遭到破坏，真正的想象力已

---

① 刘慈欣：《展现伟大时代的瑰丽想象》，《光明日报》2015年10月21日第10版。
② 张柠：《想象力考古》，《东方》2003年第11期。
③ 张柠：《想象力考古》，《东方》2003年第11期。

经无法通过文学创作得以保存或恢复。

前面是关于"想象"萌芽的历程，实际上，中国历史上最早出现"想象"一词在屈原的《楚辞》中，"思故旧以想象兮，长太息以掩涕"（《楚辞·远游》），这里特指文学领域中的想象。1910年《女学生杂志》刊登《科学：想象力》一文，提出"何谓想象力"，譬如，"扎一盏兔子灯，未有兔子灯的实物，心里先有兔子灯的模型。如何以竹作骨，如何糊纸，如何用笔描画装点，色色都心中明白，总能扎出这盏兔子灯，这便叫作想象力。同一想象，有再生的想象和原造的想象，从前有过兔子灯，吾还记得，或是自己从前造过，现在再造，叫作再生的想象；从来未曾有过的金脊鱼灯，由自己心中构成一像，创造出来，叫作原造的想象"①。

到了现代，随信息化时代的到来，弗里德曼（Thomas L. Friedman）认为，"世界互联的程度越高，变革越快。对创新的要求就越高，未来世界将不会简单地以发达国家和发展中国家来划分，而是分为 HIE（高想象力）和 LIE（低想象力）两种国家"②。据此，想象力和创造力将成为未来世界各国的核心竞争力。雷家骕指出，"强国将是富于想象力的国家，中国要想成为真正意义上的世界强国之一，就需要教育部门将传统的专业能力教育提升为注重想象力培养的素质教育；相应地整个社会也需要公民想象力的形成与发挥"③。有鉴于此，教育也需要在理论和实践中自觉做出回应，因而，教育领域中关于"想象"的诸多研究随之产生。例如，张春坤认为，"对学生进行观察、想象、修改的训练可以提高小学生的写作水平。"④ 贲立人认为，"富有想象力的作品本身就可以调动欣赏者思维的积极性，诱导欣赏者在艺术欣赏的美感之中自由发挥想象"⑤。徐金海认为，"小学生对事物的认识，总是从一个个具体的形象入手，教师的教学要根据学生正由形象思维向抽象思维发展的这一特点，从一个具体事物出发，发挥学生的想象能力，通过字、词、句、篇的初级训练来巩固旧知，发展新知，以提高学生的语文能力。在培养学生想

---

① 佚名：《科学：想象力》，《女学生杂志》1910 年第 1 期。
② 《未来全球分"高想象力国"和"低想象力国"》，新华网，http://news.xinhuanet.com/fortune/2012-09/11/c_113029010.htm，2012 年 9 月 11 日。
③ 雷家骕：《迎接想象力经济扑面而来》，《中国青年科技》2008 年第 4 期。
④ 张春坤：《观察、想象、修改的训练》，《人民教育》1979 年第 4 期。
⑤ 贲立人：《"想象"小议》，《语文学习》1980 年第 5 期。

象力的过程中，要将这两方面有机地结合起来"①。周学祁认为，"在数学教学中缺乏想象力，学生便无法在数学王国中自由翱翔，在立体几何的学习中，学生需要有离度的空间想象力，在所有数学分支的学习中，丰富的想象力也是不可缺少的"②。干树德认为，"历史教学需要想象，因为历史知识的间接性和复杂性，我们对它既无法亲身经历和体验，也不能重新实验和观察，只能依据遗物和遗迹去尽可能恢复当时的情景；它通常发生在其他地区，不仅在社会习俗方面与自身体验不合，而且在自然条件方面也与已知的境况不同。历史知识涉及人类社会生活的各个方面，经济的发展、政治的进退、军事的争夺、文化的兴衰等都含包于其中；而就每一项历史事件或每一个历史人物来说，它们又是各具特色或相互区别的。因此，要掌握历史知识，离开了想象，显然是很困难的"③。孙丽娟提出，"随着现代科技的飞速发展，科学研究从宏观领域进入了微观和宇观领域，而这些领域仅凭我们的感觉器官是观察不到的，必须借助精密的科学仪器和依靠主体的想象力"④。郑国宣等认为，"在小学语文教学中，应引导学生展开合理的想象，深刻体会课文中人物的思想感情。培养学生想象课文描写的环境和场面，想象课文中人物的神情、动作、语言和心理活动，想象课文中可能发生的情节和结局。让学生触类旁通寻求答案……小学生虽然富于想象，但是他们丰富的想象力不是先天就有的，他们想象力的形成依赖于社会生活实践，依赖于教师的引发。因此，教师要积极引导学生去多看、多听、多想，让他们的头脑里储存各种各样的表象，并制造悬念促进学生想象"⑤。顾桂芳认为，"想象力是智力结构中一个富有创造性的因素。加强想象力的培养，是培养学生创新精神的一条重要途径。语文是一门想象时空极大的学科，在教学中更应抓住各种契机，采取各种手段，着力培养学生的想象力"⑥。

进入 21 世纪，我国部分学者逐渐将视野扩大，开始参与国外关于"想

---

① 徐金海：《让学生展开想象的翅膀——特级教师袁瑢的教学体会》，《江西教育》1981 年第 10 期。
② 周学祁：《想象与想象力培养》，《江苏教育》1985 年第 1 期。
③ 干树德：《历史教学中的想象》，《西南师范大学学报》（人文社会科学版）1990 年第 3 期。
④ 孙丽娟：《试论想象与科学创造》，《长白学刊》1993 年第 6 期。
⑤ 郑国宣、蔡子南：《在小学语文教学中培养学生的想象能力》，《教育评论》1998 年第 2 期。
⑥ 顾桂芳：《语文教学中学生想象力的培养》，《中国教育学刊》2000 年第 1 期。

象"问题的相关研究,其中山东师范大学潘庆玉教授作为 IERG 副主席曾参与过加拿大卑诗省西门·温莎大学(Simon Fraser University)教育学院设立的"富有想象力教育研究中心"的会议(Imaginative Education Research Group),该研究中心的创建者为加拿大皇家学会会员基兰·伊根(Kieran Egan)教授。伊根教授于 20 世纪 80 年代便开始系统地研究想象力以及在教育中的应用问题,并形成了富有创新精神的教育理论和基于认知工具的教育模式、教育方法。上海师范大学夏正江教授发表文章,主要介绍了"基兰·伊根教授 20 世纪 80 年代的研究成果,是大陆第一次比较系统地介绍基兰·伊根的认知发展理论"①。潘庆玉主要"从理论来源、基本思想等几个方面系统介绍基兰·伊根的富有想象力教育理论,并结合教学实例具体介绍了认知工具在课堂教学中的应用"②。李建军认为,"课堂想象是教学多样性和丰富性的涌现,是教学走向个性化和智慧化的必由之路,而课堂想象的生成离不开教师原初教学经验的积淀、卓越的教学主张以及对儿童发展的积极情感投入"③。张洪涛主张,"教师应带着想象去备课,要抓住关键词句来想象场景,让课文中的场景就像放电影一般出现在眼前、浮现在脑海中,做一个富有想象力的老师,抓住文本中的细节去想象,学法和教法似乎都不需要'刻意雕琢',让其像水一样自然地'流淌'在我的课堂里"④。洪志文认为,"想象是理解抽象的化学概念和理论的一条非常重要的途径,对于创造性思维的培养也具有重要的作用,而创造性思维离不开想象力"⑤。黄红成认为,"想象是儿童的天性,但在数学教学中,其培育与发展却屡遭熟视无睹和鄙夷不屑,而且创新素养的提升也常依赖想象能力的发展,所以,需要为师者的唤醒、激励、培养和孕育,以提升儿童的想象能力"⑥。钱建兵认为,"在教学中,要以空间想象力为核心,让学生在经历数学活动的过程中,发展空间观念。然而,直接让学生进行感知,无法让学生充分经历,无法激活思维进行自主的空间想象,可以让学

---

① 夏正江:《个体发展的节律与因序而教——来自 Kieran Egan 的看法及其启示》,《教育研究与实验》2007 年第 3 期。
② 潘庆玉:《认知工具:富有想象力的教育策略和方法》,《教育研究》2009 年第 8 期。
③ 李建军:《课堂想象:通向教学智慧的必由之路》,《教育科学研究》2011 年第 6 期。
④ 张洪涛:《带着想象去备课》,《人民教育》2013 年第 Z3 期。
⑤ 洪志文:《例谈化学教学中想象能力的培养策略》,《化学教育》2014 年第 7 期。
⑥ 黄红成:《"想象"数学:指向核心素养的教学主张》《中小学教师培训》2017 年第 11 期。

生由局部想整体，充实局部为整体的过程就是建立表象、把握特征的过程，就是学生充分经历积累从而促进思维发展的过程，也是培养空间想象力的过程"①。综合而论，尽管进入 21 世纪后，关于想象的研究视野有所提升，慢慢走向国际化，但是国内相关的研究依然仅限于某学科内培养激发学生的某种想象能力，如前面所梳理的数学想象能力、空间想象能力或化学想象能力等。

西方关于想象的问题起源于希伯来文化和古希腊文化。如前所述，东西方是相同的，蒙昧时代是人类最具有想象力的时代。"在希伯来文化和古希腊文化两大文化的神话故事中，想象力的发展有着相似的描述。"② 有研究者调查发现，"在希伯来圣经中，人类遭受了魔鬼撒旦的引诱，逐渐变得堕落，利用自己的智慧和想象力试图僭越上帝而建造了巴别塔，结果遭受惩罚，被变乱语言，流散各地。希伯来圣经在讲述建造巴别塔的故事时使用了'想象力'一词。而希腊神话中，普罗米修斯从太阳神阿波罗那里盗取了天火，从而使人类变得强大起来，却因忤逆了天神宙斯的意志，结果被绑缚在高加索山上，每天风吹日晒，饥寒交迫，还要遭受鹰啄之痛"③。"普罗米修斯"中，普罗—米修斯，就是"超前—思想者"，他们拥有伟大的想象力。这神话虽然来自两种不同文化，但其所蕴含的道理相似，均代表了想象力与束缚。拥有了想象力的人类会破坏自己与神圣之物的原始关系，人类运用想象来预先筹划一些未曾发生的事情，这不仅威胁到上帝的尊严，而且也有悖于人类的掌权者，鉴于此，想象逐渐成为当时人类思想的禁忌。

想象力在西方神话中曾遭受上帝的惩罚，在随后的哲学初创时期并没有获得重生，反而变成一种低级的思维形式，作为理性的对立面而存在于哲学思考中。其始作俑者是柏拉图。④ 柏拉图在《理想国》中提出了著名的"洞穴之喻"，把人的认识分为想象（影像）、信仰、思维以及理智四个阶段。所谓的想象（影像）只是实物的影子，而实物又是理念世界的影子，所以想象则是影子的影子，其源于人的感受和幻觉，处于人的认识水平的最低级阶段。⑤ 想象被

---

① 钱建兵：《以想象为核心培养学生空间观念》，《教学与管理》2018 年第 11 期。
② 潘庆玉：《想象力的教育危机与哲学思考》（上），《当代教育科学》2010 年第 15 期。
③ 潘庆玉：《想象力的教育危机与哲学思考》（上），《当代教育科学》2010 年第 15 期。
④ 参见潘庆玉《想象力的教育危机与哲学思考》（上），《当代教育科学》2010 年第 15 期。
⑤ 参见秦丹丹、孙胜忠《影像・信念・理性——从柏拉图的"洞喻"看〈死者〉中的众生相》，《安徽师范大学学报》（人文社会科学版）2008 年第 1 期。

描述为影子,而影子不是理念世界,常常变幻无穷,是不值得信任的。"描绘想象力是对理想国的威胁,柏拉图认为,身为具有想象能力的实体,我们特别容易受骗,无论真实性如何,我们易于相信所接受的故事。对于柏拉图而言,即使是真实的故事和图像也是可疑的,因为当我们只看到事情的表面时,它却让我们觉得真相已经得到了理解。"①

在中世纪的欧洲,人们对想象力普遍抱有怀疑的态度,想象力的地位有所下降。直到文艺复兴后期想象力才被赋予了新的内涵。休谟认为,"想象可以自由地移置和改变它的观念,想象力能把短暂易逝的、局部的、不断变换的感觉印象带到连贯的稳定的世界观中"②。哲学家康德认为,"想象力作为一种即使对象不在场也能具有的直观能力,要么是创制的,能本源地表现对象的能力,因而这种表现是先于经验而发生的,要么就是复制的,即派生地表现对象的能力,这种提出,表现把一个先前已有的感性直观带回到心灵中来"③。沃尔顿(Walton)"根据想象过程中是否有主体的意向性参与,划分了自发(spontaneous)想象和慎思(deliberate)想象;根据想象是否占据了主体的显性注意力,划分了即时(occurrent)想象和非即时(noncurrent)想象;根据想象过程中是否有多主体参与,划分了个体(solitary)想象和群体(social)想象"④。

格里高利·克里(Gregory Currie,2002)等学者把想象分为"创造性想象、感官想象以及再创造想象"。康德认为,"就想象力是自发性这一点而言,我有时也把它称之为生产性想象力,并由此将它区别于再生的想象力"⑤。

之后,想象力逐渐被推崇,被看作人类在理解世界时的重要因素。萨特(Sartre)认为,"想象是某种类型的意识,是对某物的意识,而不是出现在意识中的某物,它是一种意识活动,并且假如影像(想象)是一种消极而被动的意识内容,那它就肯定不能与综合的必然性相结合,不论是以什么方式"⑥。

---

① [美]肖恩·布伦金索普:《想象力教育》,林心茹译,台北:台湾远流出版事业股份有限公司2013年版,第22页。
② [英]休谟:《人性论》,关文运译,商务印书馆2015年版,第17页。
③ [德]康德:《实用人类学》,邓晓芒译,重庆出版社1987年版,第49页。
④ Walton, *Mimesisas Make-Believe*, Cambridge, MA: Harvard University Press, 1990, p.19.
⑤ [德]康德:《纯粹理性批判》,邓晓芒译,人民教育出版社2004年版,第22页。
⑥ [法]萨特:《想象》,杜小真译,上海译文出版社2014年版,第181页。

随着研究的逐渐深入，想象逐渐被重视。因而，关于想象的内涵、分类及功能随之出现。

(二) 关于想象内涵的研究

关于"想象"的定义尚未形成统一定论，主要因为想象本身较复杂，诚如沃尔顿所言："想象是什么？我们探索了大量的研究维度，不同维度都可得出不同的关于想象的定义，那么我们能不能找出这些不同维度定义的共同点呢？如果我们有能力的话，当然可以，但是恕我无能为力。"[1] 鉴于"想象"本身的复杂性和多样性，国内外学者均从不同的维度对"想象"进行了深度分析。

"'想象'最早见于'思故旧以想象兮，长太息以掩涕'。"(屈原《楚辞·远游》) 另外，"于是背下陵高，足往神留，遗情想象，顾望怀愁"(曹植《洛神赋》)。[2] 这里提出的"想象"特指文学领域的想象，突出了想象的情感因素，也就是我们现在所提到的"情感想象力"。《现代汉语词典》将"想象"解释为"在知觉材料基础上，经过新的配合而创造出新形象的能力"[3]。心理学中认为"想象是对过去经验和已有记忆表象加工改造，构成新意象或观念的心理过程"[4]。张晓阳认为，"想象力指一种思维和情感的灵活性，即一种依据情境（意识的或实践的）条件，充分调动适当（类型选择与动力性）的感官要素（听觉、触觉、视觉等）、情绪要素（愉快、恐惧、愤怒等）以及智能要素（观察能力、记忆能力、推理能力等），在多种思维方式（具身思维、隐喻思维、发散思维等）和情感方式（具身情感、自控性情感、移情等）之间自由切换以便解决情境问题的综合性心理能力"[5]。这是将"想象力"放到宏观教育上，然而任何教育理论均服务于教学实践，都必须落到实处，正是基于这一初衷，本研究将"想象"定位到微观教学层面。

康德认为，"想象力作为一种即使对象不在场也能具有的直观能力，要么是创制的，要么就是复制的，这种表现把一个先前已有的感性直观带回到心灵中来"[6]。胡塞尔（Edmund Husserl）也提出，"作为能力的想象处在我们的

---

[1] Walton, *Mimesisas Make-Believe*, Cambridge, MA: Harvard University Press, 1990, p.19.
[2] 刘淮南：《中国文学批评史十六讲》，安徽大学出版社2012年版，第107页。
[3] 《现代汉语词典》第6版，商务印书馆2012年，第1424页。
[4] 顾明远主编：《教育大辞典》第5卷，上海教育出版社1986年，第68页。
[5] 张晓阳：《想象教育论纲》，博士学位论文，华东师范大学，2016年，第25页。
[6] [德] 康德：《实用人类学》，邓晓芒译，重庆出版社1987年版，第49页。

兴趣范围之外，因为我们将它看作一种在心灵客观性中进行的实在的和因果的过程、看作一种在真正意义上的活动……想象作品本身也不在我们的兴趣范围之内"①。康德还认为，"就想象力是自发性这一点而言，我有时也把它称为生产性想象力以区别于再生的想象力"②。可见，康德和胡塞尔均是从主体能力说方面来论述想象力。萨特则解释："想象是某种类型的意识，是对某物的意识，而不是出现在意识中的某物，它是一种意识活动。"③ 据此可知，萨特肯定了想象的主动性和创造性。然而，辛格（Singer）等人则提出，"想象与创造的不同，无论它可否有助于生产出公众产品，其自身是充满乐趣的……它是一种游戏的、创造的精神"④。

美国学者斯蒂文森（Stevenson）据不完全统计，甚至总结出了最为流行的12种关于想象"能力说"的定义：（1）一种能够脱离当下知觉从而思考时空中真实事物的能力；（2）一种能够思考时空当中任何可能性事物的能力；（3）一种把事实上并不为真的事物思考为真的倾向性能力；（4）一种能够思考虚构事物的能力；（5）一种能形成精神意象的能力；（6）一种能够思考任何事物的能力；（7）一种只能依靠成因（cause）而非理智（reason）解释的非理性精神运作能力；（8）一种对时空当中公共事物形成知觉信念的能力；（9）在没有概念分类以及功利思考的情况下，能够对艺术作品或物体的自然美进行感官欣赏的能力；（10）通过创作艺术作品进一步提升感官欣赏水平的能力；（11）对于一些能够表达或者启示人类生活意义的事物进行欣赏的能力；（12）能够创作出一些表达人类深层生活意念的艺术作品的能力。⑤ 据此，已有关于想象和想象力的概念较多，有普遍意义上的、有学科意义上的、有宏观的也有微观的，所有的研究资料均为本研究界定"教学想象"奠定了理论基础，拓宽了研究视野。

（三）关于想象分类的研究

如前所述，关于"想象"与"想象力"的定义纷繁复杂，难以穷尽。事

---

① ［德］胡塞尔：《胡塞尔选集》（下），倪梁康选编，上海三联出版社1997年版，第722页。
② ［德］康德：《纯粹理性批判》，邓晓芒译，人民教育出版社2004年版，第22页。
③ ［法］萨特：《想象》，杜小真译，上海译文出版社2014年版，第181页。
④ ［加］基兰·伊根：《走出"盒子"的教与学》，王攀峰等译，华东师大出版社2010年版，第33页。
⑤ 参见 Stevenson, "Twelve Conceptions of Imagination", British *Journal of Aesthetics*, Vol. 43, No. 43, 2003, pp. 238–259。

实上，其分类也是非常复杂，不同学者具有不同的分类方式。国外学者大多避开这种全面综合的分类方式，而采取某种维度分类法。比如，康德根据想象的功能，将其划分为"生产性想象力"和"再生性想象力"。也有学者将想象分为感官化想象、信仰化想象、行为化想象，在这一意义上，想象可以驾驭任何一种经验形态，相应分类类型也千变万化。①

沃尔顿则"根据想象过程中是否有主体的意向性参与，划分了自发（spontaneous）想象和慎思（deliberate）想象；根据想象是否占据了主体的显性注意力，划分了即时（occurrent）想象和非即时（nonconcurrent）想象；根据想象过程中是否有多主体参与，划分了个体（solitary）想象和群体（social）想象"②。格里高利．克里（Gregory Currie）等学者把想象分为"创造性想象（以意想不到和反传统的方式组合观念）、感官想象（在没有适当刺激的情况下拥有的类感觉经验）以及再创造想象（脱离传统经验而以不同的视角去思考和体验这个世界的能力）"③。在心理学中，想象又可根据自身的有无目的以及自觉性，分为"无意想象"和"有意想象"。"无意想象"不需要做出意志努力，在听别人讲个故事就自然在大脑中显现出一种形象，极端的案例就是"做梦"。"有意想象"指的是"有预定的目的，在想象的过程中，需要做出意志努力"。而且在这个意志活动中，根据思维过程中内容的新奇或新颖程度，在借鉴康德"想象力"概念的基础上，又把想象力划分为"再造型想象"和"创造型想象"。④ 姜艳、李如密认为，"将教学想象力类比成智力，纵向上，教学想象力可分为'原初的教学想象力'和'高级的教学想象力。'从横向上，教学想象力可分为'知觉的教学想象力'和'情感的教学想象力。'其中，认知的教学想象力包括感官的、智能的和思维的要素；情感的教学想象力则包括情绪要素和情感要素"⑤。由此可见，关于想象分类的相关研究较为复杂，不同的维度和分类标准具有不同的分类方式，一方面说明

---

① 参见 Leslie, A., Pretenseand Representation: The Origins of "Theory of Mind", *Psychological Review*, Vol. 94, No. 4, Aprl, 1987, pp. 412–426。

② Walton, K., *Mimesis's Make-Believe*, Cambridge, MA: Harvard University Press, 1990, p. 19.

③ Currie, Ravenscroft, *Recreative Minds: Imagination in Philosophy and Psychology*, Oxford: Oxford University Press, 2002, p. 30.

④ 郑雪：《心理学》第2版，高等教育出版社2006年版，第83页。

⑤ 姜艳、李如密：《教学想象力：内涵、价值及其激发策略》，《课程·教材·教法》2017年第2期。

想象这一问题的复杂多样性，另一方面也为本书研究教学想象提供了多种思考的视角，以便在将"教学想象"问题落地时能有所依据。

二　不同学科领域中关于想象的研究

（一）哲学视域中想象的研究

在康德之后，"想象力"的地位在哲学领域变得越来越重要，费希特、谢林、黑格尔更加突出了"先验想象力"中的主体能动性，延伸出一套精密的"唯心主义"体系，而后胡塞尔、海德格尔、萨特等更是对想象力的作用推崇备至。萨特专门撰写了一本探讨想象的著作——《想象心理学》。总体而言，以哲学的视角论述"想象力"时，无论是古典时期的"感觉"或者"类感觉"，还是康德时期的"先验官能"与"经验官能"，即"复制性想象力"和"创造性想象力"，抑或是浪漫运动时期的"替代理论"，都是从哲学层面做的"类心理学"探讨。萨特十分肯定想象的主动性和创造性。萨特认为，"想象是某种类型的意识，是对某物的意识，而不是出现在意识中的某物"[①]。潘溯源认为，"萨特存在主义哲学强调世界的虚无性和人作为个体的自由性，'想象论'美学思想则界定了虚无世界中的美学标准和艺术审美的实现"[②]。

（二）心理学视域中的想象研究

现代心理学中，普遍把"想象"看作"人脑在对已有表象进行加工改造的基础上创造出新形象的过程"。所谓"想象力"是指个体拥有此意识过程的一种官能能力。想象又可根据自身的有无目的以及自觉性，分为"无意想象"和"有意想象"。"无意想象"不需要做出意志努力，听别人讲个故事就自然在大脑中显现出一种形象，极端的案例就是"做梦"。"有意想象"指的是"有预定的目的，在想象的过程中，需要做出意志努力"。而且在这个意志活动中，根据思维过程中内容的新奇或新颖程度，在借鉴康德"想象力"概念的基础上，又把想象力划分为"再造型想象"和"创造型想象"。[③] 荣格从精神分析心理学的角度来研究想象，并揭示了其心理发现和治疗的作用，亦即积极想象。所谓的"积极想象"是指"如何接触和感受无意识的问题"。也

---

① ［法］萨特：《想象》，杜小真译，上海译文出版社2014年版，第181页。
② 潘溯源：《论萨特想象美学理论在虚拟现实艺术中的体现》，《艺术百家》2017年第3期。
③ 郑雪：《心理学》第2版，高等教育出版社2006年版，第83页。

可以说是"一种睁着研究做梦的过程"①。荣格认为，想象是一种有目的的创造，能够产生丰富的意向，而这些意象拥有自己独立的生命，并且有着自己的发展逻辑。

（三）社会学视域中的想象研究

社会学领域中关于"想象"的研究最具代表性的当数米尔斯的"社会学想象力"。米尔斯认为，所谓的社会学想象力是"一种心智品质，这种品质可帮助他们利用信息增进理性，从而使他们能看清世事，以及或许就发生在他们之间的事情的清晰全貌"②。学科想象力有一种魔力，"原来思维活动只局限于狭小范围的人们会突然对所置身的狭小空间产生新奇的感觉，而他们原来本以为自己对此早已熟悉……对他们来说，原先似乎正确的决定现在却显得只是大脑莫名其妙的愚钝的产物，他们好奇的能力重新又焕发使其获得了新的思维方式，经历了价值的再评估"③。

（四）文学视域中的想象研究

我国文学中"想象"的相关研究主要集中在早期，这在前面论述"关于想象源起"时已经进行过详细的阐述，在此不再赘述。

欧洲文学史上，想象力被认为是一种"文学虚构"，虽然它超越了"谎言"与"威胁"这种"价值性"判断，试图纯粹客观地描述想象力的本真特征，人们认为因想象力而产出的作品是"虚构"（imaginary）的，而对于"虚构文学"的定位是和"现实"对立起来的，没有人会去追究"虚构想象力"和"现在真实"（不包括未来真实的可能性）的内在联系，人们关心的是这些文学作品可以带领我们远离这个现实世界，朝向"如果世界"（as-if world），而不是可以通过想象力增进我们与这个世界的错综复杂性接触能力。④

（五）艺术视域中的想象研究

艺术视角中的想象研究主要集中在音乐、美术学科中。前联邦德国巴伐

---

① ［瑞士］荣格：《荣格全集》第6卷，美国：普林斯顿大学出版社1977年版，第723页。
② ［美］米尔斯：《社会学的想象力》，陈强、张永强译，生活·读书·新知三联书店2005年版，第3页。
③ ［美］米尔斯：《社会学的想象力》，陈强、张永强译，生活·读书·新知三联书店2005年版，第3页。
④ 参见［美］克里斯·希金斯《修改想象力基本概念的审慎开端》，林心茹译，台北：台湾远流出版事业股份有限公司2013年版，第22—23页。

利亚州主管儿童音乐教育的官员克里斯蒂安·霍尔伯格（C. Horberger）认为，"想象力比技巧更重要"。这位毕业于慕尼黑大学音乐教育专业的博士曾经从事儿童音乐教育11年，上面这句话是他积累11年的教学经验有感而发，他强调开发和培养儿童的音乐创造才能，而不是技巧。[①] 赵伯飞认为，"想象和独创性是艺术创作的中心环节，黑格尔的艺术想象理论和艺术独创性理论，是他艺术创造理论中最有价值的部分，也是他整个美学思想的精髓之一，他明确指出艺术想象是认识世界的一种思维方式，它具有透过现象揭示事物本质的思维功能"[②]。慈夫领认为，"培养学生的想象力能让学生意会到音乐的意境，并在创作音乐时将情感赋予跳动的音符，将艺术还原于生活，继而提升学生的创作水平，提高学生的音乐素养，促进素质教育的全面发展"[③]。潘茹认为，"绘画是一种创造性的艺术，它不仅仅拘泥于画得像，更重要的是画得传神，这就要求学生充分地发挥自己的想象力，因此，在美术课堂上，教师要充分调动学生的想象力，鼓励其在细致观察、求取新意的基础上进行创作，从而将自己的想象融进作品中"[④]。张函"在书法艺术创作中，想象和灵感是产生优秀艺术作品的重要因素，想象通过'意'和'象'，在想象和灵感的作用下来完成书法家心目中理想的作品"[⑤]。

（六）美学视域中的想象研究

狄德罗说："想象，这是一种特质，没有它，人既不能成为诗人，也不能成为哲学家"；并且又说："根据事实推理"或者"根据假说进行推理，也叫作想象"。[⑥] 从美学角度理解想象，比较有代表性的是黑格尔，"在西方美学史上，黑格尔是最早把艺术想象当作把握现实的一种思维方式或认识方式来进行研究的"[⑦]。因此，黑格尔虽然未使用"形象思维"这个词，却是形象思维理论的实际创立者。王熙梅从美学角度理解想象问题，认为"想象，可以

[①] 参见韩宝强《想象力比技巧更重要——介绍一种培养儿童音乐创造能力的方法》，《人民音乐》1992年第1期。

[②] 赵伯飞：《浅析黑格尔的艺术想象与艺术独创性理论》，《理论导刊》1997年第10期。

[③] 慈夫领：《萨克斯音乐教学中如何培养学生的音乐想象力》，《高教探索》2017年第S1期。

[④] 潘茹：《美术课堂要调动学生的想象力》，《中国教育学刊》2017年第7期。

[⑤] 张函：《书法创作中的想象与灵感》，《中国书法》2017年第7期。

[⑥] 中国社会科学院外国文学研究所编：《外国理论家、作家论形象思维》，中国社会科学出版社1979年版，第27—29页。

[⑦] 赵伯飞：《美的感悟与随想》，西安电子科技大学出版社2016年版，第72页。

按照逻辑规律去想象，也可以按照美的规律去想象，尽管都是想象，却是各具特点的想象，形象，既有形象思维中的形象，也有理论思维中的形象，虽然都是形象，却是两种不同的形象，在事物的异同之中去探究事物的本质和规律，是认识真理的重要方法，探讨美学问题要和别的领域中有关问题联系起来，进行比较，加以分析，只囿于美学领域，有时很难把问题研究深透"[①]。赵光旭认为"想象是想象的主体和想象的客体之间的不断的相互作用，体现在想象的主体性和主体间性、物质的想象和动态的想象、想象的表达作用三个方面"[②]。柯尔律治的"想象"观是在充分借鉴前人理论成果的基础上发展起来的，18世纪英国诗歌传统与德国古典美学对其产生了直接影响。柯尔律治的"想象"观主要是对德国古典美学的传承与改造。[③] 张春燕基于休谟的美学思想，论述了想象与情感的关系，指出在人性科学的体系中，休谟给予了作为一种非功利的情感的美准确的界定，同时，也用"想象"这一概念清晰地描述了美的原因和规律。[④] 潘溯源提出．"虚拟现实艺术以其沉浸性、交互性和想象性作为审美标准与萨特'想象论'中的'存在于虚无''自由选择'和'自为想象'思想形成审美的对应关系，并在文中以萨特想象理论的美学思想为哲学基础，对想象的审美理论在虚拟现实艺术中的体现进行表述。"[⑤]

（七）教育学视域中的想象研究

王勇认为，"比较教育学是想象的产物，且一直在方法论上纠缠不休，忽视了其想象和人为建构的学科性质，主张民族认同、文化认同的历史生成过程和文化教育间存在着的权力逻辑则促成了比较教育学想象的可能"[⑥]。在想象力哲学发展的推动下，课程也开始关注想象力的研究。左璜等认为，"站在宏观层面的课程视角审视，课程想象力的培育将为课程改革带来全新思路，例如，更新课程本质观，夯实课程改革的理论基础，转变课程思维方式……推动课程

[①] 王熙梅：《想象·形象·艺术形象——美学随感录》，《贵州社会科学》1985年第1期。

[②] 赵光旭：《巴什拉的诗意想象论及其美学意义》，《同济大学学报》（社会科学版）2008年第6期。

[③] 参见董琦琦《柯尔律治"想象"观对德国古典美学的传承与改造》，《社会科学辑刊》2010年第5期。

[④] 参见张春燕《想象与情感——论休谟的美学及其影响》，《西北师大学报》（社会科学版）2014年第1期。

[⑤] 潘溯源：《论萨特想象美学理论在虚拟现实艺术中的体现》，《艺术百家》2017年第3期。

[⑥] 王勇：《比较教育学与想象的可能》，《外国教育研究》2005年第10期。

改革持续发展"①。李海龙则认为,"从更长远的视角看,高等教育学学科发展获得认同并不来自于其借用了多少所谓的科学方法,而在于其是否拥有更宽阔的视野和更丰富的想象力,有想象力的学科方能展示出更强的生命力"②。

国外关于"想象"教育的研究有加拿大基兰·伊根（Kieran Egan）教授领导的国际性教育项目——"富有想象力教育"（Imaginative Education），它的提出和创建者为加拿大皇家学会会员基兰·伊根教授。伊根教授于20世纪80年代便开始系统地研究想象力以及在教育中的应用问题,并形成了富有创新精神的教育理论和基于认知工具的教育模式、教育方法。它建立在两个理论基础之上,第一个基础是文化的重新归纳理论。基兰·伊根在《受过教育的心灵》（*The educated mind*: *How cognitive tools shape our understanding*）一书中对这个理论进行了详尽的论述。③ 富有想象力的教育对我们的祖先在文化历史过程中发明的那些思维工具,进行了重新归纳和阐释,认为现在的学生可以通过学习这些思维工具或者说"认知工具"来提高他们的思维能力。④ 这个理论指出,不管是在文化历史过程中发明这些认知工具,还是从教育中获得它们,都需要丰富的想象力。第二个理论基础来自苏联心理学家维果斯基的社会文化理论。在上述理论的基础上,富有想象力的教育对教育过程中的学习力和想象力的发展做出了详尽的阐述。⑤ 山东师范大学的潘庆玉教授在《想象力的教育危机与哲学思考》（上、下）中阐释了"富有想象力教育研究中心"的研究成果。

三 指向想象实践问题的应用研究

（一）关于想象教育的研究

美国林肯艺术中心的想象学习能力研究中心（LCI）,该中心成立于1975年,一直以来注重想象力在教育领域中的角色和应用,主要通过有指导性地

---

① 左璜、莫雷：《课程想象力：内涵及其培育》,《华南师范大学学报》（社会科学版）2013年第4期。

② 李海龙：《高等教育学的常识、传统与想象》,《高等教育研究》2017年第10期。

③ 参见 Kieran Egan, *The educated mind*: *How cognitive tools shape our understanding*, Chicago: University of Chicago Press, 1997.

④ 参见潘庆玉《富有想象力的教学设计》,广东教育出版社2014年版,第86页。

⑤ 参见宾夕法尼亚大学想象力研究中心,http://Imagination-institute.org/grant-recipients/intoducing-imq, 2018年9月11日。

接触视觉和表演艺术来发展想象技巧，认为想象是一门重要的认知技能，可以也应该被教授。林肯艺术中心同时致力于传播一种想象学习的方法或者说"想象学习能力"（Capacities for Imaginative Learning），其源于林肯艺术中心学员常驻哲学家 Maxine Greene 以及无数在林肯艺术中心圈子中的艺术家和教育家的理论研究与教育实践，如 Madeleine Holzer、Cathryn Williams 等，而"想象学习能力"是林肯艺术中心的研究团队，根据多年的想象教育理论与实践集体总结而来，其背后的行动理论是：近距离接触一件艺术品或者任何研究的目标——不管是一首诗还是哥白尼的假说——解放学生思考的能力，并让他们能够表达出新的东西和可能，这种学习能力在应用于课堂时拥有自己的一套独特的能力清单以供教学参考。① 想象学习能力清单，最初是专门为艺术教育设计的，但是随着学习实践的成功，它逐渐拓展到社会工作很多领域，例如，普通教育、艺术教育、美学、文学等，Maxine Greene 在其著作《释放想象力：教育、艺术与社会变革论文集》（Releasing the Imagination: Essays on Education, the Arts, and Social Change）中有详细的论述，她号召人们通过运用想象力和艺术来培养自身的愿景，她特别注重艺术以及想象在打开人类意识和经验可能性方面的重要作用，认为其能有效矫正目前教育突出一致性方面的弊端。来自林肯艺术中心学院的 Scott 教授，积极倡导将"想象和艺术融入教育"，并且在全美国组织经常性的"想象对话项目"（Imagination Conversation Events）这些对话项目中将不同学科、技术产业的专家聚焦在一起，探讨想象之于工作和生活的作用，并积极探索如何把支持想象教育的实践充分地应用到课程中。② 想象教育的实践应用到课程中，也就是想象教育落地的问题，这里必然要涉及课堂教学的问题，亦即本书力图要探讨的教学想象的问题，教学想象实践活动问题的探索为本研究提供理论支撑。

此外，中国台湾在 2011 年启动"未来想象与创意人才培育计划"，这是中国台湾为应对未来世界的挑战而实施的措施。根据中国台湾"行政院"第八次科技会议建议，推动未来想象的研究与教育计划，中国台湾"教育部"前顾问室（现在为资讯及科技教育司）启动了这一计划，力图培养学习者能以各种形

---

① 参见［美］刘、［美］洛帕-布兰顿《想象力第一，释放可能的力量》，王蕾译，华东师范大学出版社 2013 年版，第 39—41 页。

② 参见［美］刘、［美］洛帕-布兰顿《想象力第一，释放可能的力量》，王蕾译，华东师范大学出版社 2013 年版，第 6—7 页。

式想象与描绘可能的未来，经由理性思考、伦理辩证与价值澄清选择未来，并以知识与行动创造期望的未来。希望透过未来想象与创意思考开启崭新的学习之眼，以改变"过去—现在"为主轴的学习模式，代入未来的时间观，引导学生看见世界变化的样子，以想象与创造力探索、想象、选择并创建未来。这一战略行动计划主要围绕三个核心概念演化而来，分别是"想象力""创造力"和"未来思考"，三者相互交叉重叠部分也就是未来想象与创意人才的核心培养区域。① 这一计划已经在试点学校推行，在学生、教师、学校、议题以及作品等方面都产生了良好的预期效果。目前该计划仍在进行，这对我们目前的想象教育活动有极大的启发意义，也为教学想象问题的研究提供了借鉴。

（二）关于想象功能的研究

关于"想象"功能、价值的问题，国内研究得不多，其中，晓秋提出，"想象的功能表现为：它是艺术审美的飞翅、是知识进化的源泉、是开启心扉的钥匙、是灵感的闪光、是最有效的兴奋剂，还是通向健康的桥梁"②。陈方达则从审美的角度论述想象的功能，认为"想象在审美创造中发挥着无限的创造力，在审美活动中起着枢纽作用，能使审美活动的情感升华并产生共鸣"③。刘绍勤认为，"想象是科学发现和创造的激振器和催化剂，它蕴含了部分的先知和先觉，它也是一种思维实验，因此，要着力激发学生的想象力"④。高崎认为，"想象是科学研究中的实在因素，是文艺创作与欣赏的前提，是运动训练的一条途径，是个体发展的一个重要条件"⑤。由此可见，已有关于想象价值、功能的论述并鲜有系统而专门的研究呈现，一方面由于想象问题非常重要已经成为共识，其重要程度已经达到几乎很少有人质疑的地步；另一方面，人们普遍关注的焦点在于学生想象力不高这一问题上，研究者多将注意力放在提升学生想象力方面，因而少有论述想象的价值、功能的研究出现。

当前国外关于想象功能、作业与价值的研究大多围绕认知、审美和道德层面来进行。在认知层面上，人们把"想象"等同或类同于"感觉"，所以，

---

① 参见詹志禹等《未来想象教育在台湾》，台北：台湾"教育部"未来想象与创意人才培育总计划办公室2013年版，第5—43页。
② 晓秋：《想象的功能》，《思维与智慧》1995年第5期。
③ 陈方达：《审美创造中的想象功能》，《福州大学学报》（自然科学版）1999年第3期。
④ 刘绍勤：《论想象的价值及想象力的培养》，《高等教育研究学报》2004年第1期。
⑤ 高崎：《想象的价值》，《中等职业教育》2011年第7期。

想象就被认为是一种低级或最低级的认识能力。启蒙运动后，想象力的地位随之提升，想象不只是一种感觉或者类感觉，还有根据已有表象加工生产出新表象的能力。康德认为，人类知识有两大主干，即"感性"与"知性"，通过前者，对象被给予我们，而通过后者，对象则被我们思维。纯粹想象力是人类心灵的一种基本能为，它是人类所有先天知识得以奠定的基础所在。我们正是通过它也只有通过它，感性和知性这两个极端才得以必然地发生关联。从中可看出，康德认为其"先验想象力"在认知中不仅有沟通"感性"与"理性"（知性）的中介作用，还是它们两者以及一切知识的基础。① 在审美层面上，由于审美活动是一种自由游戏，审美判断中，想象力和知性和谐共存，想象力甚至可以不受知性的概念性规约，因为，先验想象自身就是知性的根源所在，所以也可以说审美活动就是一种先验想象力的自由游戏。杜威认为在美学意义上，"只有借助想象这个门径，我们从以往的经验里所获得的意义才能同当前的经验发生耦合，进而映射出新的意蕴。以往的美学往往从人的精神因素之某一个环节出发，企图用单一的因素来解释审美经验，譬如感觉、情感、理智、判断等。研究者没有把想象作为融合一切心理因素的聚焦性过程，仅仅把它视为一种特殊的心理能力"②。杜威将想象力定位到心理能力层面。他认为，想象力是一种综合性、聚焦性的心理能力。在道德层面上，马克·约翰逊（Mark Johnson）认为，"想象力是我们思考可能性视角的方式，并且它有助于我们去探索人类的行为、关系以及公共福祉……道德想象力就是要能够看到或者意识到一些真实或预期的经验可能性，从而提升我们自身及生活于其中的共同体的生活质量"③。约翰逊总结了道德想象力的基本组成："①由我们反省思维（先前经验）引发的图像和经验图式；②我们通过概念性隐喻指出道德议题的方式（理解事物应然的方式）；③采用他人视角以及移情于他人的能力；④对于所涉及的道德情境以及人物形成特定架构的能力。也就是说，道德想象力包含四个基本要素：图式、隐喻、移情及架构。"④ 英国

---

① 参见［德］康德《纯粹理性批判》，邓晓芒译，人民教育出版社2004年版，第21—22、130页。

② ［美］约翰·杜威：《艺术即经验》，高建平译，商务印书馆2005年版，第267—268页。

③ Mark Johnson, *Moral imagination*: *Implication of cognitive science fore ethic*, Chicago: The University of Chicago Press, 1993, p. 209.

④ Mark Johnson, M. *Moral imagination*: *Implication of cognitive science fore ethic*, Chicago: The University of Chicago Press, 1993, p. 209.

诗人华兹华斯将想象力的功能归纳为："①赋予、抽象和修改的功能；②造型和创造的功能；③加重、联合、唤起和合并的功能。他甚至认为，'想象'是处于最有效状态下的'理性'。"① 相对国内而言，国外关于想象价值、功能的研究较深入，具有较强的启发意义。

（三）关于激发想象的研究

关于学生想象力培养、激发的文献资料可谓浩如烟海，众多的研究者多借助于某种学科，或某学科的某部分内容深入探讨了如何激发学生的想象力。通过查阅文献资料发现，学者们往往倾向于在语文、数学、外语等具体学科中激发学生的想象力，例如，张广祥②、颜景田③都在自己的论文中论述了数学领域想象力的重要性。人民教育出版社课程教材研究所王世光博士所做的"富有想象力的历史教科书"研究（《历史教科书的"想象"之维》，《课程·教材·教法》2007年第10期），张晓书发表于《教育探索》的《想象力培养：英语教学关注的核心元素》；江苏省特级教师朱志江作了"富有想象力的化学研究"，并在2010年江苏省扬州举办的"首届江苏省化学特级教师论坛上宣读了自己的论文《富有想象力的化学教学》，引起了与会者的积极关注"；江苏省南京市六合高级中学姜波老师的《想象力——理解历史概念的桥梁》（《历史教学》第12期）；四川省特级教师郭子其也作了"历史教学如何促成学生丰富想象力"的研究；江南大学张玉红的硕士学位论文《小学语文教学中儿童想象力培养》④；钱月丽发表于《上海教育科研》的《数学教学中空间想象力的培养》；已有研究甚至还有从美术、体育等学科来培养学生的想象力。这说明重视学生想象力的培养已成为社会的共识且已成为教育领域的共识。已有研究多从教育、艺术以及学科中深入探讨如何激发与培育学生的想象力问题，鲜有从教学角度去探讨，事实上，教学具有想象力才能培养、激发学生的想象力。

四 关于想象的研究现状、发展趋势与述评

前面重点基于研究主题的线索梳理已有想象问题的研究，为依循学术研

---

① Words worth, W., *The prelude*, Cambridge University Press, 1999, p. 192.
② 参见张广祥《数学探究的一个途径——数学想象力》，《数学通报》2004年第10期。
③ 参见颜景田《浅谈数学教学中想象力的培养》，《学周刊》2011年第2期。
④ 参见潘庆玉《富有想象力的教学设计》，广东教育出版社2014年版，第307—309页。

究的"接着说",对想象研究的现状及发展趋势还需重点把握,然而,研究现状与发展趋势的把握无须从年代较久远的研究入手,因此,本研究在前期的文献梳理的基础上,节选21世纪以来的关于想象的研究,按国别,借助图表直观地呈现出研究的现状与发展趋势并预测未来的发展方向。

(一)国内关于想象问题的总体研究现状

我国学者夏正江2007年开始正式引进国外的"富有想象的教学"问题研究,2009年,孙云晓推出了重磅级的成果《中国儿童想象力危机报告》,报告指出,中国儿童的想象力发展状况非常不乐观,甚至可以说已经糟糕到"需要全社会关注甚至拯救的地步"[①]。自此,想象问题引发了大众潜意识的忧虑,激起了教育界对儿童想象力问题的重视。为了深入探讨了解我国关于"教学想象"问题的发展脉络、趋势与未来走向,笔者于2019年1月1日检索了2000年至2018年关于教学想象研究的期刊论文和学位论文。以"中国知网"为主要检索源,就一般意义而言,"想象"为动词,"想象力"为名词,但由于中文的语境灵活性,二者有时会混用,"想象"也可作为名词使用,这时二者的意思基本相同,例如,我们表达学生设计的黑板报"富有想象力",也可以说"富有想象",此外,"想象"不只存在于教育领域,也存在于哲学、社会学、心理学、文学甚至美学、艺术领域,因此,笔者将关键词设定为"篇名"限定"想象"逻辑连接词为"或者","篇名"限定"想象力",来源类别为"核心期刊、CSSCI期刊"的期刊,共搜到论文有3142篇,硕士、博士学位论文1036篇,剔除与内容相关性较弱的研究文献后,最终得到硕士、博士学位论文791篇,期刊论文2869篇,共计3660篇。

图0-1是运用Citespace软件得出的教学想象相关研究关键词知识图谱,图中直观地呈现了当前我国教学想象研究的前沿与热点问题,如"想象""想象力""文学想象""文化想象""想象能力""历史想象"等关键词。如前文所述,"想象"问题存在于许多不同的学科,诸如,文学、哲学、心理学、社会学以及艺术和美学中等,因此,图谱中出现诸如"小说""文学""空间"等词语与文献分析结果相吻合,整体来看图谱表现的关于想象问题的研究相对聚焦。

[①] 孙云晓、赵霞:《中国儿童想象力危机报告》,《少年儿童研究》2009年第11期。

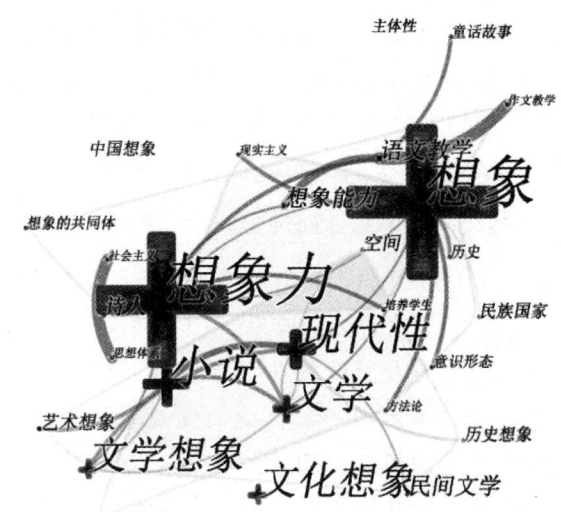

图 0-1　国内教学想象相关研究主题词共现可视化知识图谱

通过教学想象的关键词词频的高低分布（见表 0-1）可获取我国教学想象研究的热点问题，其中"想象"和"想象力"出现的频次显著高于其他，分别达 238 次、205 次，其次是"小说""作家""现代性""文学"等具有文学色彩的词语，这说明在文学学科领域中，"想象"问题研究得较多，而不同时期的"想象"热点的连续展开势必会凸显其发展演变中存在的问题，这些问题亦是推动我国教学想象研究前进的关键点。

表 0-1　　　　国内教学想象研究关键词（词频前 10 位）一览表

序号	关键词	词频	中介中心性	年份
1	想象	238	0.39	2000
2	想象力	205	0.39	2000
3	小说	81	0.10	2001
4	作家	72	0.03	2001
5	现代性	66	0.21	2001
6	文学	50	0.06	2006
7	文化想象	40	0.00	2003
8	影片	38	0.16	2000
9	文学想象	35	0.01	2003
10	语文教学	8	0.12	2000

据 Citespace 可知，聚类是指相关度较高的有关我国教学想象研究主题在某一时间段内的集合。通过进一步对研究进行聚类分析（见图 0-2），得到五大聚类，其中，聚类#0 为想象、聚类#1 为文学想象、聚类#2 为想象力、聚类#3 为影片（是指根据小说等改编的电影，属于文学想象类）、聚类#4 为文化想象。五大聚类共现知识图谱说明彼此相关度高、连接紧密，共同促成"想象"问题研究的不断发展。

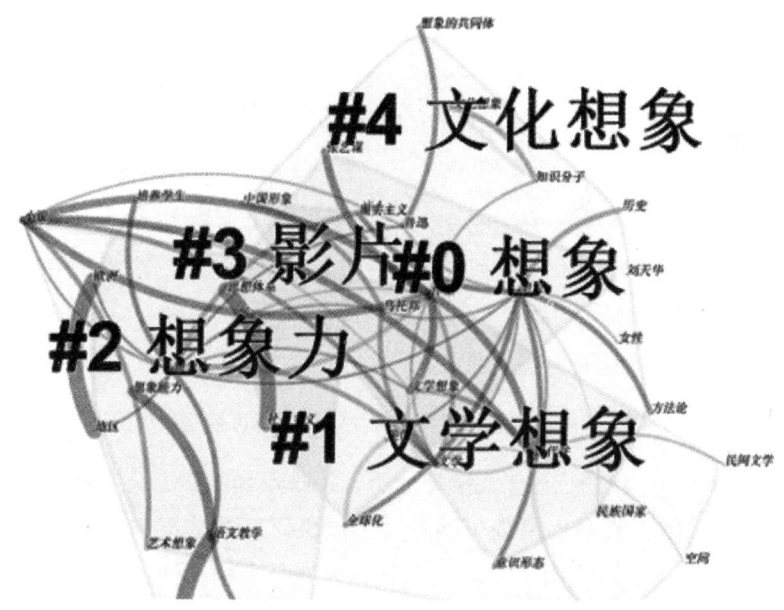

图 0-2 国内教学想象相关研究主题词聚类可视化知识图谱

（二）国外关于教学想象问题的总体研究现状

为了解国外关于教学想象问题研究发展的总体脉络与趋势，笔者于 2019 年 1 月 1 日检索了 2000 年至 2018 年有关"教学想象"的相关研究成果，由于学术论文较之著作而言具有较强的前瞻性，能较强地反映研究的最新研究进展，基于此，笔者选择学术论文作为研究对象。以"web of science"为检索源，以"instructional imagination""instructional imagine""teaching imagination""teaching imagine"四个词组为主题检索，用逻辑词"or"，初次检索到相关外文文献为 1647 条。经过进一步筛选，将来源类别归类为"social science"，研究领域归类为"education/educational research"后并筛除同该研究相关性较弱的文献资料，最终得到文献 781 篇。

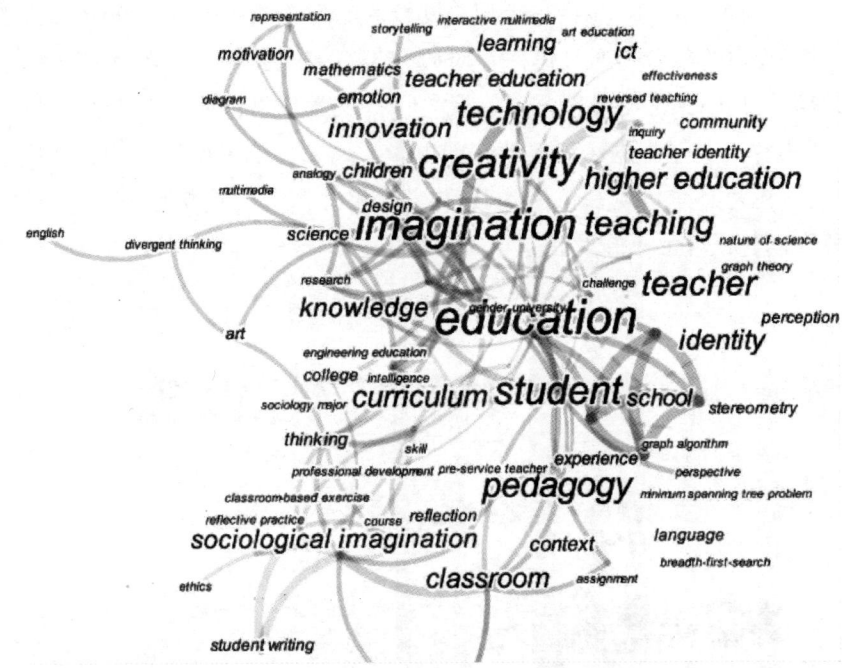

图0-3　国外教学想象相关研究关键词共现可视化知识图谱

通过 Citespace 软件进行多元统计分析，将收集到的 781 篇文献分析结果如图 0-3 所示，图中直观地呈现了国外教学想象研究的前沿与热点问题，其中"education、imagination"作为中心关键词，具有最高相关性，其词频最高达 88 次、54 次（见表 0-2），再有就是"creativity、students、pedagogy"等关键词，就可视化知识图谱的结果来看，当前国外教学想象研究的焦点也是从宏观的教育角度围绕学生想象力展开的，其中涵盖"想象力""创造力"等关键词。

表0-2　　　　国外教学想象研究关键词（词频前10位）一览表

number	Keywords	Count	Centrality	Year
1	education	88	0.59	2000
2	imagination	54	0.19	2008
3	creativity	43	0.09	2010
4	student	34	0.31	2003
5	pedagogy	24	0.05	2009
6	teaching	21	0.03	2009

续表

number	Keywords	Count	Centrality	Year
7	technology	20	0.38	2010
8	teacher	19	0.07	2013
9	curriculum	13	0.06	2011
10	high education	13	0.04	2016

运用Citespace软件对教学想象研究的知识图谱进行聚类分析，将词频最高的主题词聚类到一起，其中，聚类标签以最为显著、最为突出的概念命名，得到六大聚类（见图0-4），聚类#0为education、聚类#1为analogy、聚类#2为student writing、聚类#3为instruction、聚类#4为convergent thinking、聚类#5为teacher identity；总体来说，想象研究聚焦于诸如体育、文学、英语等学科中，高频关键词聚类代表了当前国外关于想象研究的热点领域，其研究内容形式多样，这为本研究拓宽了研究视角。

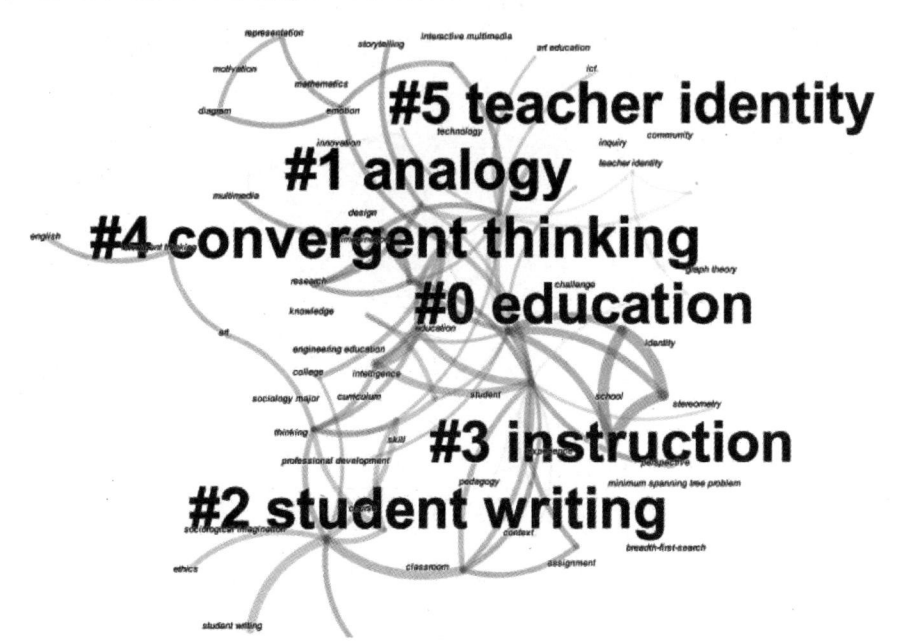

图0-4 国外教学想象相关研究关键词聚类的可视化知识图谱

（三）关于教学想象研究的现状与发展趋势

通过梳理"想象"问题的相关研究资料可以发现，"想象"问题的研究涉及许多领域，因此，在梳理已有文献资料时为避免遗漏，需考虑多种方式，既要以史为线，又要注意按研究主题归纳，还应关注各学科对该问题的论述，此外，还需要注意借鉴国外的研究。鉴于此，文献综述以历史为主轴线将文献梳理归纳为三部分：（1）围绕想象理论的基础研究；（2）不同学科视角中的想象研究；（3）指向想象实践的应用研究。由于在梳理文献的过程中并未发现直接研究"教学想象"的文献资料，不得已将搜索范围扩大，围绕"想象"做了相关研究综述，其研究趋势如图0-5所示，总体来看，研究呈现上升趋势，自2007年与2012年出现研究的高峰期之后，2017年是最高峰，研究文献为97篇，尽管图中显示2017年到2018年呈显著下降趋势，但实际上不一定，原因是笔者检索数据的时间是2019年1月1日，而中国知网数据库更新存在时间差，部分期刊在刊发了新的成果后并不会立刻被上传到中国知网，也就是说，期刊纸质版和电子版的发出时间不同步，这就不可避免存在一种可能，2018年的关于想象的研究还有很多成果未出现在中国知网的数据库中，因此导致图中峰值呈显著下降的假象，可能到2019年上半年这些数据才会陆续被更新。由此，可以预测关于想象的研究，在未来的一段时间内将呈上升趋势，并持续成为研究的热点。

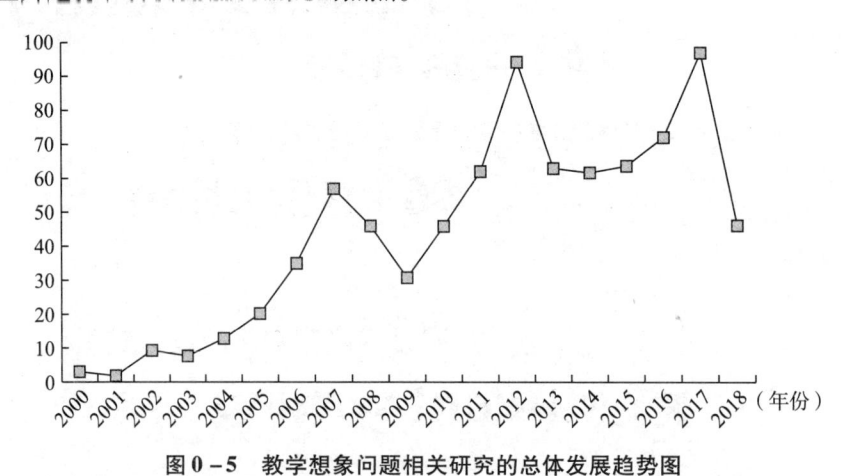

图0-5 教学想象问题相关研究的总体发展趋势图

（四）已有关于想象研究现状的述评

循着历史的线索从想象问题的源起、发展演变到当代想象的探讨，兼顾学科与主题研究，通过梳理已有文献资料，对于关于想象的实践研究，归纳起来主要有三个方面。其一，关于想象的已有研究大部分均是围绕"想象"

或"想象力"构建某种体系,学者们多从想象的概念、内涵切入,围绕想象力激发的策略、手段等来研究。其二,围绕某一具体的学科培养学生的想象力。例如,语文、数学、英语、历史、音乐、美术等,论述了想象力在这些学科中的重要作用及在这些学科中该如何激发培养学生的想象力。其三,如何就某一学科中的某个知识点启发培养学生的想象力。例如,在数学空间图形的教学中培养学生的空间想象力,在作文写作中提升学生的文字想象力,在历史中培养学生的历史想象等。这些文献资料对学生想象力的培养均是站在学生的角度,是一种直接的、有意识的行为,论述了教师如何改进教学活动,学生的想象力会达到某种预期效果,这无疑使得学生想象力培养的问题得到了进一步深化。

当前关于"想象"理论的相关研究多散见于文学、哲学、心理学以及社会学等学科中。关于"想象教育"的问题多见于文学、艺术以及众多学科(语文、外语、美术、音乐)中,相关研究重点聚焦于教师如何培养、激发学生的想象力。更有大量的文献资料在深入探讨培育学生想象力的策略问题。而对于教学想象的推究基本上鲜有人问津,至于系统而专门的学术探讨则更是凤毛麟角。实际上,教学想象问题已经出现在学科教学中,并为基层一线教师所重视,因此,这就必须使得教学基本理论的研究者重视这一实践现象的出现,而且要把分散于各个学科中的教学想象问题上升为教学理论研究的一个基本理论领域加以高度关注和重视,并进行深化和提升,这为研究提供了理论支撑。分散于各个学科领域里面的想象问题的研究,也为本研究提供了丰富的实践素材。

本研究一改已有研究思路,将想象问题定位到教学中,提出"教学想象"。较之已有的研究,这一提法较为新颖,通过文献梳理发现有学者曾提到"课堂想象""教育想象"及"富有想象的教学设计",但是未有"教学想象"的研究出现,因此,"教学想象"是已有研究所未涉及过的。本研究在尝试构建教学想象理论的同时,又意识到教学想象属于实践活动,因此,在文中刻意使之渗透到教学实践中,努力使教学想象理论在教学想象实践中得到检验,希冀给教学实践活动以指导。由于影响想象的因素较多,而激发想象的方式亦有较多思路,单纯围绕想象来建构某种体系无法立体地透识想象问题。因此,本研究在文献分析与实践调查的基础上深入探究教学想象问题。

第四节 研究的主要内容、思路与方法

一 研究内容

（一）教学想象的内涵解析

从事任何科学研究均需明确关键概念的内涵以便廓清研究的边界，避免因概念界定的模糊性而带来思维上的偏移。鉴于前期文献梳理发现"想象"问题十分复杂，因此，对于本研究而言，概念界定尤其必要。所以，研究之初首先需要界定清楚"教学想象"的内涵。由于"想象"的概念较难界定，分类不明确导致"教学想象"概念界定亦比较困难。因此，笔者首先分析本研究的核心概念；进而聚焦教学想象，尝试对教学想象下定义并圈定其定义的外延；最后，辨析与教学想象相似的概念，诸如，教学想象与教学设计、教学想象与教学联想、教学想象与教学生成及教学想象与教学创造等，以便更清晰地呈现"教学想象"的概念。

（二）教学想象的理论建构

通过前期对教学想象的内涵、外延、特点、分类进行阐释时发现，教学想象具有一定的基本逻辑，存在高级教学想象与低级教学想象之说，因此，对其基本逻辑的阐释有助于在教学实践中更有针对性地落实想象。又由于想象需要有一定的知识经验作为基础，是基于经验而进行的想象，并非凭空想象，为了更清晰地认识教学想象，本书接着阐释了教学想象生成机制，以促进教学想象的落地。将机制迁移到教学想象问题上，旨在探讨教学想象的生成原理，分析教学想象的诱发、运作、丰富以及保障机制，从而更全方位地彰显教学想象的理论和现实意义。

（三）教学想象的实践调查

仅有文献的梳理尚不足以提出问题，还需深入教学一线进行实践调查获取一手资料以支撑理论研究。首先，设计调查方案，澄清调查思路，确定调查方法，选定调查工具与调查样本等。要设计好调查问卷，必须确定问卷的维度，这就需要文献的支撑，因此，在调查开始前要做好前期准备。其次，深入一线教学实施调查研究，收集数据，整理数据并对调查问卷进行信效度检验，调整、修订问卷后，再次深入一线教学中实施调查研究，收集数据并

进行分析。同时还要借助课堂观察法、深度访谈法,与一线教师深入交流获取真实的资料。最后,对调查结果分析、反思,得出调查结论。

(四) 教学想象的建构、激发策略

鉴于教学想象的抽象性,它是师生在大脑中完成的,现实中很难用语言描述清楚,因此,我们不可能在文中列出具体的想象方法,只能是提供启发的线索抑或是提供多种选择,依此,对于教学想象的实践应用部分包括教学想象的策略建构与教学想象艺术分析,其中,前者是从实践中尝试运用想象实施教学,而后者则是对前者的升华,以期进入深度教学想象,艺术是高于策略的,通过实践中对教学想象策略的分析将其升华到艺术层面。本研究旨在探究其提升教学想象的品位问题,诸如,如何使教学想象更开阔?如何使教学想象更浪漫?如何使教学想象更丰富等,以优化教学想象活动,提升教学想象力,因此,有必要将教学想象问题的研究升华到艺术层面。

(五) 教学想象的未来发展

教学想象的未来发展主要基于宏观方面对教学的未来的设象,依托前期在微观上对教学想象的源起、内涵、分类等问题的研究,以及对教学想象逻辑、机制的分析,预测在智能化时代,教学想象的未来将会受到全面关注,在教学中构建富有想象的教学将成为中小学课堂的努力方向,教学想象的品位亦将得到不断提升,教学想象的激发策略会得到全面开发。

二 研究思路

研究整体上包括理论建构、现状调查与实践应用三部分。通过文献梳理发现问题,基于文献分析提出教学想象问题,鉴于文献分析存在一定的时间、地域差别以及研究者个体的主观判断色彩,此外,通过教学想象的基本逻辑透视、机制分析可发现,教学想象问题存在较复杂的生成原理,而仅凭文献分析不足以提出问题,所以,笔者根据文献分析所发现的问题提出研究假设,亲自深入一线教学进行了调查研究,在文献分析与调查研究的结合下探究教学想象问题。

首先,通过对想象问题进行文献梳理和分析,将想象置于教学层面,分析教学想象的内涵、价值、基本逻辑及其生成机制;其次,基于教学想象运用现状的调查,得出调查结果;最后,深入探讨教学想象的对策,将教学想象升华到艺术的高度，立体地分析教学想象问题的策略。在此理论与实践相结合的基础上，分析预测教学想象研究的未来发展走向。为教学模式同质化、教师教学个性消失等问题提供理论依据，为一线教师的教学实践提供参考，以提升教学的想象力，达到优化教学、创新教学的目的。本研究的思维结构图如下：

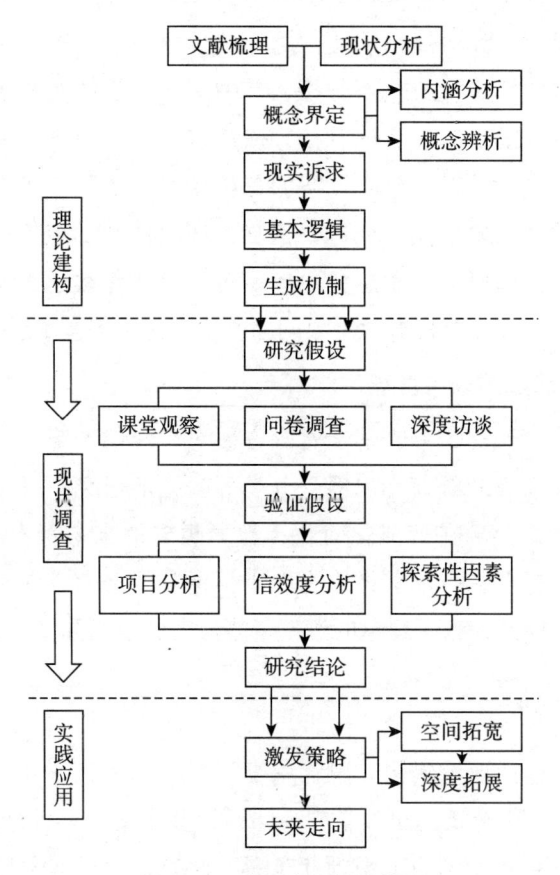

图 0-6 本研究思想结构图

三 研究方法

（一）文献分析法

由于没有搜索到直接研究教学想象的文献资料，所以，搜索文献时将范围扩大，通过梳理想象的相关研究文献、书籍，找出研究的空白，将想象定位于教学层面。首先，界定清楚教学想象的内涵；然后，进一步分析教学想象的价值、基本逻辑以及生成机制；最后，基于实践调查的基础上探讨教学想象的策略并将其升华到艺术层面，以综合把握教学想象的未来走向。

（二）调查法

一是课堂观察法。课堂观察法主要的作用在于能深入教学，亲身体验、感受课堂的真实情况，确保获取第一手资料。尤其对于课堂教学中的突发状况，比如，教学中出现与教师预设不一致的情况，教师是如何处理的，是启发诱导还是传授、灌输，这是展现教学想象的最佳时机。通过深入一线课堂观察教师教学情况，利用网络优势查找名师公开课，观看名师课堂教学实录，深入了解当前课堂教学实践活动中教师建构想象的情况、存在问题以及背后隐含的原因，并针对存在的问题提出相应的解决策略或指出努力的方向。

二是问卷调查法。采取自编问卷的方式深入一线调查研究，在文献资料梳理的基础上，将教学想象分为三个维度：教学想象意识、教学想象能力、教学想象水平，根据维度所涉及教学想象的相关问题分别编制相应的题目，问卷编制完毕先请教育学领域及想象研究领域的相关专家讨论、提出修改建议，再对问卷做出修订。深入一线课堂调查教师教学想象的实施情况，前期测试预计200个样本，收回问卷进行项目分析、信效度检验及探索性因素分析之后再次修订问卷，正式测试，正式测试预计300个样本，收回数据，整理后将其与前期样本结合分析问题，结合课堂观察与深度访谈综合分析，得出研究结论。

三是深度访谈法。深度访谈法是对问卷调查法的一个补充，由于问卷调查属于结构化命题，因此，有些内隐的信息可能无法通过题目直接测试出，通过问卷调查收集不到的信息，却可以通过与教师面对面交流获得。

（三）理论分析法

任何实践活动均需要一定的理论支持，缺乏理论支持的实践活动显得空洞，没有经过实践检验的理论经不起推敲，只有理论与实践紧密结合在一起才能更好地服务实践。对于教学想象问题的研究，通过运用理论分析法坚持历史与逻辑的统一，建构起一个概念范畴及理论分析框架，能有助于教学想象理论研究的深入和相关衍生性问题的解决。教学想象问题本身就属于实践活动，而教学想象理论可为教学想象实践活动提供方法的引导。因此，需要依托一定的理论支撑才能使教学想象活动走得更远。

第一章 教学想象的意涵、分类与特点

想象一种语言就是想象一种生活方式。
——［奥］路德维希·维特根斯坦《哲学研究》

"杜威秉承实用主义哲学，将想象力看作普通大众都拥有的普通学习工具。"[①] 在教学中，教师常常要求学生想象各种场景和形象，从而帮助学生形象、生动地了解认识对象。"想象"具有抽象性与不可测性，尽管教师在教学中经常使用"想象"，但对想象的意涵、分类及特点较为模糊，又考虑本研究的实际需要，任何研究如若对概念的内涵与外延不清晰，那么研究结论也将无法清晰，因此，这里有必要加以澄清。

第一节 教学想象的意涵

前面通过文献梳理发现"想象"存在于多种学科中，要想对想象清晰的界定并不容易，不同的学科对其有不同的理解，不同的维度也可有关于想象的不同阐释，甚至不同的分类方式都可以有关于想象的不同论述，因此，本研究在界定"教学想象"时存在困难。综合考虑，本研究首先对核心概念进行界定，然后分析"教学想象"的概念及内涵，进而对其相关、相似概念辨析，以便更好地把握教学想象的意涵。

一 本研究的核心概念界定

由于"想象"存在维特根斯坦所说的"家族相似"（Family Resemblance）

---

① J. J. Chambliss, "John Dewey's Idea of Imagination in Philosophy and Education", *Journal of Aesthetic Education*, Vol. 25, No. 4, April, 1991, p. 43.

概念①，学界至今对于该问题尚无统一定论，对于一些与想象问题有关的教育理论存在争议，为避免由于概念歧义引起理解偏差，且由于"教学想象"问题研究本身的需要，本书对"教学想象"的界定及其"家族相似"概念的辨析显得尤为必要。因此，本研究需要对"想象""想象力""教学想象力""教学想象"这四个术语做出界定，对"教学想象与教学设计""教学想象与教学联想""教学想象与教学生成""教学想象与教学创造"进行区别。

（一）想象、想象力

何为"想象"？据上海辞书出版社出版的《辞海》（缩印本·1989年版）对这一条目的解释："利用原有的表象形成新形象的心理过程。"具体指"人脑在外界刺激物的影响下，对过去存储的若干表象进行加工改造而成。事实上，人不仅能回忆起过去感知过的事物的形象，而且还能想象出当前和过去从未感知过的事物的形象。但想象的内容总是来源于客观现实。也正是如此，心理学中普遍将想象分为创造想象和再造想象两种，它们对人进行创造性活动和掌握新的知识经验起重要作用。"

关于"想象力"的概念，张晓阳基于"简约性原则"与"教育性原则"，将"想象力"分为两大层次：基于认知工具的认知想象力和基于情感工具的情感想象力，同时认知想象力和情感想象力的融合构成了想象力的完整内涵，它们的纵向递进和横向协同构成了想象力的阶段性发展过程。简言之，张晓阳认为，"想象力"是一种基于认知工具和情感工具并且加以灵活运用的综合性心理能力；"想象"则是这种综合性心理能力得以灵活运用的过程（仅从心理学层面来讲）。②

就一般意义上讲，"想象力"更多的是作为名词来使用，而"想象"则作为动词使用。但由于中文具有语境的差异，所以，在不同的情境下二者有时又可以混用；即想象也可以作为名词使用，这时二者的意思基本相同。例如，我们描述一个房间独特的布置可以说"充满想象力"或者"充满想象"。通过前面的梳理可以看出，"想象"在哲学、心理学、美学等方面具有不同的

---

① 维特根斯坦在《哲学研究》中提出了著名的"家族相似"（Family Resemblance）概念的"语言游戏"（Language Game）观。他在这个理论中认为，当我们试图在各种看似类似的词语中寻找共同点时我们会发现它们之间根本没有本质上相似的地方，而只是共有一些"家族成分"。参见［奥］维特根斯坦《哲学研究》，李步楼译，商务印书馆1994年版，第2页。

② 参见张晓阳《想象教育论纲》，博士学位论文，华东师范大学，2016年，第25页。

意义，相对而言，其语义更灵活、使用更广泛。因此，这也是本书选择"教学想象"而非"教学想象力"的一个原因，教学本来属于微观层面，在研究教学时不妨将其放在宏观层面上探讨，以便使该问题的研究具有较大的格局，侧重"想象"在教学过程中的运用。

（二）教学想象力、教学想象

"教学想象力"用"教学"作为限定词，深化了概念的内涵，同时也缩小了概念的外延，直观地讲，想象本身属于一种思维方式，想象力是一种能力，想象一个过程。因此，本研究将教学想象力理解为师生围绕教学目标，在已有教学经验基础上，在头脑中创造出独特、新颖的教学实践活动的能力。基依此，教学想象则是指师生在已有教学经验基础上，创造出新颖、独特的教学实践活动。为了更直观地理解教学想象过程，可参考特级教师于永正执教的案例。例如，周晔写的《我的伯父鲁迅先生》中作者描写车夫外貌时，使用了一个很传神的词——"饱经风霜"。"教学中教师直接给它下个定义，说一说，当然不是不可以，但我没这样做。因为我每次读到这句话时，脑海里便出现了车夫的形象，出现了他那一张令人同情的脸。我相信学生也会这样想，于是我请他们展开想象，并写出他们想象中、理解中的车夫的'饱经风霜的脸'。学生们沉思起来，动情了，动笔了。学生描写出来的脸，虽然语句不同，但都表达了一个意思——饱经风霜。"① 如果教学中教师直接下定义，那么这样的教学显然属于直接传授，缺乏想象，而后面教师选择让学生展开想象写出他们想象中、理解中的车夫的"饱经风霜的脸"，这一过程便是教学想象的过程，教学中教师有时因为各种原因常常略过这一教学环节，表面看虽然节约了教学时间，但却剥夺了学生们想象的权利与机会，导致教学缺乏想象。

二 教学想象的概念及分析

前面已经对"想象"进行过界定，但在分析"教学想象"的内涵之前，还是需要了解一下"想象"的内涵。想象是用形象超前反映，其含义是指人不仅能形成亲自知觉过的事物的形象（如开过的汽车、住过的楼房等），而且能形成未曾亲自知觉过的事物的形象（如历史人物，未曾去过的国家、地区

---

① 转引自陈斐《语文教学技艺导论》，广东高等教育出版社2013年版，第79页。

以及山脉、河流等），还能对未来事物进行幻想、憧憬、设想（如对共产主义远景的想象、对自己未来生活的想象），还能形成现实不存在或与现实完全不相符合的新形象（如"嫦娥奔月""龟兔赛跑"，以及所谓妖魔、鬼怪、神仙、天堂、地狱等）。这些，暂离现实，超脱现实，对于个体来说，突出特征是"新"，都是个体想象出来的新形象。因此，以新形象对当前或超前的事物进行反映，便是想象的本质所在。①

关于"想象"的内涵尚且如此多元，教学想象的意涵可想而知，并非只言片语即可描述清楚的。根据逻辑学中给概念下定义的方式——类加种差，来分析教学想象的概念，教学想象首先是一种在完成教学目标基础之上而创造出新颖、独特的教学实践活动，它具有想象的一般特点和共同特点。同时，从教学想象的种差看，教学想象又是一种与"教学"密切相关的实践活动，具有其自身的独特属性。也就是说，教学想象更多地与教学活动有关，其想象的一般属性要与教学活动的特殊属性相互匹配和协调，是一种专门指向"教学"的想象。教学想象可以作为一种技术手段，同时，也可以作为一种思维方式存在于教学过程中。有时教学想象与众多教学技术手段及思维方式类似，彼此互相协同，共同推动教学活动的持续和深入，单一的教学手段或教学思维的参与并不能形成真正意义上的教学活动。况且，教学中充满了不确定性，不同的教师面对不同的学生，由于其知识经验的不同，对于教学的处理方式也不同，这就需要我们用开放的思维、发展的眼光看待教学想象。

据此，笔者认为，教学想象是师生围绕教学目标，借助新颖独特的教学活动，将所学的新知识与头脑中已有的知识经验进行同化、顺应，或以已有知识经验为表象创生出新知识的教学过程。具体而言，教学想象主要是围绕教学的想象，它涵盖了教师的想象和学生想象，是在已有教学经验加工改造的基础上，对过去、现在及未来的教学活动的推理、联想及预测，在这一过程中能达到举一反三、触类旁通、推己及人的效果。

（一）教学想象是以教学为中心的教师想象和学生想象的协同共生

教学想象首先是以教学为中心的想象，其次，教学包含的关键要素是教师与学生，离开教师或学生的课堂不能称为教学，教学活动的存在依赖教师和学生的组合。教学活动过程本质上包含教师的教学和学生的学习两方面，

---

① 参见普通心理学编写组编《普通心理学》，山东教育出版社1987年版，第113页。

是师生教学活动的统一过程，二者缺一不可，同样，教学想象不应只是教师的想象，它还有更为丰富的内涵。既应该包含教师的想象，同时也包含学生的想象，是教师的想象与学生的想象的协同共生。事实上，人人都有想象的能力，也都具有想象的权利，教师和学生本身都具有想象能力，不同的是其想象力有强弱之分。在教学中，教与学的联系表现为教师的教是为了引导学生的学，教和学是统一的活动，二者互相促进。如美国分析教育哲学家谢弗勒（Israelis chaffier）认为："教学是有意识的行为，目的是要导致别人的学习。"[①] 赫思特（P. H. Hirst）则说："教学活动是一个人 A（教师）的活动，其用意在于实现另一个人 B（学生）的活动（学习），其用意在于完成某种目的情态（例如，认知与鉴赏），其目的就是 X（例如，信念、态度及技能）。"[②] 也就是说，教师的想象及教学的想象目的均是引导学生的想象，是为了学生的想象而存在，因而教学想象是教师的想象与学生的想象的协同统一。倘若教学中只有学生的想象，教师缺乏想象，那么教学也就无所谓"想象"，教学主要是教师引导的，学生的想象力将被教师影响或增强或消失，因此，只有教师具有想象力，教学才具有想象的空间，学生的想象力才会越来越丰富。

（二）教学想象是在已有表象加工改造的基础上，对过去经历过的教学活动的设想

任何的想象均是基于一定的表象基础上而生成新形象的过程。教学想象亦如此，发生于课堂教学中的想象势必基于一定的教学活动经验而产生。教学想象具有客观现实性，想象的建构是教师在过去经历的教学活动基础上生成新的教学的过程。因此，教学想象的新颖性依赖教师教学活动经验的丰富性，教师的教学能力、教学水平越高，教学理念越先进，相应的教学想象越新颖独特。而对于缺乏教学理论与教学实践经验的教师，其教学想象能力也难以提升，这就要求教师不仅要不断加强教学实践能力，提升自身的教学理论素养，还要使教学理论与实践融会贯通以为教学想象的建构提供丰富的基础，唯其如此，才不至于使得教学想象空洞、乏力。

---

① 中央教育科学研究所比较教育研究室编：《简明国际教育百科全书·教学》（下），教育科学出版社1990年版，第234页。

② P. H. Hirst, *Knowledge and the Curriculum*, Ch. 7. *What is teaching?* London: RKP, p. 108.

富有想象的教学要求教师在教学活动中能借助已有的知识经验联想、猜测、分析教学内容，以促进其对教学内容的理解、接受、消化。例如，在历史课中，对历史人物、历史事件的分析讲解必须借助想象辅助学生的理解。也就是说，教师除了要将自身的想象赋予教学，更为重要的是教师要有意识地激发学生的想象力，给学生留有想象的空间，让教学在教师的想象与学生的想象协同之下有所创生。可以说，教师在教学活动中的想象不仅需要依靠教师以往教学经验的支撑，而且包含了学生的学习经验，是融合师生教学想象于一体的，尤其需要师生的想象碰撞以生成新的想象，引导教学走得更远。

（三）教学想象是以已有教学活动表象为基础，对未来教学活动的预测

根据想象本身的特点，想象并不是凭空产生的，而是要基于一定的表象，各种新形象的产生均是在已有表象的基础上经过头脑加工改造而形成的新形象。对于从未经历过的事物硬要让其想象也是比较困难的。因此，表象是提升想象力的关键。表象越丰富，想象就越丰富、越新颖、越富有创造性。丰富的表象有助于更好地把握未来的教学活动。表象是经过感知的事物在头脑中再现的形象，没有感知便没有表象，丰富表象要依靠感知，除了联系生活实际，还可通过学习获得。例如，学生在阅读课文时，头脑里对课文中所描述的风景、人物、事件等的展现，这些景象随着阅读的推进，会一幕幕浮现在学生眼前，所以，随着文字的描述在已有的表象基础上自然而然浮现在头脑中，这就是想象，想象的发生是自然的过程。发生于课堂教学中的想象同样如此，教学想象的建构也不是凭空生成的，而是基于一定的教学活动经验，这里的教学活动经验也称为"表象"。在教学中建构想象时教师要对教学活动了如指掌，更要熟悉学生，清楚学生的认识发展水平、身心发展规律，也就是说除了要充分备课，做到熟悉教学内容，合理地安排、设计教学活动，教师还要预设整个教学过程，值得注意的是，教学活动中的教师与学生的不确定性使得教学活动会出现许多意外的情况，因此，也就有了生成性教学，这就需要教师不仅要注意教学活动的预设还要重视教学活动的生成，在教学的预设与生成中建构想象。

教学想象对未来教学活动的预测是指在教学活动结束之前对教学活动的演进、发展情况的综合把握。事实上，任何想象均是发生于现实活动开始之前。人类不同于动物的最大的区别就是在行动之前，先在头脑中建构好计划，人类具有想象力，无论做什么事情，即便表面看起来是盲目地在做某事，实

际上还存在一系列我们无法直接看到的、内隐的思维活动过程。毫无疑问，"想象"活动在任务开始之前便已经发生，只是想象建构的程度不同，看起来属于盲目地做事，说明想象建构得不完美，正常地完成任务则说明想象的建构程度较为一般，而完美细致、缜密而又富有艺术性地完成任务会使人精神愉悦，则说明想象力丰富。对于在教学中构建想象同样如此，高效的实施教学活动，说明教师想象力丰富，只是完成教学任务，达成教学目标则说明教学想象力一般，低级的教学活动仅传授知识，应付考试，则说明教学缺乏想象力。整个教学活动的效果如何在教学开始前均会有预设，凭借想象可以预测教学活动的发展轨迹及可能产生的结果。

（四）教学想象可利用已积累的教学经验创造出新颖、独特的教学活动

由于想象是在头脑中完成的思维活动，建构想象之前要先在头脑中与已有知识建立某种联系，才能生成新的形象，而这里所谓的"建立某种联系"也就是在头脑中搜索相关的信息使其与所接触的新信息连接起来，而新旧信息结合之后若要产生新形象则需要加工改造，如果直接运用已有的信息、经验，则无法生成新形象，也就无所谓"想象"，而只是信息迁移、过滤，从此时移到彼此。教师在课堂教学中将新的教学内容展现给学生时，如若只是按照课本字面意思传达给学生，实际是毫无意义的，教学也就失去其本真的存在意义，而如若在教学中恰当运用想象却能使教学内容富有生命力，尤其是文学中的想象力，需要教师充分挖掘方显其本真韵味。例如，李白《夜宿山寺》这首诗，"危楼高百尺，手可摘星辰。不敢高声语，恐惊天上人"。由于诗人大胆瑰丽的想象、巧妙自然的夸张，使得本来属于静态事物的整座建筑活灵活现，形象逼真，使人产生丰富的联想且有身临其境之感。作者用"危"字与"高"字在同句中的巧妙组合，确切、生动、形象地将寺庙的非凡气势淋漓尽致地描摹了出来。接着将读者的视线引向"星汉灿烂"的夜空，给人留下想象的空间，以星夜的空旷、美丽引起人们对高耸入云的"危楼"的向往之情。接着又用"不敢"写出了作者夜临"危楼"时的心理状态，促使读者想象到"山寺"与"天上人"的相距之近，从而将山寺之高呈现出来。"诗人站在楼顶就可以伸手去摘下天上的星星，还不敢大声说话，唯恐说话声惊动了天上的仙人。""手摘星星""天上的神仙"均是作者运用浪漫型的想象将头脑中的表象加工改造而成的，可见诗人想象极其丰富，语言自然婉转，具有浓郁的浪漫主义色彩，文章对这首诗的赏析过程也就是教学想象的过程，教

师在教学活动开始之前要有这么一个想象的过程,将自己的想象赋予教学,试图激起学生的想象,学生在教师的教学想象基础上自然会经过加工改造形成新的形象;反之,如果教师仅是将该诗的内容传授给学生,学生必然体会不到诗的深层次内涵,也就难以激起学生的想象。

事实上,已有表象与想象表象具有较大的差别和距离。前者,只是通过感知将事物形象输入、存储、提取、活跃起来的问题,或者只是在头脑中建立某种形象与恢复某种形象的问题;而后者,则是在前者的基础上根据人的特定需要加工改造进而创造新形象的问题,表象建立起来才能使想象有所依据。教师的教学想象正是基于教学内容的想象基础之上而建构起来的,教师通过语言文字的描写与头脑中已有的信息建立某种关联,加工改造而形成自己对整首诗的想象,同样,学生在教学过程中则是基于教师的教学想象与文字特有的文学想象,经过自己的头脑加工改造之后,建构起自己的想象世界,从而使得教学有了创生。

(五) 教学想象能创造出现实中不存在或与现实完全不相符的新的教学活动

想象最大的特点是能创造新的形象,同样,教学想象也具有该特点,在教学活动过程中构建想象能创生新的教学活动。正是由于想象能跨越时空,能联想现实世界中存在的或不存在的事物,因此,在课堂教学中为了使师生更容易感知、理解、接受并生成新的知识,我们往往借助想象来实现。心理学家高普尼克(Alison Gopnik)认为,现代认知科学对人类想象力的相关研究表明,"想象力来源于知识,正是理解了事物之间的因果关系知识以后,儿童的想象力才成为可能"[①]。了解事物之间的因果关系也就是将新信息与头脑中已有信息建立起某种联系的过程,尤其对于身心发展尚未成熟、认知水平有限、会思考、理性与情感同在的未成年学生而言,尤其需要想象辅助其成长、成才。课堂教学中有些教学内容距离学生较远,还有一些抽象、难以理解的知识以及一些与现实不符合的内容,诸如,抽象的数学知识、数学图形,远古时代的人类文明,文学浪漫色彩浓厚的神话故事,等等,这些是借助想象在表达与现实生活完全不符合的事物,使教学具有了科幻与神话色彩,对于尚处于身心发展中的学生来说,感知、理解、接受这些知识必然存在困难。

[①] [美]高普尼克:《宝宝也是哲学家:学习与思考的惊奇发现》,杨彦捷译,浙江人民出版社2014年版,第1—3页。

借助想象将不存在的、抽象的知识可视化、直观化可帮助学生深化理解，尤其是一些抽象的立体图形问题，学生常常存在认知困难，难以厘清其中的关系，凭借教学想象可以将其内在的逻辑关系通过动态图形演示出来，让学生清楚明了地看到知识的生成与构建过程。当然，这种方式所运用的教学想象力是较高级的想象力，需要借助人工智能、多媒体教具，与普通的在头脑中建构的想象相比较而言高级一些。这里还需要说明的是教学想象力有高低层次之分，低级的教学想象力通过思维活动、语言描述即可表达出来，较为高级的教学想象力则需要借助情境描写、多媒体演示甚至人工智能等来辅助完成，具体的有关教学想象力的层次、级别在后面的章节中会有详细的论述。

三 教学想象的相关概念辨析

（一）教学想象与教学设计

如前所述，教学想象是指师生在已有教学经验的基础上，创造出独特、新颖的教学实践活动的过程。在界定教学设计之前，我们有必要了解一下什么是设计。所谓"设计，是为创造某种具有实际效用的新事物而进行的探究。设计就是规划和组织，是对设计对象进行安排，使其相关，从而对其进行控制"[1]。设计是计划或布局、安排的意思，是指用某种媒介形成某种事情的结构方式。[2] 史密斯、雷根认为，"教学设计指的是把学习与教学原理转化成对于教学材料、活动、信息资源和评价的规划这一系统的、反思性的过程"[3]。有学者认为，"现代教学设计指的是在实施教学之前，依据学习论和教学论原理，用系统论观点和方法对教学的各个环节统筹规划和安排，为学生的学习创设最优环境的准备过程"[4]。"教学想象"更多的是自然状态下运用"想象"辅助教学，以更好地完成教学实践活动，"教学设计"则含有目的性、计划性，是有目的、有计划的"设计"教学，是在教学之前要完成的；"教学想象"尽管也有目的性，但是却缺乏计划性，并不是预设的，而是伴随着整个教学过程，甚至在教学活动结束后想象还未停止。"教学想象"与"教学设

---

① ［美］戈登·罗伦德、高文：《设计与教学设计》，《外国教育资料》1997 年第 2 期。
② 参见李志厚《国外教学设计研究现状与发展趋势》，《外国教育研究》1998 年第 1 期。
③ ［美］史密斯、雷根：《教学设计》第 3 版，庞维国等译，华东师范大学出版社 2008 年版，第 4 页。
④ 皮连生、刘杰主编：《现代教学设计》，首都师范大学出版社 2005 年版，第 3 页。

计"在研究对象和功能上是一致的,也就是说,二者的研究各有侧重,有时可能存在部分交叉重合的现象,但是却不能互相取代。

(二) 教学想象与教学联想

联想是由一事物想到另一事物的心理过程,是事物由此及彼的相似性或内在关联性导出的新结果。联想只是一个简单的思维活动,其内容相对比较单薄,一般不出现具体的形象化的情景描写。杨荣树认为,"想象是以联想为基本形式的一种创造性心理活动。在想象思维区,往往采用联想串联形式开展想象思维活动。而且,人们也可以在联想到某人或某事物以后,再对其开展想象思维,所以想象还可以是联想思维的延伸和接续"①。教学联想是指为满足教学活动的需求,在教学中探讨新知识时,由一个知识点联系到另一个知识点的心理过程,是基于相似性或相关性的内在关联性导出的新结果。教学想象则是指师生在已有教学经验的基础上,创造出独特、新颖的教学实践活动的过程。

教学联想的主要线索是"相似性"或"相关性",在教学中依赖"相似性"维持教学联想,教学想象的主要线索则是"已有的知识经验",在教学中依靠"问题"推动教学想象的延伸。此外,教学联想的内容较为简单,一般不出现形象化的情景描写。例如,课堂上,教师讲《离骚》一课,同学们就可以联想到粽子,甚至联想到自己昨天的早餐就有粽子。而教学想象的内容则较为丰富,常常依靠形象化的情景描写呈现想象的过程,这些形象化的描写虽然不在眼前,但却是合情合理的,同时还能凭借形象化的情景描写将在场者吸引到想象的情境之中,使其在毫无察觉的情况下进入想象情境而不自知。例如,《卖火柴的小女孩》中写"小女孩在又冷又黑的大年夜里到街上卖火柴,饥饿和寒冷迫使小女孩蜷缩成一团坐在墙角下,点燃了一根又一根火柴,最终还是冻死在街头"。这是具体事实,可是小女孩临死前擦火柴时想了些什么呢?作者展开了丰富的想象:"点燃第一根火柴时,小女孩觉得自己好像坐在一个大火炉前面……点燃第二根时小女孩仿佛看见了正冒着香气的烤鹅向她走来……点燃第三根时小女孩觉得自己坐在一棵美丽的圣诞树下……点燃第四根时小女孩仿佛看见了慈爱的奶奶……最后为了将奶奶留住,她擦着了一大把火柴,仿佛奶奶把她抱在怀里飞走了……"这些想象均展现了小女孩当时的心理活动,使人读后格外同情这个小女孩。教师还可继续提问:

---

① 杨荣树:《课堂学生跳跃性思维初探》,四川大学出版社2010年版,第58页。

"请同学们想一想小女孩见到奶奶后的情境。"课文中对小女孩心理活动的描写具有形象化的情景与具体化的事件,很容易将读者代入情境,整个过程较为合情合理,充分地体现了教学想象的过程。

(三) 教学想象与教学生成

"生成"是生成论中一个最基本的概念,是超越教学"预成论"、构建教学"生成论"的一个关键性概念。① "生成"意即"自然形成",《辞海》中对其解释为"变易",即对"无"的否定或对"有"的否定之否定。从生成的具体过程来考察,"生成"包括了"生"和"成"两个方面。所谓"生",指产生、出生,即事物从无到有,忽然出现,含有创造之意。老子的"道生一,一生二,二生三,三生万物"(《道德经》第四十二章)和"天下万物生于有,有生于无"(《道德经》第四十章),这里"生"指的就是事物之诞生。所谓"成",为形成之"成"和成果之"成",强调的是事物的变化及其结果。庄子言:"其分也,成也;其成也,毁也。"(《齐物论》)这里"成"指的就是事物的分化生长和形成,直至事物的毁灭。所以,"生成"体现的是一种既有起点又有终点的过程性,其过程性可表征为:产生—生长—形成—成果,若进一步考察,还存在着"消亡"。② "想象"更多的指心理活动,可见,"生成"与"想象"属于不同的心理活动。"教学想象"与"教学生成"既有区别又有联系,"教学生成"意指教师指导学生从"生",到"成"而获得个体知识的过程,它包括了生成性的教与生成性的学两个方面。生成性的学是相对于被动接受而言的,更强调学生学习的自主生成性;生成性的教是相对于静态预设而言的,更强调教师教学的动态生成性。③ "教学想象"则是实践活动过程,既包含从无到有,也包含从无到无,它不会消亡,即使教学结束了,想象还存在。"教学生成"仅强调从无到有,要有一个新事物历经生成、发展甚至消亡的过程。"教学想象"是"教学生成"的重要条件,"教学生成"有赖于"教学想象"。

(四) 教学想象与教学创造

想象是人脑对客观现实的反映,不过,这种反映不是已有感性形象的再现,而是人脑对原有感性形象加工、改造的结果。借助于想象,我们的认识

---

① 参见李祎《从"预成论"到"生成论"——教学观念的重要变革》,《全球教育展望》2006年第5期。

② 参见李祎《教学生成:内涵阐释与特征分析》,《全球教育展望》2006年第11期。

③ 参见李祎《教学生成:内涵阐释与特征分析》,《全球教育展望》2006年第11期。

不仅可以驰骋于无限的现实世界,而且可以奔腾于神奇的幻想境地;不仅可以回首年代久远的过去,而且可以展望引人入胜的未来;不仅可以认识世界,而且可以创造世界。"工程师的设计,作家的人物塑造,画家、雕塑家的艺术造型,工人的技术革新……凡属人类的创造性劳动,无一不是想象的结晶,没有想象便没有文学艺术,便没有创造发明,便没有科学预见。"[1] 可见,教学想象的内容依据是来源于客观现实的。创造是提供独特的、具有社会意义的产物的活动。科学中新概念、新理论的提出,新机器的发展,文学艺术作品中的创作等,都是不同实践领域中的创造活动。[2] 教学创造主要是指在教学活动中生成的独特的、具有教学意义的产物的活动。教学想象则重点指教学实践活动中形象化的情景描述,它与教学创造指向的侧重点不同,教学创造来源于教学想象。教学想象活动有助于教学创造活动的进行;教学创造的结果存在对错之分、成功与失败之说;而教学想象则没有对错之分,只有低级与高级之别。此外,教学创造的周期相对较长,而教学想象则比较短暂。

第二节 教学想象的分类

就一般意义而言,对某一事物进行分类不仅可以把握事物的不同特点、类型还可以厘清其外延,使事物具有一定的从属关系。因此,分类也是理论研究中必不可少的一部分,鉴于对想象的内涵阐释存在较大的困难,这就导致发生于课堂教学中的想象也难以阐释清楚,对教学想象进行分类虽然存在一定的困难,却很有必要,尤其是对于后续探究其价值及激发策略有着方向性的指导作用。基于此,本书借鉴想象的分类方式,基于不同的分类标准从不同的角度对教学想象进行分类,具体表现在四个方面。

一 根据教学想象激发方式的分类

在对教学想象分类之前,先来回顾一下想象的分类。在心理学中,根据想象时有无预定的目的和意识,可以把想象分为无意想象和有意想象。无意想象是指当意识减弱时,人们不自觉地、不由自主地产生的没有特定目的的

---

[1] 黄希庭编著:《普通心理学》,甘肃人民出版社1982年版,第372—374页。
[2] 参见黄希庭编著《普通心理学》,甘肃人民出版社1982年版,第378页。

想象。例如，儿童在听成人讲故事或上课的时候，有时听着听着就"走神"，进入了无意想象。对于成年人来说，在清醒状态下，这种情况比较少见。睡眠时几乎每个人都会做梦。梦是一种比较典型的无意想象，它具有离奇性和逼真性的特点。[1] 有意想象又叫随意想象，是有预定的目的和意识，在刺激物的影响下，依据一定的目的而进行想象的过程。相对于无意想象，有意想象具有主动性，有一定程度的自觉性和计划性。

　　借鉴想象的分类，对于教学想象而言，其激发方式也存在有无预定的目的和意识的问题，因此，将教学想象分为有意教学想象和无意教学想象。在课堂教学中，当教师提出问题让学生发挥自己的想象去解决问题时属于有意教学想象，教师提出问题时自己也在想象，学生根据教师提出的问题主动地、有意识地发挥自己的想象力，根据问题将新信息与头脑中已有信息建立某种联系，进行有意识的想象，师生的想象均属于有意识的想象。通过有意教学想象可以解决教学活动中出现的问题从而更好地完成教学目标，达成教学目的。然而，教学中也存在无意教学想象的现象，例如，当教师设置某种情境时，学生会被情境吸引，主动在头脑中构建起关于该情境的想象，属于无意教学想象。当教师提出问题时，学生沿着教学目标以及教师预设的问题思考，但是也有很多时候学生的回答偏离教学目标和教师预设的问题，这时候也容易出现无意教学想象，很多偶然的因素会促使教师去无意识地思考学生的问题以及学生为什么会偏离教学目标。此外，基于学生对教师所提问题的回答情况，也会存在一些偶然的问题引起教师无意想象的发生，这些无意的教学想象往往就是教学创生的契机，因此，无意识的教学想象也是有意义的，理应给予关注。有意教学想象与无意教学想象会互相转换，有时存在交叉。当教师基于教学内容启发诱导学生时属于有意教学想象，而当学生继续主动思考时就变成无意教学想象，二者无明显的界限。

二　根据教学想象表现方式的分类

　　这一分类方式是借鉴心理学上对想象的分类而划分的，心理学中根据想象时主要凭借哪种记忆表象，可以将想象分为视觉想象、听觉想象、运动想象等。[2]

---

[1] 参见李世棣主编《普通心理学》，中国人民公安大学出版社1996年版，第140页。
[2] 参见李世棣主编《普通心理学》，中国人民公安大学出版社1996年版，第140页。

其中，视觉想象是指想象的发生是基于感知觉，依靠视觉产生的；而听觉想象是说想象的建构是凭借语言描述，通过听觉获得的。关于运动想象罗德兰等（1980）报告了"内在想象连续手指运动"的脑神经显像研究的实例。该项研究中，受试者并不真正执行运动，而是在内心想象（假装）运动。受试者在内心想象或规划快速孤立的手指连续运动但并未真正执行时，仅有的持续血流增加是辅助运动区，然而，此时肌电图上没有记录到肌肉的势能，身体其他部位也没有运动发生。此外，想象运动期间，整个初级运动区不被激活。同时，在该试验模式中没有感觉回路，所以，感觉手区也无活性表现。①

在课堂教学中想象的表现也存在这三种情况，因此，教学想象被分为视觉教学想象、听觉教学想象与运动教学想象。根据教学活动的性质，教师提供给学生的教学内容或者以视觉的形式展现，或者以听觉形式呈现，有时候也依靠运动知觉表现出来。例如，对于抽象的数学知识内容，由于学生很难理解空间几何概念，所以，教师会通过多媒体教具将整个过程演示给学生看，让学生通过视觉建构教学想象，以便于学生理解、接受；美术课上，教师也通常采取视觉的形式展现，因为再多的语言描述也不及图形、视频更直观明白。对于一些需要理解的文学作品，教师往往会采取启发诱导的方式运用形象化的语言将课文中丰富的思想感情表现出来，语文和英语属于语言学科，教学用到的听觉教学想象较多。而对于运动教学想象则更多地体现在体育课上，体育教师在引导学生掌握一些运动技能技巧时，会先通过语言表述出来，学生或教师运用假装动作来建构教学想象。此外，以往课堂教学中，有时教师为了引起学生的注意或者是吸引学生深入思考问题，也会通过简单的肢体动作来表现，比如，教师只是做出了阅读的口型，没有真正出声阅读，而是希望引起学生的注意等这些均是课堂中的运动教学想象。相比较而言，课堂教学中听觉教学想象运用较频繁，有时候也不乏听觉教学想象与视觉教学想象或运动想象互相配合使用。

三 根据教学想象构建方式的分类

哲学家弗卢（A. Flew）对想象的分类是从感觉类型来看，想象分为"①视觉型。例如，我在想象儿童穿上这条裙子之后是什么样子。②推理型。例如，

---

① 参见唐孝威、何洁等编著《思维研究》，浙江大学出版社2014年版，第44页。

想象一下，如果我们上课迟到了，会发生什么事情呢？③误信型。例如，我想象自己变成了一条鱼，在大海中自由自在地遨游"①。借鉴这一分类方式，我们综合考量深入分析教学想象，可将其分为，判断型教学想象、推理型教学想象以及假设型教学想象。判断型教学想象指想象的建构方式依据个体的判断，个体是基于一定的知识经验做出的判断。这种类型的教学想象多用于对过去或未来未经历过的事情的判断。比如，依据相关的历史资料我们可以判断在古代人类是如何做交易、如何记事，依据过去、现在的一些资料我们也可判断未来人工智能在教学方面的发展趋势，等等，用到的均是判断型教学想象。

推理型教学想象是指在课堂教学中基于教学活动的需要，根据已有的认知推导出未知的事件或结论的过程。推理型教学想象是教学中常用的想象形式，比较典型的就是发生于理科的课堂中，诸如，数学、物理、化学等，教师引导学生解答某一数学题目时常常会引导学生，如果我们采取这一方式，你认为结果如何？如何采取另一种思路，结果又如何？化学的学习经常要进行实验，往往是将两种或几种化学药品混合在一起做实验，没开始实验前师生必然会有对该实验结果的想象，这些是较为典型的推理型教学想象。此外，推理型教学想象也经常被教师应用于课程教学活动结束后，尤其是语文课上的一些故事性较强的课文，教师结束教学活动后经常留一个作业，让学生想象一下主人翁后来的发展情况，或是让学生发挥想象改写故事，很多教师会布置类似的作业，但是往往不注意对该作业的反馈，也就是说教师有激发教学想象的行为，却没有正确的运作教学想象，仅是激起想象的发生，没有引导、重审学生的想象，也不算是完美的教学想象。

假设型教学想象是指借助想象将某人、某事或某物置入与现实不相符合的境地或假想出与现实中不存在的事物。鉴于时间、空间及某些现实条件的限制，我们不可能上天入地，更不可能穿越时空，只能生活在现实的空间内，然而想象却能带我们穿梭时光将我们置入任何空间。假设型教学想象更多的是指借助想象所形成的与现实完全不相符的新的教学活动。比较典型的就是美术课上，教师在引导学生学习绘画、观察某一图形时往往会运用到假设想象，当教师在黑板或多媒体上呈现一幅美轮美奂的图片时，学生首先会想到，如果是我来画，能不能画得这么美妙，或者我会不会画得比这幅画还要美，如果加入

---

① A. Flew, "Images, Supposing and Imagining", *Philosophy*, Vol. 28, No. 106, 1953, p. 247.

自己对图画的认知、理解我还可能使画提升一个档次……类似的想法均会产生于学生的头脑中,这也是一种习惯性的认知倾向,就好比学数学的人看到数学题就想动脑思考其解决方式,音乐爱好者则听到别人唱歌时会不由自主地跟着唱起来是一样的道理。事实上,每节课都存在假设型教学想象,只是美术课较典型而已,日常的课堂教学中,学生或老师均会运用假设型教学想象觉知对该节课的教学内容的掌握情况,学生也可以想象到教师对自己所掌握知识的反馈情况。例如,"某版本教科书在讲到明清时期的科举制时,采纳了蒲松龄所描写的举子参加考试过程的形象,一是提着篮子入考场时像乞丐;二是点名时被官吏呵斥像囚犯;三是回到考试期间暂住的号舍里,上面露头,下面露脚,像秋末的蜜蜂;四是出考场后像出笼的病鸟;五是等待放榜时坐立不安,像被捉住的猕猴;六是知道名落孙山后面色死灰,像叮了药饵的苍蝇;七是大骂考官有眼无珠,然后心灰意冷,但过了一段时间,气平了,又想再试一次,像刚破壳的小鸡"①。教师让学生想象一下,"假如穿越到明清时代参加科举考试,你会是哪种状态呢?"可见,假设型教学想象具有较强的趣味性和吸引力,能使学生更专注于教学中,还能为教学增魅,只要教师有意识地构建、激发想象,假设型教学想象也可以经常出现在教学过程中。

四 根据教学想象培育方式的分类

该分类方式是借鉴心理学中对想象的分类,将想象分为再造想象和创造想象。再造想象是根据语言的描述或图样、图解、符号的示意,在头脑中再造出新形象的心理过程。这是想象的一般分类方式,还有一种是复制想象。例如,在教学中,依据教师的语言描述,学生在头脑中提取出与之相类似的形象叫作复制性想象。也就是说,教师所描述的事物或某类形象是学生已经了解或者见过的事物,当教师再次提及时,学生只是将其再次呈现在头脑中而已。例如,当老师讲到"孙悟空"这一人物形象时,学生可以立刻在头脑中浮现孙悟空的形象,因为孩子们在日常生活中看过孙悟空的电视剧,头脑中有这一形象,再次想象时只是复制了头脑中的已有形象,这就是再造想象。而创造想象是不依据现成的描述而独立地创造出新形象的心理过程。诸如,

---

① 朱汉国主编:《义务教育课程标准试验教科书历史七年级下册》,北京师范大学出版社2002年版,第101—102页。

一些新发明、新设计之前或一部作品问世之前，创造者头脑中进行的想象、构思、设计的"蓝图"等，由于它们在现实中是不存在的，而是自己"别出心裁"创造出来的，所以叫创造想象。①

依据这一分类方式，教学想象可分为复制性教学想象、再造性教学想象及创造性教学想象。复制性教学想象是指教学中学生依据教师的语言描述在头脑中提取出已有形象的实践活动。再造性教学想象是指在教学中教师运用语言描述、图像展示等方式呈现教学内容，学生根据教师的描述在头脑中再造出新形象的实践活动。这种教学想象方式在教学过程中较为常见，教师通常会运用语言文字描述，适当地辅之以图片或符号来促进学生理解，学生学习的知识多数为间接知识，快速掌握这些知识要求通过教师的讲述，辅助图表、模型等促进其形成再造想象。教学过程中的"榜样示范"就是利用形象示范让学生形成再造想象从而指导学生的行动。再造性教学想象是基本的教学想象方式，需要注意的是，再造想象的建构需要教师擅长语言表达，能在正确理解原文的基础上，运用恰当的语言表达出来，学生则要储备丰富的表象，而表象积累的数量与质量有赖于感知觉，因此，学生应多参加社会实践，多锻炼以丰富感知，提升感知能力。创造性教学想象是指不依据教学中教师的描述，而独立地创造出新形象的心理过程。譬如，学生在教师的指导下发现了新的解题思路、创造出新的作品等均是教学过程中的再造性想象。

需要说明的是，要成功地进行创造性教学想象，必须做到：首先，要增加自己的感知，对事物认真、细致的观察以丰富表象，为创造性教学想象积累原材料；其次，要有感兴趣的领域并能持续深入的探究，掌握必备的知识；再次，要善于从事物原初的状态获得灵感、启发，从其他方面积累解决问题的素养并迁移到所感兴趣的领域内；复次，要积极进行思维活动，多思考，尤其是多进行创造性思维活动；最后，要拓宽自己的视野，积极参与社会实践活动，使头脑中的思想和表象保持活跃状态以随时洞见，洞见显现之时便是创造性教学想象构建成功的时刻。总之，创造性教学想象并非随意生成的，需要付出努力，创造性教学想象也并非一朝一夕之功，需要长期的积累，唯其如此，才能有创造性的教学想象产生。

---

① 参见普通心理学编写组编《普通心理学》，山东教育出版社1987年版，第118—119页。

第三节 教学想象的特点

教学想象既有一般想象的特点又具有其自身的独特性，教学想象的建构过程存在许多不确定性，认识和研究教学想象的特点是深入探究教学想象过程的基础。为深化教学想象的认识，有必要对其特点进行概括、提炼。就一般意义而言，特点是指一事物区别于另一事物的独特或特殊之处，然而，教学想象的特点更多地体现在教学想象运行的过程中，概括起来讲，教学想象的特点主要表现为形象性、情境性、问题性、延展性、启发性、不确定性。

一 形象性

据"想象"的定义可知，"想象是人脑在原有感性形象的基础上形成新形象的心理过程。人脑在反映客观世界时，不仅能产生知觉形象和表象，而且能形成新的形象。根据别人的口头或文字的描述，人能够形成他未曾见过的事物的形象"[①]。教学想象是将"想象"定位到教学层面，因此，教学想象具有想象所具有的特点，而形象性是教学想象比较典型的特点，是指以其生动具体的感性形象引起人思想或感情活动的特性。教学中为引起知觉者的共鸣，使在场者均能走进想象的世界，教师必须运用适当的方式，比如语言、图画、音乐或舞蹈等方式，将抽象的事物描写得形象逼真，达到栩栩如生、入木三分的程度，使人犹如如临其境。唯其如此，人的思维才会自然而然地入境，达成一种教学想象共同体。

想象的形象性典型地存在于教学过程中，例如，在学习马致远的《天净沙·秋思》："枯藤老树昏鸦，小桥流水人家，古道西风瘦马。夕阳西下，断肠人在天涯。"头脑中就会呈现出"枯藤""老树""昏鸦""小桥""流水""人家"等记忆表象，借助于这些表象的重新组合，便产生了一幅充满苍凉气氛的秋郊夕照图，图文并茂准确地传达出旅人当时凄苦的心境。这样苍凉的景象，我们虽然没有经历过。但是，我们可以想象，是什么样的藤，又是如何缠着树，在树上还落了一只乌鸦，有动有静；桥、桥下流水、水边人家，这时我们脑中已经形成了一幅图；古驿道、道上西风及瘦马，随思绪飘向远

---

① 黄希庭编著：《普通心理学》，甘肃人民出版社1982年版，第372页。

方，中间插入"西风"是在写触感，与前面相比转换了描写的角度，因而使意象有了跳跃之感，但这种跳跃仍属于微波，没有超越所描写的秋景范围。最后一个意象是"夕阳西下"，这是整首诗的大背景，它将前九个形象全部整合起来，组成超越时空的场。从老树、流水，到古道，再到夕阳，随着视野的不断扩大，步步拓宽，人的想象思维也跟着作者的诗词描写展开，正是这些意象留给人无限想象的空间，每一个形象都比较具体，这些具体的形象引起人的想象，但是又留有余地。鉴于想象是人脑对客观现实的反映，但是这种反映不是对已有形象的再现，而是经过人脑的加工、改造的结果，事实上，想象内容多来源于客观现实，诸如神话故事中的"孙悟空"及"妖魔鬼怪"实际上是不存在的，均是作者基于想象而塑造出的形象。巴甫洛夫说："无论鸟翼是多么完美，但如果不凭借空气，它是永远不会飞翔高空的。事实就是科学家的空气。你们如果不凭借事实，就永远也不能飞腾起来。"① 可见，形象性是教学想象的典型特点，它为教学生成留出无限的想象空间。

二 情境性

情境性是教学想象的重要特点，学生唯有在教师创设的情境中才能更好地展开想象的翅膀，以深化对教学内容的理解。著名特级教师、情境教学的创始人李吉林认为，"情境教学，就是给孩子添翼，用情感煽动想象的翅膀，让孩子的思维飞起来，让孩子的心儿飞起来，快乐地飞向美的、智慧的、无限光明的童话般的王国……"② 情境性给教学想象提供了特定的场域，让学生很好地投入其中，进入特定的情境中，教学想象的发生没有外力的推动，是自然而然发生的，随情境的推演，想象也不断延伸。

李吉林老师执教的《月光曲》一课，可以很好地诠释教学想象的情境性特点。课堂上，为了帮助同学们理解贝多芬用自己的琴声激起盲姑娘和她哥哥皮鞋匠美妙的联想，李吉林根据课文内容设计了三幅画，可她自己的画画水平并不高，怎么办呢？她就请美术教师先示范画一下，然后一个人在家一遍又一遍地练习了几十遍。因为课堂上每一秒都十分珍贵，不允许教师在上面一笔一笔地画，所以必须练习速度。在经过练习后，当她走上讲台，用纯

---

① ［苏］巴甫洛夫：《巴甫洛夫选集》，吴生林等译，科学出版社1955年版，第32页。
② 李吉林：《情境教育的诗篇》，高等教育出版社2004年版，第1页。

熟的笔法画出了三幅简笔画：第一幅画了一根细线，表示海平面，画上画一个圆圈表示月亮，表示"月亮从水天相连的地方升起来"；第二幅是月亮越升越高，穿过一缕缕轻纱似的微云；第三幅是月光下波涛澎湃的大海。三幅画都是几笔呈现的，同学们不禁被这简洁形象的画面吸引。课文描绘的场景从无到有，学生们一下子进入了老师为他们创设的情境之中，孩子们面对画面在思考、在想象、在感悟。从他们的发言中不难看出情境想象对他们的影响。"大海的月夜真美呀！月光洒在波光粼粼的海面上，闪着点点金光。""溶溶的月光洒在海面上。""真是天水一色。""也可以叫水天一色。""我感觉月亮升起来了，在一缕缕轻纱似的微云中穿行。""这就像《繁星》中描写的那样，海上的月，是柔和的，是寂静的，是梦幻的。""我仿佛听到了海浪拍打礁石的声音。""学到这儿，我仿佛听到了贝多芬的琴声，时而轻轻的，时而强有力的。轻轻的就有点像月亮刚升起来了，强有力的像海上起了风浪。"

然后李老师又顺势引导："大家说得很好，贝多芬的琴声把盲姑娘和皮鞋匠带到了海边。这儿，有平静的大海，有奔腾的大海，有柔和的美，也有壮阔的美。但无论是平静的大海，还是波涛汹涌的大海，都有什么？""都有月光。""对，月光是美好光明的景象，贝多芬就是要用他的琴声让双目失明的盲姑娘，在有月光的晚上，从低矮的小屋来到宽阔的大海边看到光明。"[①]

教师用大海、月亮、繁星等具体的形象组成了特定的情境，这些特定的情境能引学生入境，使学生犹如身临其境，以激起学生无限的想象。正是教学想象的情境性特点，才为教学的生成留下了发展空间。

三　问题性

"疑问与好奇心"是个体想象的开端，"好奇"引发想象，"疑问"推动想象。对学生而言，其"疑问与好奇心"往往在"问题"中呈现出来，因此，"问题性"是教学想象的重要特点。如果学生的"问题"得到教师或同伴的积极回应和解决，就会形成一种正强化，从而进一步激发学生的思考，还会再一次引发学生或其他同伴甚至是教师的提问和想象。同样，教学中的问题在得到学生积极回应时也会引发教学产生更深刻的问题，因此，"问题"是建构、引导想象的关键。具体而言，这一过程表现为在想象意识的指引下

[①] 李吉林：《情境教育的诗篇》，高等教育出版社 2004 年版，第 53—54 页。

合理运用已有的知识经验，以问题为中心引发一系列联想构成网络化思维促成想象。教学想象是动态、变化的，我们可以通过各种经验材料、问题、预想、思考、判断及反思来填补不断变化的想象空间，以不断完善、优化教学想象。其中，问题的引导可拓宽师生对教学材料的理解，使想法更为全面翔实，师生结合已有的知识经验将相关的细节串联起来，以建立一个更加紧密且连贯的想象。

此外，科学研究始于问题。教学过程实际上也就是师生合作探究科学知识的过程，这样的科学知识探究要从问题开始，由问题引导想象的展开，因此，问题性是教学想象必不可少的特点，"问题"不仅可拓展教学想象的空间，还伴随着教学想象的过程。朱迪思·朗格认为，"想象正是通过提出新问题或不同问题来加深我们的理解，引导我们获取知识"[1]。教学中教师通过提出问题来引发学生不断建构想象。以阅读为例，当我们面前呈现一本书并且当我们看到封面上的书名时，问题就出现了，"我们不仅会问书中有哪些章节目？"同时还伴随一系列的"假设"在脑海里徘徊，关于问题的探索便由此开始。我们继续阅读该书，当与前面关于该书内容的假设所形成的认知进行比较后，我们便开始超越预想。随着阅读的不断深入，我们会基于阅读丰富已有的猜想，深化问题，并且继续阅读以寻找支持或反驳我们假设的观点并提出问题，整个过程中我们的想象一直在改变，不断丰富。

就一堂课来说，教学内容的丰富、教学知识的活化关键在于如何发挥想象，怎么去构建想象。想象是集个体的所思、所想、所看、所感于一体的，因此，可通过在课堂上提出不同的问题或者基于新的视角提出问题以引导我们不断加深对问题的理解。想象包括知觉想象和创造性想象，知觉想象是指通过视觉获得而产生的富有创造性的想法，创造性想象则是事物不在眼前创生出新的事物。事实上，无论是知觉想象抑或是创造性想象均是由"思维"推动其前进的，而"思维"则依靠"问题"导向，即思考已有的问题并提出新问题以此来推动想象的发展，问题的宽度、广度、深度以及高度有赖于观察、阅读、交流和思考。概言之，富有想象的教学过程以问题为导向，随着经验材料的丰富，思维方式处于不断变化中，问题的产生亦逐渐多样化，想

---

[1] ［美］朱迪思·朗格：《想象知识：在各学科内培养语言能力》，刘婷婷译，上海教育出版社2015年，第31页。

象由此变得更加丰富,通过问题引导诱使想象前进。可见,问题是构建想象的重要特点。

四 延展性

教学想象的延展性体现在教学想象过程中的无限延伸。它在思维的引导下通往四面八方,无限发散,构成网络化,相互紧密联系在一起。思维的发散性决定了教学想象的无限延伸性。课堂上,我们对知识的知觉主要依靠想象,想象可以连接"瞬间",还可以贯穿"永恒",将过去、现在甚至未来串联起来,从而呈现给我们一个未知的世界。在教学中,对于过去知识的理解,我们经常要用到的就是复制性想象力。复制性想象力是基于先前知识经验而产生的感性直观,在头脑中建构的想象能力。事实上,人类文明的传承与理解正是依靠这种能力实现的,课堂教学中许多知识与生活世界的知识相比有一定的差距,且由于年代已久,加之学生知识水平、学习经验的优先性,因此,只能借助复制性想象力及历史想象力来想象课本当中古代的文明与科技,想象古诗词中所传达的情感、知识与审美,以生动地还原其原初的场景,体会传统知识与文明背后人类的生活、欲望、恐惧以及对未来的期望,而不仅仅是机械地接受、复制一些现成的知识。

教学中,对于未来知识的想象,我们通常运用的是创造性想象力,但也会用到复制性想象力。比如,"反事实思维"就是复制性想象力的典型体现,所谓"反事实思维(counter factual thinking)是指对过去已经发生过的事情,之后进行判断和决策的一种心理模拟(mental simulation)"[①],"它本质上也是一种可能性思维,但是尤指过去未发生的、模拟指向未来的可能性思维"[②]。借助复制性想象力把所模拟的知识场景带回脑中,进行"反事实"的想象。运用创造性想象力带给人的不仅仅是新颖,还有超乎想象的惊讶感,使教学实现从传统的一维、二维到当下的三位、四维。例如,通过多媒体制作出立体几何辅助数学教学,使学生通过动态的立体演示很容易理解抽象的图形原理。不仅如此,创造性想象还使我们的生活世界从三维延伸到多维,其中,

---

[①] 陈俊、贺晓玲、张积家:《反事实思维两大理论:范例说和目标指向说》,《心理科学进展》2007年第3期。

[②] 张晓阳:《大数据迷潮下的教育研究及其想象力》,《基础教育》2015年第4期。

3D打印技术无疑是典型的代表。在2012年，中国上映了一部叫作《十二生肖》的电影，让人记忆深刻的是，"成龙饰演的主人公戴了一双特殊的手套，在抚摸铜兽首后，精确的三维数据模型便呈现在电脑上，一会儿工夫，形状、材质、模样完全相同的假铜兽首就被其一一炮制出来，这神秘的机器就是3D打印机"①。此外，当前比较流行的人工智能、慕课（MOOC）、翻转课堂等均是创造性想象力的典型体现。质言之，教学想象的延展性不仅表现为教学想象本身的无限延伸，还体现在教学想象的无处不在、无时不在。由于社会环境、文化、知识背景以及人的思维方式不同，每个人的想象力不同，但是个体的想象却是从不间断的。当我们阅读书籍、欣赏音乐甚至是上美术课时，"想象"并不会随着这些活动的结束而结束，而是会一直伴随着我们，我们脑海中会时常浮现书籍中的某个片段，也会记起某句歌词，甚至还会想象我们的绘画是不是还可以投入个人的感情？事实上，想象在教学活动结束之后并没有随着教学活动停止而结束，教学活动虽然结束了但是想象仍然存在并随时变化，原因是"思考"以及"新信息"在推动着想象不断前进。

五 启发性

在我国，"启发性"最早源于孔子的《论语·述而》："不愤不启，不悱不发。"意思是要充分激发学生学习的积极性、主动性，旨在使学生更好地掌握教学知识、发展智力。"启发"意味着教学并非直接将知识传授给学生，而是在学生有疑问时引导学生，让学生发挥想象力理解知识，将知识转化为能力，达到转识成智的效果。教学想象的启发性是指教学过程中教师并非传授知识而是通过提问题的方式启发学生发挥想象主动学习。想象源自好奇与疑问，问题是想象的驱动力，事实上，教师提问并让学生发挥想象的时候也就是教学启发之时，因此，启发性是教学想象较为明显的特点。通过提问题引导我们展开想象。例如，"某版本教科书的设问，假如秦始皇没有统一文字、货币、度量衡，秦朝会是怎样一种社会状况？"②"假如没有四大发

---

① 白云飞：《用3D打印机打印你的想象力》，《洛阳日报》2013年6月3日第90版。
② 刘宗绪编著：《义务教育课程标准实验教科书中国历史七年级上册》，岳麓书社2003年版，第61页。

明，我们的生活会有哪些不同之处？"①。这些问题使思维无限延伸以促进想象的产生。

朱迪思·朗格（Judith A. Langer）认为，"拓展知识的行为属于'想象构建'"。而想象构建之前，需要学习者释义知识，释义的行为就属于想象构建，想象构建之初，学习者有许多构建知识的途径称为"立场"（stance），立场对于知识构建至关重要。②知识构建是想象构建的关键。朱迪思·朗格提出五种立场：（1）从材料开始；（2）拓展对材料的理解；（3）从材料中学习；（4）批判地思考材料；（5）超越材料。每一种立场可以提出一组不同的教学问题或活动，这些问题或活动能在课堂上帮助学生围绕学科有关的新概念、新观点构建起自己的想象。可以利用这五种立场作为教学工具准备一套"想象构建指南"（Envisionment-Building Guides），这些指南由教师在课堂讨论中提出的一系列问题组成，由此帮助学生展开思考、构建想象。例如，一份关于社会研究/历史课的"想象构建指南"，启发了学生相关知识点的几类问题：

· 你认为这段视频/章节/原始文本的主题是什么？
· 你认为从中能学到什么知识？
· 如何把它与之前学习讨论的内容与你对该问题的了解关联起来？
· 你认为什么时候这种关联会发生？在什么条件下发生？
· 你认为如何把它与我们正在学习的内容联系起来？
· 还有其他问题吗？请具体说明。③

这是朱迪思·朗格所提出的五个立场中的第一个立场"从材料开始"所提出的一系列启发性的问题，学生利用背景知识、阅读所得、学习所得进入一个最初的想象。学生思考已有知识，提出新的问题，通过回答这一系列的问题引导学生的思维不断深化，以进入第二个立场，又根据第二个立场所带来的

---

① 刘宗绪编著：《义务教育课程标准实验教科书中国历史七年级下册》，岳麓书社2005年版，第64页。

② 参见［美］朱迪思·朗格《想象知识：在各学科内培养语言能力》，刘婷婷译，上海教育出版社2015年版，第18、22页。

③ ［美］朱迪思·朗格：《想象知识：在各学科内培养语言能力》，刘婷婷译，上海教育出版社2015年版，第24—25页。

一系列问题引导其进入第三个立场,依此而推,学生的思维逐渐深化,想象越来越丰富,由此构建起相对较高级的想象。所以,课堂教学中想象的深化依赖启发性问题的提出,问题是教学想象的主线,因此,教学想象具有较强的启发性。

六 不确定性

教学想象的不确定性表现在其过程中。想象本身具有发散性,也通常具有个体性,随着个体知识经验、社会阅历、观察力、理解力、思维力的提升,想象不断变化,呈现多样性,也就意味着不确定性。就此,富有想象的教学会随着个体的知识经验、社会阅历及情感投入而产生不同的结果。想象使学生充满可能,使教学富有活力,赋予教学以无限的生命力,让学生在富有生命力的课堂中自由成长。同时也表现出教学想象的不确定性。

有一个案例,"课堂上正在学习《鹬蚌相争》的故事,一个学生高高举起小手:'老师,课文有问题。'书上写鹬威胁蚌说,'你不松开壳儿,就等着瞧吧。今天不下雨,明天不下雨,没有了水,你就会干死在这河滩上!'你想呀,'鹬的嘴正被蚌夹着呢,怎么可能说话?'于是,教师让大家讨论、思考,并引导学生发挥想象考虑这一问题怎么解决,同学们一致认为要给编辑写信,可以把课文改为'鹬用尽力气,还是拔不出来,便狠狠地瞪了蚌一眼,心想……''蚌好像看透了鹬的心思,得意洋洋地想……'老师机智地作了处理,不仅肯定了同学的提议,给学生留有想象的空间,而且临场生成得相当精彩。但这时又有一位学生有了新发现,'鹬的嘴被蚌夹住了,确实不能说话,可蚌就不一定了,它是软体动物,嘴应该在壳内,也许不用开合壳就能说话呢?'于是,似乎还得研究'蚌的嘴在哪里'这个难题。当然,学生们这种不迷信课本,敢为真理挑刺的精神确实值得赞扬;课堂上同学们的思维活跃,敢于独立思考,坦陈己见,确实也是富有想象力的一种表现,应该受到老师的鼓励。但这也引起教学更深的思索:这样改就没有问题了吗?不,事实上,从学生修改意见中:'蚌好像看透了鹬的心思'这句话中,还可以再问'蚌有眼睛吗''蚌的眼睛又在哪里'……如果再深入下去,可能还有'鹬会说人话吗'……如果还要深入下去呢?那么儿童的许多童话和寓言是不是都会成了不真实、漏洞百出的故事?这又该怎么办?显然,教师引导学生解决诸如此类的问题时,要注意保护儿童善于想象、乐于想象的习惯,要引导孩子正确认识，美丽的艺术想象是无须加以科学的实证的"[1]。可见，课堂上会随意生成许多让人意想不到的问题，教师要注意引导，应当多从保护儿童的想象力、训练儿童的思维方面考虑。孩子本身就善于想象，而寓言故事又是极富想象的故事，它源自生活，教师可以引导学生思考一下在我们的生活中是否有像"鹬蚌相争"这样的事？通过慢慢引导、暗示学生，当学生明白所谓的"寓言故事"与现实生活的区别后，他们自然也就不会再去关注"嘴被夹住就不会说话"等类似的问题了，如此，才能从发展孩子的想象力着眼，引导、培养学生如何正确解读寓言与童话类的文学作品，以真正帮助学生建立起文学想象力。

---

[1] 周一贯：《小学语文应是儿童语文》，《人民教育》2005年第20期。

第二章　教学想象的价值、现实诉求与基本逻辑

科学的伟大进步，源自崭新与大胆的想象力。

——［美］杜威《确实性的探求》

雨果说，"科学到最后阶段就遇到想象"，似可商榷。在最初阶段，当科学家面对感兴趣的事物时，便遇到想象。他们在对提出问题的无数猜想中，在诸多"思想实验"中，找到最有价值的一个。在他们的探究过程中，一刻也离不开想象。缺乏想象力的科学家，没有自我深化的能力，自然不会有什么发现与作为。① 同样，想象也是课堂教学不可缺少的一部分，教学中常常用到想象，但是存在一定的失范行为，诸如，教师仅是有意识地引导、激发学生的想象力，却很少对学生想象学习行为进行调整、纠偏，使得师生的教学想象行为出现偏差，又由于教学想象本就属于思维活动，具有较大的复杂性和随机性，尽管教学想象活动不存在逻辑性，但是其激发、构建想象的方式却需要依据一定的基本逻辑，且探究基本逻辑也是进行理论研究必不可少的一部分，因此，厘清其基本逻辑不仅需要而且必要。

第一节　教学想象的价值

爱因斯坦认为，"想象力比知识更重要，因为知识是有限的，而想象力概括着世界的一切，推动着进步，并且是知识进化的源泉，严格地说，想象力是科学研究中的实在因素"②。科学研究的进步和历史发展反反复复地证明，没有想象也就很难有创造，许多优秀的哲学家、文学家等均具有较强的想象

---

① 参见潘苇杭、潘新和《养护想象力：通能教育之首务》，《中国教育报》2019年1月10日第7版。
② ［美］爱因斯坦：《爱因斯坦文集》第1卷，商务印书馆1976年版，第284页。

力。同样,要想使课堂充满生命活力、富有创造性,教学一定要具有想象力。国外有研究者认为,"教育质量的高低,取决于教育当中想象力的参与程度,要想使想象力参与其中,就是要不停地使用想象力"[①]。可见,想象力在教学中起着不可替代的作用,在当今大数据泛滥、人工智能膨胀的时代背景下,想象力显得尤为重要,它契合了教育改革的时代背景,加速了人工智能的发展。事实上,人工智能不仅存在于教育领域,它已逐渐风靡人类生活的方方面面,例如,淘宝购物、支付宝付款、微信支付、指纹解锁、人脸识别购物、刷脸乘车、网上购票、机器人饭店等,人类的衣食住行均离不开人工智能,也就是说,人类的生活已经离不开想象的参与。尤其在教育教学领域,想象是不可缺席的。诸如,大数据在线学习、教育机器人、人脸识别上课签到、刷卡进课堂、云课堂、课堂在线互动等均是人工智能的产物,这些人工智能产品的出现均有赖于人类无比强大的想象力,没有想象的参与就不会有如此超乎人视知觉的人工智能产品出现。本研究所谓的"教学想象"主要是关于教学的想象,以教学为中心探究想象,毫无疑问,教学想象可提升教学活动的质量。但从泛化意义看,教学想象对于学生的综合素质的养成以及教师的职业发展也有着超乎想象的重要作用。

一 对教学活动本身的价值

教学是学校工作中的重中之重,提升教学活动的质量和品位是学校不懈努力的目标。我国著名学者叶澜教授认为,"要把教学改革的实践目标定在探索、创造充满生命活力的课堂教学,因为,只有在这样的课堂上,师生才是全身心投入,他们不只是在教和学,他们还在感受课堂中生命的涌动和成长……教学才不只是与科学,而且是与哲学、艺术相关,才会体现出育人的本质"[②]。而这样充满活力和生命力的课堂需要教学富有想象力,富有想象的课堂留给师生充分的想象空间,通过特殊的想象情境将师生融入课堂,使师生全身心投入,自由发挥自己的想象力创生课堂。师生在共同的教学活动中,面对同样的教学情境、教学事件,不同人的眼中和脑中的呈现效果确实迥然不同,有的人五彩缤纷,有的人创意无限,可有的人则一片空白,毫无创意,

---

① In R. S. Peters, ed., *The Philosophy of Education*, London: Oxford University Press, 1973, p.121.
② 叶澜:《让课堂焕发出生命活力——论中小学教学改革的深化》,《教育研究》1997年第9期。

其最根本的差距在于想象力，但无论何种结果，教学想象对于教学活动本身的作用均显而易见，具体表现在对教学实践活动的补充作用、预见作用、代替作用及调节作用。

（一）补充作用：对教学中较为抽象的一些认识活动起着补充作用

世界的丰富性决定了其必然包含各种抽象与具象的事物，人可以凭借各种感觉器官感知世界上的许多事物，但是由于时间上和空间上的限制，又有许多事物是无法直接被感知的，这就要靠想象来补充。例如，间隔久远的历史文化、风土文化、宏观和微观的抽象物质结构等。同样，教学活动也是一个小世界，它具有大世界的共性，也拥有小世界独有的个性，教学活动有具体的教学实践更有抽象的教学理论，具体的教学实践活动往往容易使人认识、理解并内化，且不同情境下抽象与具体的事物有时候可以互换，抽象的事物可以变成具体的事物，但在某种情况下也可以保持其固有的抽象性。一方面是事物本身的属性使然；另一方面则是外界环境和条件的不同使其或为抽象或为具体，具体的事物是可以直接触摸、直接感受到的，然而，抽象的事物有时却让人难以捉摸，给理解带来困难。以"苹果"为例，通常情况下我们可以直接触摸，还可以用味觉、嗅觉等感知，但是对于一个从未见"苹果"，从未吃过苹果，甚至对"苹果"毫无概念的人来说，如果课堂上教师呈现"苹果"这一概念，就很难为其所理解，这就需要借助"想象"，通过想象来补充"苹果"的实体概念，运用"想象"使抽象的"苹果"实体化，以辅助学生理解"苹果"这一较为抽象的认识活动。也就是说，教师在课堂上所呈现的"苹果"是一个概念，是虚拟世界里的苹果，如若使其变得真实，那么需要运用想象的方法。首先，想象自己用手去触摸苹果，在摸的同时感受"手"和"苹果"接触时的触感；然后，想象一下，拿着这个苹果去洗，想象苹果在清水中的视觉以及经过流水冲洗的苹果的触觉，洗过之后，用干净的毛巾拭去表面的水渍；最后，想象将该苹果放进嘴里咀嚼，感受其味道及唾液与苹果发生的物理反应，包括嘴巴对苹果的接触所产生的触觉，还可以想象一下，周围的人看到自己在吃苹果时的表情、反应等，这时候，随着我们对抽象的苹果概念的想象，"苹果"已经不再像刚开始那么抽象了，而是变得相对比较真实了，这就是想象所带来的真实苹果之感的补充作用。

在课堂教学中，抽象的教学理论较为常见，如此必然会给教学带来困惑，不仅不能很好地指导教学实践还会阻碍教学实践前进的脚步，因此，借助想象将抽象的教学理论具体化显得尤为重要。康德认为,"想象力是沟通感性与知性的桥梁,是我们认识世界与获得知识的基础"①。故此,想象是连接抽象的教学理论与具体的教学实践活动的关键,想象属于思维活动,它存在于虚拟的世界中,教学属于实践活动,存在于真实的世界中,借助想象能将抽象的教学具体化,使其更容易为人所理解。随着想象过程与想象情境的推演,关于抽象的教学理论会逐渐具体化,即使从来没见过的事物也会随着想象思维的演进而变得真实,这一过程中起主要作用的便是人已有的知识经验及新旧知识经验之间所建立起来的连接关系,当学生对"苹果"这一概念难以理解时,我们可以基于学生已有的知识经验,搜索与"苹果"最接近的一种水果与之类比,通过学生熟悉的事物去类比不熟悉的苹果,然后介绍二者的区别、典型特征等,再引导学生发挥"想象"拓展学生的思维,使学生真正理解并走进想象,从而真正将抽象的"苹果"概念具体化。这就是教学想象对抽象的认识活动的补充作用。

(二)预见作用:帮助教师预见教学活动的结果,指导教学活动的方向

活动的目的性和计划性是人类区别于动物的一个重要特点,教学活动也具有预见性和生成性,而想象是实现预设的关键。正如生理学家不能剖开头骨来观察大脑的活动,却从条件反射、脑电图阐明了高级神经活动的规律。同样,教师也可以根据整个教学过程实施的情况、学生认知发展水平以及教学内容掌握的情况预知未来的教学活动,可见,"预见"是教学活动较为重要的一环,也是极其重要的一种教学准备活动。教学活动开始之前,教师常常需要预见教学过程中的种种教学事件以便整体把握教学过程。预设之"预"是预先、事前的意思,如预备、预见、预防、预约等;预设之"设"为设计之意,是基于一定的目的预先制定方法、程序、图样等。② 具体来说,"预设就是根据一定的事实材料和理论知识,对于研究现象的未知性质及其原因或规律的某种推测性说明"③。预设或预见教学是为提高教学活动效率而设的,使得教学活动的目标、内容、方法与手段、组织形式等更具科学性。关于预

---

① P. Brady, "The Role of Imagination in the Development of Curriculum Theory", *Discourse*, Vol. 1, No. 2, February, 1981, pp. 18 – 40.

② 参见《新华字典》第10版,商务印书馆2004年版,第589页。

③ 李文阁:《生成性思维:现代哲学的思维方式》,《中国社会科学》2000年第6期。

设性教学的解释，学者们分别从不同的角度提出了不同的观点，余文森强调，"设计与安排的教学，指出预设性教学就是教师在课前对教学目的、任务和过程的清晰、理性思考和安排的教学，预设表现在课前，指的是教师对课堂教学的规划、设计、假设、安排，从这个角度说，它是备课的重要组成部分，预设可以体现在教案中，也可以不体现在教案中，预设表现在课堂上，指的是师生教学活动按照教师课前的设计和安排展开，课堂教学活动按计划有序地进行，而预设表现在结果上，指的是学生获得了预设性的发展，或者说教师完成了预先设计的教学方案"①。罗祖兵强调，"规律和规则的教学，指出预成性思维视域下的教学形态表现为规律性教学，它是一种强调规律（包括本质）和规则（包括规定、原则等）的教学形态，教学中的所有行为都是由教学本质和教学规律事先规定好了的，基本假设是教学过程受客观规律和规则的制约，教学过程是教学规律的体现或教学方案的忠实展现"②。宋秋前强调，"系统设计的教学，认为预设教学就是教师围绕教学目标，在系统钻研教材内容和认真分析学生知、情、意等实际情况，以及对以往相关教学行为结果深刻反思的基础上对教学过程的系统设计"③。丁静强调，"教学常规的教学，从教学管理的角度出发，认为学校教学工作的基本规范不仅是实现制度化的保证，是维持正常教学秩序提高教育教学质量的重要举措，而且也是考核教师的重要依据"④。钱正劝强调，"目标引导的教学，教学活动是有目的、有计划、有组织的讲究效率的师生互动，而不是无既定目标，无确定教学内容和教学计划，师生可以随意发挥的自由论坛"⑤。观念引导行动，对预设性教学的不同理解必然会影响预设的方法，可见，如何理解预设教学是问题的关键。事实上，预设是通过想象实现的，无论是强调教学的"设计与安排"，还是强调教学的"规律和规则"、强调教学的"系统设计"、强调教学的"教学常规"，抑或是强调教学的"目标引导"，均离不开"想象"，是在教学活动开始前要试图运用已有的知识经验与头脑中存在的知识经验建构某种关联，

---

① 余文森：《新课程下如何让"预设"与"生成"共精彩?》，《中国教育报》2006 年 4 月 14 日第 5 版。

② 罗祖兵：《生成性教学及其基本理念》，《课程·教材·教法》2006 年第 10 期。

③ 宋秋前：《课程教学中应处理好的几个关系》，《教育研究》2005 年第 6 期。

④ 丁静：《新课程背景下对教学常规的反思》，《全球教育展望》2005 年第 7 期。

⑤ 钱正劝：《关注课堂生成就得"淡化预设"吗?》，《小学语文教学》2005 年第 7—8 期。

推动教学的前进，并对教学活动的大体方向做出预测，这一过程均需要想象的参与，没有想象的参与，教学只能"随波逐流，任其随意发展"，根本不可能存在预设与生成的共精彩，也无法有目的、有计划地进行，因此，教学想象便是协助教师预测教学活动方向的关键，想象对于教学活动的预见具有不可替代的作用。

（三）代替作用：满足现实课堂教学中不能实现的需要

由于各种现实条件的限制，人的某些需要有时不能得到满足，这时则可以从想象中得到满足，从而实现心理上的平衡。也就是思想能走多远，想象就能走多远，正如爱因斯坦所说，"知识仅限于我们已知的事物，逻辑会把你从 A 带到 B，而想象力却可以带你到任何地方，是想象力引领你探索思维的新领域"[1]。现实世界是有限的，思维却是无限的，因为我们的想象力是无限的。想象力可以引导思维，将思维带入无限世界，但是想象并非胡思乱想，而是源于现实，也就是未来的某一时刻，思维世界的东西最终将会出现在现实世界中，可能只是时间早晚的问题。现实的课堂教学是有限的，然而知识却是无限的，在有限的课堂教学中认识、接受、内化无限的知识必然需要借助想象，想象可以替代课堂教学的局限，引领教学走向远方以满足无限的知识学习。由于现有的课堂教学条件所限，学生不可能通过社会实践获得直接知识，而只能以接受间接知识为主，但间接知识距离学生较远，必然会带来理解上的困难，所以，就需要用想象代替，可以通过语言描述或游戏的方式引发想象，而如果没有想象的参与，游戏也就变得索然乏味了。想象在教学中的替代性作用的例子较多，以音乐课为例，教师带领学生学习歌曲时，为了让学生唱出感情，唱出韵味，不得不在学唱歌之前将歌词的背景用形象化的语言描述出来，甚至有时还会借助视频与图形，为的是让学生理解、体会到歌词本身所表达的思想感情，这样才能唱出歌曲的原味，而引学生入境、理解并体会歌词的背景的过程并非将学生真正带入现实的场景中，而是借助想象代替其进入现场以达到同样的教学效果。

有这样一个案例，"在立体几何初学阶段，教师借助实物让学生动手、动脑，以感受体验图形的立体性，首先，教师请同学们用 6 根长度相等的牙签

---

[1] ［美］派翠莎·哈蒙：《创意者的大脑——一本教你从无到有的创意指南》，莫莫译，福建教育出版社 2012 年版，第 4 页。

(或火柴)搭正三角形，(1)试试看最多能搭成几个正三角形？接着老师又提出问题(2)'请同学们想一想，是否存在三条直线两两互相垂直？若存在，请举出实际中的例子？'学生讨论，教师巡视并参与其中，然后请学生回答。对于(1)学生兴趣很浓，积极探索摆法；对于(2)学生有的在纸上画，有的用笔、直尺等演示，有的朝教室四周观察，议论纷纷，有的说不存在，有的说存在，大家各持己见，引起争议。在两种不同意见的学生中各选一人，让他们陈述理由"[①]。学生之所以对于问题(1)兴趣浓厚，且能积极去动手实践，用事物摆弄，那是因为依靠教师给的实物牙签或火柴可以完成学习任务，而对于问题(2)却不能单纯依靠牙签或火柴完成，需要借助想象，学生如果没有想象意识或者缺乏教师的正确引导则学习会出现困难，也就是案例中所描述的学生各持己见，争论不休。这就需要教师引导学生认识到现实世界的有限性，现实世界中许多问题，只在平面内研究是不够的，还需要空间的概念，需要在更广阔的空间内考虑，要让思维冲出平面，走向空间，摆脱线性思维，朝着立体思维努力。为了更清晰地呈现出空间思维，教师运用多媒体展示了一组图片：北京故宫、埃及金字塔、南京长江大桥、鸟巢、DNA分子结构等，通过立体动画展示分子的结构。[②] 引导学生的想象由线性思维走向立体思维，同时也是为了培养学生的想象思维。教师通过多媒体演示立体动画能教给学生想象的方式，让学生学会想象，以便在后续学习类似的立体图形时，仅通过提示学生在头脑中想象一下图形的立体性，而不必每次均通过多媒体演示。学生将完整的立体图形在头脑中构建起来，这就是想象在数学教学中的替代作用，它能依靠想象呈现立体图形，满足现实课堂教学中所不能完成的任务。

（四）调节作用：教学想象对教学活动起着调节作用

人的需要不仅有物质需要，还有生理与精神需要，前者通过努力一般可以获得，而当后者有时即使努力也不一定会获得，当其得不到满足时就会产生心理上的不满足感，这种不满足可以通过想象得以调节。例如，当某人患有某些无法治愈的重大疾病时，想象虽不能治愈，但却可以使其得到缓解。心理学上的"圣斑现象"即为典型的案例，"在欧洲的中世纪，发现有一些患

[①] 何明：《走进立体几何——立体几何引言课的教学案例》，《中学数学月刊》2012年第8期。

[②] 参见何明《走进立体几何——立体几何引言课的教学案例》，《中学数学月刊》2012年第8期。

有歇斯底里症的病人，当他们想到耶稣基督受难的痛苦时，其手掌和脚掌上就会出现瘀血或溃疡的症状，形同自己受到同样的酷刑一样，再有'念动现象'，又叫意动现象，当人们手拿一根系着重锤的直线，闭上眼睛想象重锤做圆周运动时，会发现重锤真地转动起来了，如想象举重时，会感觉到肌肉的紧张，并能记录到肌肉相应的生物电活动"[①]。也就是说，想象不仅可以改善个体的身体状况，也可以使人体出现病理性变化。如假孕、被害妄想症等，这是想象在生理方面的作用。想象具有无限性，日常生活中，我们往往不能同时看到万事万物，我们不能在看到地球的这一面时同时看到另一面，而想象却可以，想象可以将不在场的其他方方面面通过与感知觉中出现的在场者综合为一个"共时性"（同时出现）的整体而呈现出来。据此，想象就是沟通、整合万事万物的关键，否则，事件在场与不在场的、抽象与具体的、过去和现在的就永远只能相互隔绝，也就无所谓由此及彼、相互融通了。

　　想象在教学活动中同样具有重要的作用。课堂教学中运用想象能使原本单调乏味的课堂变得丰富多彩，可以消除疲劳，愉悦身心。想象可以将人从现实的教学中带到虚拟的教学中，甚至可以使师生穿越时空界限，以满足现实教学中所无法实现的需求。教学中尽管有些教学内容是学生难以理解的，但是在想象的辅助下，一些晦涩难懂的抽象教学内容被转化为直观易懂的具体教学活动，或者运用想象通过多媒体将抽象的知识转换成具体的图片、动画等以引起学生的学习兴趣，师生在富有创意的教学活动中完成教学任务不仅不会感觉疲惫还会愉悦身心，使学生产生主动学习的倾向，当学生积极主动地投入学习中并带来收获的喜悦时自然不会感觉学习的疲惫。

　　教学想象也并非信手拈来的物品，它属于高级的实践活动，因此，在课堂教学中要通过一定的方法唤醒、激发教学的想象力，例如，幽默想象力可以愉悦精神、活跃课堂气氛、和谐师生关系；复制想象力可以沟通过去、现在，还原原初的"知识场景"，体会知识背后人类的内隐情感；道德想象力可以设身处地地想象别人的道德处境，对解决所面对的道德问题的多种可能性进行道德判断，以提升自身以及生活于其中的共同体的生活质量；认知想象力可以调动适当的感官要素与智能因素，以解决情境问题；情感想象力可以控制自身多种情感方式以解决由于情绪、情感而产生的问题；创造性想象力

---

① 杨荣树：《课堂学生跳跃性思维初探》，四川大学出版社2010年版，第62页。

可以提升思维的创造力,开启心智;可见,想象力的种类繁多,不同的想象力具有不同的作用,当课堂教学中运用想象力还可以治愈学生对某一教学事件的偏好现象也就是所谓的脱敏现象,例如,对于教学中学生的偏科现象或者厌学现象,又或者是教学中某种题型的偏向现象等均可以通过脱敏的方式使学生改掉不良学习习气,以同等的心态对待所学习科目,避免偏科或厌学现象的出现。

二 对学生综合素质的价值

在泛化意义上讲,教学想象涵盖教学中师生共同想象的过程,与其说是教学的想象毋宁说教师想象是以学生的想象为中心,教学想象的存在是为提升学生的想象力而存在,因此,有必要从泛化层面阐释教学想象的价值。教学想象的构建对学生综合素质的提升具有重要的作用。学生综合素质包括道德品质、公民素养、学习能力、交流与合作能力、运动与健康及审美与表现,综合而论,单就教学想象而言,它对学生综合素质的价值主要体现在创造力、学习力及审美能力。

(一)提高学生的创造力

乔纳·莱勒认为,"想象与创造密切相关,创造力来源于我们的想象"[①]。"创新是一个民族进步的灵魂"[②],创新与想象是紧密相连的,想象力和创造力的培养和开发,是现代教育最主要的任务之一。也就是说,教学想象与学生的创造力密切相关,教学想象力的高低影响学生创造力的水平,教学想象力的激发有助于学生创造力的提升。施旭东就现代艺术学的创造性建构认为,"创造一词,就其本义来说,就是变无为有,使不存在变为存在,从非价值中显示出有价值,或者以非自然的符号来表征人们现实的想象"[③]。由此不难看出,创造的过程包含想象的成分,而想象的过程也暗含创造性的存在。本研究认为,教学想象是教学中师生基于已有教学经验运用已有表象创造出新颖、独特的教学实践活动的过程。在某种程度上,创造亦是将头脑中所想象的东

---

① [美]乔纳·莱勒:《想象:创造力的艺术与科学》,简学、邓雷群译,浙江人民出版社2014年版,第235页。
② 贺乐凡、杨文荣编著:《现代教育原理》,科学出版社1996年版,第45、63页。
③ 施旭东:《法式与创生:艺术的创造之维——兼论现代艺术学的"创造性"建构》,《中国艺术论丛》2008年第8期。

西付诸实践，再加工创造出新颖独特的新事物。创造包含创造的过程和创造的成果。课堂教学中，教师给学生留有想象的空间，不仅是希望学生能发挥想象得出自己独特的观点，同时也旨在通过想象过程培育学生的创造能力。学生绞尽脑汁在头脑中与已有经验材料建立某种联系的过程也是创造的过程，学生的想象洞见时刻也就是其创造性成果显现的时刻。若从概念间的关系角度看，创造力和想象力这两个概念是属种关系，也就是说，创造力包含想象力，除此之外，创造力还包含感知力、记忆力和思考力。基于此，教学想象只是创造力的一个因素，教学想象力越强，则创造力越强，教学想象力的培育有助于创造力的培养。基于逻辑和历史统一的角度，没有想象力就没有创造力，也就无所谓人类光辉灿烂的文化传统，可见，学生创造力培养较为关键的一个要素是教学想象力的培养。从表象来看，事物之间常常毫不相关，没有任何关联，但是从深层次来看，它们之间往往存在各种内在的联系，而想象则是把握事物内在联系的关键，这一内在联系的寻找首先是在想象中进行的，通过想象建立起某种关联，以创造出新颖、独特的成果。同样，在课堂教学中，运用想象建立知识之间的观念，凭借创造性产生新的知识。

（二）增强学生的学习力

学习力指一个人的学习动力、学习毅力、学习能力和学习创新力的总和，是人们获取知识、分享知识、运用知识和创造知识的能力。"学习力主要是研究如何学习和发展的，通过学习力的构建深入探索学生学习生成与发展的内在机制和成长规律，改进学生的生存方式，提升学生发展水平，提升学校教育质量。学习力的提出，旨在解放学生的个性、想象力和创造性，让学生成为主体性强的人，引导他们成为他自己、成为最好的他自己。"[①] 随着信息时代的到来，学生的学习不再是被动接受课堂上教授的知识，或者主动学习书本上间接的知识，而是有了自己的想法，运用自己的方式自主获取知识，甚至创生知识，以期达到"转识成智"的境界。真正的学习活动往往是学习者将全部的精力投入学习过程中，由于学习经验，从未知到已知，再到最终的知识顿悟，学习者充分发挥感知力、记忆力以及想象力建构知识间的联系，当灵感或顿悟到来的时刻也就是新知识生成之时，其中，想象力是贯穿这一完整学习过程的关键要素，想象力的培育有助于学生学习力的提升。人人都

---

① 裴娣娜：《学习力：诠释学生学习与发展的新视野》，《课程·教材·教法》2016年第7期。

有想象的权利,人人都有想象的自由,想象是人的一种自觉的思维活动。杜威认为,"所有的学习都需要通过想象力才能完成"。杜威秉承实用主义哲学,"反对把想象力看成少数创造型人才拥有的特殊能力,而是普通大众都拥有的普通学习工具"①。杜威还认为,"想象力是认识的动力"②。在这一意义上,教学过程中教师如若给学生留有更多想象的机会,让学生养成想象的习惯,那么学生在自主学习时也会自觉运用想象力去学习知识、创生知识,因此,教学的想象力越高学生的学习力就越强。

(三) 提升学生的审美能力

审美能力(aesthetic capability)"是人以审美方式把握世界的特殊能力,包括审美的知觉力、感受力、记忆力、选择力、判断力、理解力、想象力和创造力、表现力、意志力等,是人的智能结构的重要组成部分"③。具有审美能力才能理解、领悟、体会、发现美并创造美,而这一审美过程均离不开想象力的参与,想象力本身就是审美能力的重要组成部分。当我们面对某一事物时,正是因为拥有想象力,才使得我们更容易理解事物,在此基础上才会欣赏美,尤其是课程教学中,教学想象能提升学生的审美能力。以苏轼《惠崇〈春江晚景〉》一诗为例,"竹外桃花三两枝,春江水暖鸭先知;蒌蒿满地芦芽短,正是河豚欲上时"。惠崇是北宋大画家,他画了两幅《春江晚景》,一幅是鸭戏图,一幅是飞雁图。苏轼基于画作诗,将自己的合理想象融入了诗中,生动再现了原画中江南仲春的美丽景色,使得诗与画相得益彰。

"竹外桃花三两枝,春江水暖鸭先知",诗的开头两句紧紧抓住画面的美丽景物,用美景吸引人,还不忘突出重点,竹林、桃花为江岸之景;鸭子为江中之景,是画面的重心所在。根据诗意,惠崇这幅画首先是"鸭戏图",诗人凭借想象生动再现了暖暖的春意,将对春天的喜爱之情通过"鸭先知"表现出来,把画面无法表现的内容活灵活现地呈现了出来,令人击节称叹春之美。"蒌蒿满地芦芽短,正是河豚欲上时",后面两句开头仍是描写画面中的美景,而后半部分加入了诗人的想象。遍地蒌蒿,芦苇刚刚吐芽,点出正是

---

① J. J. Chambliss, "John Dewey's Idea of Imagination in Philosophy and Education", *Journal of Aesthetic Education*, Vol. 25, No. 4, April, 1991, p. 43.

② J. A. Boydston, John Dewey, *The Early Works*, Carbondale: Southern Illinois University Press, 1972, p. 315.

③ 冯契主编:《哲学大辞典》,上海辞书出版社1992年版,第1093页。

江南的二月美景。诗人正是看到画面上的蒌蒿和芦苇，便想到春天，春季江水上涨的时候河豚生活在近海，逆江而上，在淡水中产卵，然后再游回近海，想到美味佳肴河豚，这里还有一个原因就是跟诗人的生活经历有关。据有关史料记载，"东坡爱美食，更偏爱河豚，河豚的肝脏、眼睛、血液、卵巢皆有剧毒，若清除不净，食后可致人死命，苏轼为尝斯味，不惜拼死吃河豚，宋人吴曾《能改斋漫录》卷十《东坡知味李公择知义》亦载：'东坡在资善堂中，盛称河豚之美。'吕原明问其味如何。答曰：'值那一死。'他认为吃了味美的河豚，哪怕是毒死了，也是值得的"①。因此，诗人后半部分想象到河豚合情合理。就此而言，这句虽离开画面，但仍写春江，题画而不拘泥于画，诗中有实有虚，虚实相生，不仅真实地再现了"春江晚景"，而且又通过想象弥补了所不能表现的内容，生动形象而又极富生活气息，将原画中所描绘的春色展现得那样令人神往。

综合而论，教学的想象力与学生的审美能力相互促进，不仅助力学生的审美能力，同时也促成学生的审美想象，所谓审美想象（aesthetic imagination）是指"审美主体在特定对象刺激、诱导下，将大脑中已有的相关表象重新进行组合、加工、改造进而创造新的表象的心理过程"②。教学想象与审美有着天然的因果联系，是一种本真的天然耦合关系。教师在教学中可引导学生发挥想象去欣赏美丽的景色，想象力越丰富，景色会越美，则学生的审美能力也就越强。

三 对教师个人发展的价值

任何一项研究均具有其特殊的话语体系，教学、课程、教师、学生同样如此，对于教学研究所使用的话语体系就要围绕教学来论述，若研究课程，则要对应课程的话语体系，诸如，教学目标对应课程目标，课程实施也就是指教学过程等，然而教学或课程本身无法具有某种特质，只是在与人的互动过程中才具有了人的特征，就好比课程的研究，也可以说课程想象力，课程创造力，但是课程本身却不具有想象力，而是教师或学生使其具有想象力。在某种程度上教学想象是教师的想象与学生的想象的协同共生，教学属于实

---

① 周少川主编：《历史文献研究》总第 28 辑，华东师范大学出版社 2009 年版，第 223 页。
② 冯契主编：《哲学大辞典》，上海辞书出版社 1992 年版，第 1094 页。

践活动，它因为教师和学生的存在而存在，没有教师的教学不存在，同样，没有学生的教学也没有意义，因此，它所具有的想象特性是教师与学生所赋予的，在这一意义上来说，教学想象对教师发展的价值也是在泛化意义上讲的，教师作为教学的重要他人，我们在论述教学的时候绕不开教师，有必要阐释教学想象对教师个人发展的价值，具体表现在四个方面。

（一）彰显教师的个性特征

人本身就具有个体性、独特性，想象必然具有个体性，不同性格特征、不同人生阅历的人的想象必然不同。想象和个性有着密切的联系。首先，个性倾向性对想象有明显的制约作用。需要不同的人，引起的想象也不同。没落者的需要不同于正常人，他们的想象往往是颓废的、厌世的、下意识的。想象的发展与人的需要的发展密切联系着。一个人从童年、少年到老年，需要均在发展着，需要的发展又制约着想象的发展。其次，一个人想象的稳定的特点也反映出个性品质。这种个性差异主要表现为有理想、有事业心，碌碌无为和想入非非。有理想、有事业心的人富于想象，憧憬着理想所追求的事业，把平凡的工作和远大的理想联系起来；碌碌无为的人缺乏崇高的理想，他们囿于个人日常生活琐事；想入非非的人，爱好不着边际的幻想，而又无实际行动，似乎幻想成了他的主要心理活动。有理想、有事业心是积极的个性品质，碌碌无为和想入非非则是消极的个性品质。① 可见，想象不仅具有个体性还处于不断发展的状态。想象本身属于一种心理现象，除了想象之外，心理现象还包括心理过程，诸如感知觉、记忆、思维、情感、意志；亦包括个性心理，诸如需要、动机、兴趣、理想、信念、世界观以及能力、气质、性格，而这些心理现象均是影响且辅助想象的重要因素。个体的想象也可以通过这些心理现象凸显，所以，想象具有明显的个体性、独特性。

关于教学的想象更多的是指教师的想象所赋予教学的，教学本身无法想象。教师运用想象引领教学时恰好是教师个性特征得到彰显之时。每个教师的个性特征不同，归纳起来有四种。

智慧型的教师能让教学想象更开阔，教师充分发挥自己的智慧，将想象发挥到极致，这里的"智慧"是指教师创造性地认识、辨析、判断、应对新事物的能力，所以它更倾向于"素质迁移""方法迁移""思维方式迁移"，

---

① 参见黄希庭编著《普通心理学》，甘肃人民出版社1982年版，第377页。

所以，今天的教师无须是百科全书，而应当在这种迁移中提升跨学科、综合学科的智慧。① 也就是说教师在认识、辨析、判断、应对新事物时运用想象，总体上开阔了教学想象的视野，使得教学想象不局限于某一方向，而是向周围发散。

幽默型的教师能让教学想象更丰富，幽默型的教师常常以其独特的教学方式使人会心一笑而又陷入深思，而这里的"独特"也就是想象的本质体现，教师发挥自己的想象力不仅使教学展现出"独特"的风格，还能让人精神愉悦，从而使人主动积极地接受。相对于一般意义的教学想象，幽默型的教学想象要求更高，它立足于"新"的基础上，还要满足人精神层面的需求。如此，丰富了教学想象形式。

审美型教师能让教学想象更浪漫。具有较强审美趣味的教师在构建教学想象时会从审美的角度考虑，基于人的视觉体验，从视觉需要出发将美的因子置入想象的视域中，在构建想象的过程中，融入美的景色、美的事物甚至是美的情感，使得教学想象具有了审美的体验。例如，张若虚的《春江花月夜》单就题目就令人心驰神往，不由自主地展开想象，这首诗紧紧围绕春、江、花、月、夜五种事物集中体现了人生最动人的良辰美景，诗人发挥想象以抒情的笔触，铺陈了一道奇丽景色，在描写大自然的美、述说相思离别之情、体现珍惜青春年华、展望美好生活的同时，将中国古典哲学融入诗中，运用思辨辅以想象，以深厚的文学艺术功力，在意境、情趣、韵律以及现实指导意义基础上构成了诱人探寻的奇妙的艺术境界，总体上使得教学想象充满浪漫色彩。

理智型的教师能让教学想象更聚焦。这里的聚焦是指教学想象应该指向教学目标，紧扣教学的中心任务。在课堂教学中实施教学想象并非漫无目的、天马行空，而是要有一定的限度，想象应该是在教学目标所圈定的，教学想象应该服务于教学目标，为了完成教学目标，如此，教学想象才是为教学锦上添花。也正是由于想象的发散性，所以，课堂教学中同样需要理智型教师。

（二）涵养教师的智慧品质

智慧是人在一定的知识、经验习得的基础上，在活动过程中，在与人的交往的过程中所表现出来的应对社会、自然和人生的一种综合能力。智慧的

---

① 参见杨启亮《体验智慧：教师专业化成长的一种境界》，《江西教育科研》2003年第10期。

类型复杂多样,在教育领域包含两种智慧,分别是教育理智智慧和教育实践智慧。① 其中教师的教学智慧更多地隶属于教育实践智慧领域。教学智慧是教师面临复杂教学情境时所表现的一种敏感、迅速、准确的判断与行动的能力。教学智慧具有"情境性、复杂性、实践性等特点,教学智慧的类型根据其复杂程度可分为经验类教学智慧和创造类教学智慧"②。李建军认为,"课堂想象是教学的多样性和丰富性的涌现,是教学活动超越普遍性,走向个性化和智慧化的必由之路,它的生成离不开教师原初教学经验的积淀、卓越的教学主张以及对儿童发展的积极情感投入"③,这里的课堂想象更多是指教学想象。可以说,具有实践智慧的教师同样拥有丰富的教学想象力,教学智慧可以通过教学想象体现出来。正如马克斯·范梅南所讲的那样,"展现智慧的人似乎都具有在复杂而微妙的情境中迅速地、十分有把握地和恰当地行动的能力"④。

由于教学过程充满着不确定性,教学想象也具有不确定性,其根本的原因是教学是人的教学,想象亦是通过人的思维在想象,人的参与使得教学复杂了,也促使想象具有了不确定性。在不同的情境中,由于个体的性格特征、知识经验、情感倾向、个人喜好不同,势必造成教学想象的独特性,而个体的感知觉、记忆、思维、情感、意志、需要、动机、兴趣、理想、信念、世界观以及能力、气质、性格等均影响想象的建构,这就要求教师在激发、构建教学想象时必须具有行动应变意识,教师能够基于具体的教学情境充分利用对教学可能性的探索,适当地给学生留有想象的空间,让学生表达自己的见解,提高思维能力,同时又能够及时发现、善于利用课堂中生成的教学想象时机,在确保教学活动的同时兼具预设与生成的功能,使教学彰显其本真的生命活力,因此,通过教学想象可以提升教学智慧品质。具有教育想象意识的教师,不但能有效利用课前教学想象的机会——运用教学想象设计教学活动,而且能及时捕捉教学过程中生成的教学想象机会,譬如,面对学生在课堂教学过程中所产生的疑问、课堂教学中师生的角色转化、话语权以及学

---

① 参见王琰《教育智慧类型差异与教师学习》,《中国教育学刊》2009 年第 10 期。
② 王鉴:《教学智慧:内涵、特点与类型》,《课程·教材·教法》2006 年第 6 期。
③ 李建军:《课堂想象:通向教学智慧的必由之路》,《教育科学研究》2011 年第 6 期。
④ [加]马克斯·范梅南:《教学机智——教育智慧的意蕴》,李树英译,教育科学出版社 2001 年版,第 165 页。

生面对新教学内容所犯的错误，这些均是教学过程中的教学想象机会。事实上，教学智慧也可以通过教学想象体现出来，一个具备激发教学想象意识的教师必然在激发、建构教学想象的同时，涵养了自身的智慧品质。

（三）增加教师的职业幸福感

想象属于一种神奇的思维能力，它能让思维自由驰骋，想象有多丰富，思维就走多远，譬如智能机器人、航母、卫星、飞机等均源于人们大胆的想象。同样，教学想象给教学以更多的可能，教师可以充分合理地利用自身的优势避开不足，创造出更符合自己、更适合学生的教学实践活动，体验到教学的快乐，这样教师既拓宽了课堂教学的空间，也不必局限于传统教学过程，更不会使教学成为"流水线"，教师沦为流水线工人，每天机械地传授着同样的教学内容，时间久了教师便会产生教学疲劳感。然而富有想象的教学却能给教师新鲜感，避免教师职业倦怠，促使学生进入深度学习。潘庆玉认为，"富有想象力教学的第一要义是'深度'学习，这种深度是建立在对知识的重新表述、重新体验和重新展示之上的"[1]。

富有想象的课堂能使学生深度学习，教师深度教学。教师不再一味地往学生头脑里装东西，而是通过启发、引导的方式。教师充分考虑学生的心理发展规律，运用教学想象设计出符合学生心理发展规律的教学模式，在客观知识和学生的主观心理之间建立起想象的桥梁，给学生以更广阔的发展空间，引导学生进入深度学习。深度学习要求教师的教学设计要有深度、广度和难度，诸如合作学习、小组讨论等仅有表面的热闹还不够，重要的是要让学生发挥想象积极主动地参与到学习中，让学生对课堂感兴趣，对教学充满期待，努力挖掘学生想象的源泉，激活学生的思维，让教学充满灵性。学生获得发展的同时，一种收获感、幸福感则会伴随教师，教师也会充分地体验职业成就感。

（四）强化教师的想象意识

意识是人脑对于客观物质世界的反映，是感觉、知觉、思维等各种心理活动的总和。马克思认为，"意识在任何时候都只能是被意识到了的存在"[2]。这里的客观存在不仅包括人自身的存在，还包括人以外的客观事物以及人与

---

[1] 潘庆玉：《富有想象力的课堂教学》，广东教育出版社2009年版，第2页。
[2] 《马克思恩格斯选集》第1卷，人民教育出版社2012年版，第152页。

客观事物关系的存在。意识看不见摸不着但却能直接影响我们的行动，人能意识到事物的客观存在，就能自觉地反映这些客观存在并且改造这些客观存在。同样，具有教学想象意识的教师则能主动地在教学中建构想象，并努力改造想象、培育想象。麦克南认为，"培育想象力这一目标的意涵有两个方面，一是指学生通过某一学科的诱发能够建立属于自己的领域，并能强烈地感觉到有必要继续自我的这一探究活动；二是指学生能在老师的指导下获得自主发展知识、技能与能力的工具"①。其中，引导我们继续进行教学活动的探究便是在试图构建一种教学想象意识，它是对教学想象基本方向的指引，旨在培养一种想象意识变革教学观念，使教学由静态变为动态，由预设走向生成，给教学留有发展的空间。

　　培养教学想象意识是建构教学想象的关键。教师作为教学实践变革的重要参与主体，是否具有教学想象意识以及具有什么样的教学观念，是影响教学改革顺利推进的关键性因素。想象是人类特有的思维活动，想象随时在发生，想象与我们的生活、学习等密切相关，毫无疑问，教师本身具有教学想象意识，但是由于当前教学受教育体制影响较大，教学围绕考试进行，致使教学更多地指向知识传授，使得教学成为一种静态知识传授活动，教学缺乏想象力。快速高效地掌握知识成为教师、家长甚至是学生对教育的诉求，他们将重心放在提高学生的成绩和升学率上。激发教学想象固然好，然而教师最担心的就是构建富有想象的教学是否会影响学生的学习成绩。事实上，加拿大"富有想象力教育研究中心"（LERG）经过多年大范围的教育实践证明："在教育领域中引入并重视想象力，不仅不会影响教育教学效率，相反会有效提升学生课业成绩。"② 在这一意义上，教学想象的提出为这一问题提供方向性的思考。富有想象力的教学给予教学、教师以及学生以充分的认知自由，让学生在充满想象力的课堂教学中充分展示自己。由此可见，教学富有想象不仅可以提高学生的学业成绩，还会提高学生的想象力，毫无疑问也会强化教师的想象意识。也就意味着学生在教学中不仅增加了知识，更重要的是能力的提升和学习潜力的挖掘，而这些恰恰是教学想要达到的根本目的，

---

　　① McKernan, *Curriculum and Imagination: Process Theory, Pedagogy and Action Research*, London and New York: Rutledge, 2008, p. 22.

　　② 张晓阳：《想象教育论纲》，博士学位论文，华东师范大学，2016年，第10页。

也是社会赋予教学的根本任务。因此，教学想象走得越远，教学的空间越大，教学的潜力挖掘得就越深，教师的想象能力就越强。

第二节 教学想象的现实诉求

教学承载着培养学生的使命，在教师的引导下与学生建立起深度的教学关系。学生作为有思想、会思考、尚未成熟、可塑造性极强的独立个体，其成长过程实际上多半发生在课堂教学中。依此，教学过程并不是教师单向度的知识传授，而是蕴含教师知识经验与个性特征于一体的师生思维、智慧交互作用的过程。然而，当下的教学现实却并非如此，经过文献梳理、分析发现，教学过程被考试成绩牵制，在"唯分数论"的价值取向影响之下，教学呈现过于"僵"的状态，并未给师生留有想象的空间。更有甚者，有些教师为了追赶教学进度提高学生成绩，几乎采取"满堂灌"的方式，许多一线教师基于教学实践经验总结认为："教师之所以不给学生留下思考、想象的空间是害怕浪费时间，不如直接告诉学生答案，让学生背下来，考试的时候会做题就可以了。"尤其是一些需要记忆的知识性的东西，教师常常采取灌输的方式。基于此类现实问题，我们需要将"想象"置入课堂、融入教学过程，努力构建一种富有想象的课堂教学。正如柯林伍德（Colling wood, R. G.）所言："想象力这种盲目的但不可缺少的能力，没有了它我们就永远不可能知觉我们周围的世界。"[①] 想象力一旦与教学连接起来，教学的终极价值追求也将随之革新，进而走向超越与自由，由此，在教学中构建想象具有一定的现实需要。

一 空洞抽象的教学目标需要以形象化的方式表现出来

教学目标是教学本身要实现的具体目标和意图，它关系到教学的有效性，是师生教学活动的主要依据。教学目标之于教学的重要性，苏联教学论专家巴班斯基认为，"明确教学目标是实现最优化教学的首要条件"[②]。当前的教学受制于考试成绩的制约，教学目标往往与"考试标准"密切相关无法分割，一

---

① ［英］柯林伍德：《历史的观念》，何兆武译，商务印书馆2003年版，第336—337页。
② ［苏］尤·克·巴班斯基：《教学过程最优化——一般教学论方面》，人民教育出版社2007年版，第57页。

切教学实践活动均围绕教学知识进行，考什么教什么。近年来，关于教学目标的教学改革一直在进行，但仍然抵不过一线教师对考试成绩的执着追求，中小学教师在课堂教学目标的设计中仍存在诸多问题，如目标之间割裂、层次不清晰、抽象化、单一化和浅表化等。李润洲在某重点中学的各学科课程建设方案的研讨会上，随手翻阅各学科课程建设方案所附录的三维教学目标发现，在形式完美的"知识与技能、过程与方法、情感态度与价值观"的排列后面，不是"知识与技能"表述得空泛、模糊，就是把"过程与方法"当作教或学的"过程与方法"，抑或"情感态度与价值观"描述得孤立、抽象，从而把原本三位一体的三维教学目标搞得支离破碎、混乱不堪，难以实现三维教学目标对学生学习结果的定向、鉴别的功能。[①] 不仅如此，教学目标还存在认知偏差，具体表现为：教师在教学目标的实质、内容、价值功能及其制定依据等方面的认知偏差，不仅影响其在教学实践中合理教学目标的制定，同时也易造成教师教学行为的随意性和教学效能的低下，进而严重妨碍其教学质量的提高。[②]

如何做到真正意义上的"明确教学目标"？对此，石中英在《教育哲学导论》中阐释道："教师明确教学目标，意味着，第一，明确课程大纲中规定的教学目标是什么；第二，思考为什么制定这样的教学目标；第三，探索教学目标是如何通过教学内容来实现的；第四，明确教学目标本身所包含的方法论要求；第五，区分教学目标的层次性；第六，理解教学目标的系统性；第七，考虑如何向学生解释这些目标及其学习的价值；第八，分析教学大纲中给定的教学目标有没有不足或需要完善的地方。"[③] 就此，教学目标的制定不仅需要深入分析还要基于实际教学情况，要与具体的教学实践相联系，重要的是要让师生读懂教学目标，使教学目标真正服务于教学，而不是只作为一个摆设。这就需要借助想象，教师要发挥教学想象，密切联系教学的生成与发现过程，准确把握教材既定的目标，既不能太简单又不能太抽象，而是要具有适当的概括性，尤其是要具体、实在，通过形象化的方式表现出来。

二 相对脱离生活的教学内容需要加强对认识对象生动的了解

传统教学通过传递—接受式的教学模式，让学生接受人类积累的知识经

[①] 参见李润洲《三维教学目标表述的偏差与矫正》，《课程·教材·教法》2014年第5期。
[②] 参见彭豪祥《教学目标认知偏差：负效应及其解决对策》，《中国教育学刊》2013年第9期。
[③] 石中英主编：《教育哲学导论》，北京师范大学出版社2002年版，第206页。

验和认识成果。这样做固然没错，但是这一过程却从未考虑过学生的心理发展。教学所传授的知识是不是符合学生的主观心理？学生的脑袋毕竟不是空袋子，教师往里面放多少东西它就有多少东西。人类文化遗传中的精华部分，年代久远，相对脱离学生的生活，又由于学生认知发展水平有限，身心发展不成熟，所以，学生对教学内容的理解尚存在一些困难，这就需要加强认识对象的生动性、形象性，显然，教学想象是不可或缺的。康德指出，"想象力是沟通感性与知性的桥梁，是我们认识世界与获得知识的基础"[1]。鉴于此，教学内容要突破教材或知识中心的限制，教师应充分发挥想象将枯燥、单调的静态知识转化为学生易于接受、易于理解的灵活的知识。

张晓阳认为，"复制想象力使得人类文明的传承与理解得以可能，学校教育才能相对地脱离生活世界而得以顺利进行，复制想象力是指把先前的感性直观带到头脑中的一种想象力，学生们可以想象课本当中的古代文明与科技、可以想象古人的情感、伦理与审美，从而可以生动再造、还原那些原初的'知识场景'，体会知识背后人类的欲望、恐惧与希望，而不仅仅是机械的记忆那些'呆滞的知识'"[2]。据此可知，想象能使教学内容更容易被学生接受，想象是教学活动得以顺利实施的关键，值得注意的是，基于不同的教学需要，从不同的角度可以将教学想象分成许多种类，复制想象力是教学想象的一种，与此相对应的还有创造性教学想象与再造性教学想象，二者的最大区别是有无新想法产生，创造性教学想象是有新的教学活动生成，而再造性教学想象则是基于教师的语言描述所建构的想象，具体的关于教学想象的分析以及更多的分类方式与分类标准在前面有专门的论述，在此不再赘述。

此外，针对不同类型的教学想象教师要基于教学内容的需要选择合适的教学想象方式以使教学内容更加易于被学习者接受、理解、内化，但是无论哪种教学想象方式，均需要注意：首先，师生应积极主动地积累相应的表象，表象是构建教学想象的关键，以便为教学想象的建构积累一定的素材；其次，教师应对教学想象的类型了如指掌，从而在教学中运用想象时能游刃有余，针对不同的教学内容恰当地运用相应的想象类型，使得教学想象的建构过程

---

[1] P. Brady, "The Role of Imagination in the Development of Curriculum Theory", *Discourse*, 1981, Vol. 1, No. 2, February, 1981, pp. 18–40.

[2] 张晓阳：《想象教育论纲》，博士学位论文，华东师范大学，2016年，第110页。

整体上自然、贴切；再次，教师要适度使用教学想象，当学生能很容易理解教学内容，或者学生发挥自己的想象时，教师要给予适当的鼓励与引导；最后，教师应以辩证的眼光看待不同类型的教学想象，切不可厚此薄彼，尽管教学想象力存在高低水平之分，但是毋庸置疑的是高级教学想象水平要以低级的教学想象为基础，高水平的教学想象需要不断积累，并非一蹴而就。

事实上，知识是教学的主要内容，学生认识客观世界要以一定的知识为基础。人类的学习并不只是像镜子一样反映心理之外的事实，更关键的是其中包含着建构与合成的过程。每个人的心理都与别人不一样，有一个不同的世界观。在学习过程中，学生必须把所学的东西综合到他已经存在的独特的意义结构中，这需要对意义进行重建、合成与重估。我们的心理不只是一个简单的事实的仓库，而是一个不间断地进行着各种意义组合与建构的活动中心。[1] 富有想象力的教学能在积极的互动情境中将知识的学习与人的心理活动融汇在一起。

三 模式化的教学实施过程需要给教学留有创生的空间

在应试教育的影响下，教学活动只能千篇一律，照本宣科，但凡教师有一点与众不同，就会掀起一阵惊涛骇浪，时间久了就使得教学模式化。事实上，教师在设计教学过程时可以摆脱一贯的教学模式，充分发挥自己的想象，甚至可以让学生走出课堂，回归内心，只要学生从中收获颇多，教师的教学便是成功的。重庆大学新闻学院某教授将"弹幕"引入课堂，用新媒体抢回学生注意力，教师的目的是让学生保持与新媒体的新发展、新探索同步。以往，教师是单纯的传授者，教师讲、学生听，是单向度的；现在，课堂应该"翻转"，成为双向度的；一方面，教师要有自己的理论、观点和思考，学生也要在课堂上分享，而"弹幕"就是完成这种分享的具体途径之一。[2] 教师通过手机中的微信软件进行课堂提问，学生课堂上的积极性较高，教学效果自然也很好。教师应善于利用学生感兴趣的点，充分调动学生的积极性，让学生多积累表象，主动建构想象。

有这样一个教学案例，一位教师执教的是一篇《我的叔叔于勒》。整堂课

---

[1] 参见 Egan, "Imagination, Past and Present", in Kieran, Maureen Stout & Keiichi Takaya, eds., *Teaching and Learning Outside the Box*, The Alehouse Press, 2007, p. 13。

[2] 参见乔梦雨、田文生《重庆大学一教授将弹幕引入课堂——"用新媒体把学生的注意力抢回来"》，《中国青年报》2016年6月17日第10版。

上得很流畅，问题设计也起到了较好的激励作用，学生大都能积极地参与到课堂的讨论中来。在教学的终结环节，教师设计了这样一个问题来激发学生的想象：假设菲利浦一家在船上看到的那个乞丐不是真正的于勒，真正的于勒果真发了大财，成了百万富翁，他正准备回乡探望自己的哥哥一家。请同学们发挥想象力，"当西装革履的于勒提着装满钞票的手提箱叩响了菲利浦家的大门后，会发生什么故事？"学生们经过一段时间的酝酿和思考，纷纷举手，他们的发言，大体上合乎情理。其中一个学生的发言让人印象深刻，他说："菲利浦夫人打开门，看到一位西装革履、浑身珠光宝气的男子站在自己面前，不禁吃了一惊。'你是……于勒……是你？'，'是的，嫂子，我发了财，回来看你们来了'。一贯势力的菲利浦夫人突然从诧异中醒悟过来，哎呀，这不是财神自己送上门来了吗？我怎么还傻愣着呢？快！她原本疑惑的神情顷刻间烟消云散，脸上闪电般地堆积起灿烂无比的谄媚的笑容。'哎呀，你不知道，这么多年你可把我们想死啦！快请进！'"这位同学发完言后，老师给予了很高的评价，也充分肯定了这位同学的想象力。到此为止的话，这将是一节很完美的课了。然而，老师又问大家，刚才这位同学说的最后一句"这么多年你可把我们想死啦！"请同学们思考这句话有什么毛病？"哦，应该说'这么多年我们可把你想死了！'这位同学把顺序颠倒了"，这句话引得全班同学哄堂大笑，老师接着补充，"对，同学们以后要注意说话不能把词语顺序颠倒了，否则就闹笑话了"。从传统的语文教育观念来看，这位教师是一位一丝不苟很负责任的老师，从语文知识本身的科学性质来看，他的做法也有理有据。但是这种做法却在无意间错失了文学教育的最佳时机。事实上，从逻辑上来说，这位同学说的这句话确实存在明显错误。但是，从文学创作的角度来看，这个错误不但不是错误而且还应该被看作创作上的"神来之笔"也许学生是由于紧张无意间说颠倒了，但是学生的紧张刚好暗合了当时菲利浦夫人的心理状态，当她突然发现站在自己面前的这个于勒真的发了大财，她的内心顷刻间充满了紧张、诧异和惊喜，一时间，竟然慌不择词，脱口说出了这句"这么多年你可把我们想死啦！"的经典台词，这句话把菲利浦夫人阿谀谄媚的神态活灵活现地勾勒出来，我们正好可以通过这句颠三倒四的话来深刻剖析人物的内心世界。[①] 而这恰好是激活学生想象力的好时机，为什么我们

---

① 参见潘庆玉《富有想象力的课堂教学》，广东教育出版社2009年版，第6页。

的教师会在课堂上错失这些宝贵的教学良机?那是因为我们的教师太在意考试成绩了,担心学生会在试卷上出现这样或那样的错误而影响成绩。这就是语文教育现实,我们的语文教学对这些可贵的学习潜力和想象、创作的愿望是视而不见的。当我们的孩子说"雪融化了是春天",而语文老师纠正说"错了,雪融化了是水"的时候,想象力被扼杀得无影无踪了。这样上语文课,很容易把原本可以自由发挥、自由想象的语文课教成只有唯一答案的数学课。教师应灵活地抓住生成的想象,也就是所谓的创造性教学想象,给教学留有想象的空间。

四 指向学业成就的教学评价需要探索多样化的评价方式

教学评价指对教学活动的准备、过程和结果的测量、分析、整理和价值判断。它包括学生评价和教师评价两个方面。[①] 事实上,在具体实施时,教学评价的结果主要依据学生的学习成绩,其他评价指标则变成了装饰。家长和学校对教师教学工作的期待也是依据学生的成绩,至于想象力和创造力之类的,鲜有人提及。这种单一的教学评价无疑会使教师难以发挥想象,使教学失去其原有的魅力,致使教学评价单一、功利,教师不敢有创新的教学评价方式。据媒体报道,"中国科学院大学2014—2015春季学期的《蛋白质工程原理》期末考试试卷因'玩'了一把'文艺风',在网上走红,甚至有考生感叹,这是国科大年度最浪漫期末考试卷,试卷一反常规,将生物和文学结合在一起。其中有一个选择题:'孤山叶落春梦在,杏花疏影笛横吹。下列哪种氨基酸易在肽链中形成拐角:A. 缬氨酸、B. 酪氨酸、C. 脯氨酸、D. 苏氨酸、E. 色氨酸';再比如,青莲居士于花前月下对影成三人时用到了哪一类生物工程产品?'无我原非你,从他不解伊',为何独酌却有三人?试写出原诗中的一两句或别的相关诗句。考完试后,周同学评价这份试卷,'长这么大见过的最有诗意的试题'。李同学甚至慨叹,再三确认自己考的是《蛋白质工程原理》,而不是文学。出题者吴老师认为,考生可以直接跳过答题,或抓住关键点。如有时间的话,也可以欣赏这些诗词。选择题中的诗词,大部分都是他自己根据题目需要修改的,他举例称,有道选择题考的是'alpha—螺旋',而题干中的诗句'千丝碧藕玲珑腕,一卷芭蕉辗转心'说的正是一种旋

[①] 参见裴娣娜主编《教学论》,教育科学出版社2007年版,第287、292页。

转状态，与题目有一定相关性。吴老师的目的是让同学们拓宽知识面，伸开思维的触角。他认为国内学生从小就接受应试教育，往往培养出一样的学生，他希望自己的学生有个性。而且吴老师认为这些题目应该不难。我们从小学到大学都学语文，如果你真那么差或者大家都这么差，就说明中国古典文化传承出问题了，需要更加引起重视"[1]。出题者吴老师也因其评价方式特殊受到关注，大家均认为吴老师的评价方式违背教学评价方式的规范，顿时引起教育界一片哗然，议论声不断。说明有不少人的思想被教育制度圈定了，囿于教育制度的规范内，不敢有一点想象和创造存在，但凡与众不同便是违背教学规范的做法。秉持这种教育观念如何产生教学想象？时间久了学生的思想都被禁锢起来了，如何创造出新事物？这恐怕就是诠释"钱学森之问"[2]最好的答案了。

教学评价的单一性会限制教师的教学，阻碍教学的良性发展。因此，教学应着力构建富有想象的评价方式，教师的教学想象在某种程度上也会刺激学生的想象力，引起学生进一步想象。教师想象的空间大了，学生想象的空间也会无限扩大，所以说，用教师的教学想象力影响学生的想象力，同样学生的想象力也为教师教学想象力的发挥锦上添花，教师自己真正改变了，才能给学生做出榜样，从而真正影响到学生，多元化的教学评价方式也是学生所期盼的。一个不愿想象、不会想象、不敢想象的教师，是无法在教学中富有成效地丰富学生的想象力、帮助学生学会想象的。多元化的评价方式需要教学想象的参与，通过教学想象可使评价真正促进学生的发展。此外，教师应不断积累丰富的表象，基于学生的需要发挥想象创造出多元化的评价方式，让学生喜欢上评价，在评价的过程中建立起学习的自信心。

第三节 教学想象的基本逻辑

从内涵上讲，教学想象本身就较为复杂，其外延亦十分广阔，具有丰富

---

[1] 《国科大生物试卷玩诗意，走红网络——〈蛋白质工程原理〉期末考试试题结合古诗词，走红网络》，《新京报》2015年5月17日第A06版。

[2] "钱学森之问"是指"为什么我们的学校总是培养不出杰出的人才？"2005年，温家宝同志、在看望钱学森的时候，钱老感慨地说："这么多年培养的学生，还没有哪一个的学术成就，能够跟民国时期培养的大师相比。"钱老又发问："为什么我们的学校总是培养不出杰出的人才？"，这就是著名的"钱学森之问"。

的想象空间，它包含了一切以想象为核心的教学实践活动、教学思维方式以及教学智慧，同时为了后续有针对性地激发、建构教学想象，所以，廓清其基本逻辑显得尤为重要。需要说明的是，教学想象属于发散性的实践活动，最典型的特点在于教学想象的不确定性，但是激发、建构教学想象的过程却需要遵循一定的逻辑结构，因此，从内涵上讲，教学想象本身没有逻辑，有时候可以用"天马行空、随意幻想"来形容，这也就是在强调想象无规律可循，它可以想象现有的事物，也可以想象没有发生过、不可能存在的事情，还可以想象几百年之前的事情，甚至还可以想象几千年之后的事情，而在此阐述的教学想象的逻辑更多的是指激发、建构教学想象时所遵循的逻辑思路，旨在阐述教学想象的递进程度，为教学想象的建构提供逻辑思路，而非想象本身的逻辑。鉴于此，本研究从本体论、方法论、认识论与价值论四个方面分析教学想象的基本逻辑，为后续教学想象的实践研究提供借鉴。

一 达成教学目的的教学想象

将受教育者培养成全面发展的人是教学最根本的目的，满足教学目的是一切教学活动的根本使命。因此，在教学中建构想象首先要满足教学目的的需要，在课堂中借助想象是为了提高教学质量，是为教学锦上添花。在这一意义上，满足教学目的的教学想象是从本体论视角阐释的。在本体论视域中，教学想象属于综合性概念，它涵盖了诸多以想象为核心概念的教学活动、教学的目标取向、教学的价值澄清、教学过程以及教学评价等，它是对教学理论的进一步拓展，同时也奠定了教学理论的基础。就此，依托想象，我们可以运用形象构思法把握教学的总体方向，任何活动开始时提前做好计划是人类活动区别于动物活动的主要特点，因此，通过想象合理地预见教学的理想与目标，并以形象的方式勾画出来，以便更好地提升教学活动质量。我们还可以运用形象推演法追溯教学内容的历史。形象推演法是"依循历史表象之间在特征与属性上的相似或相关的客观历史联系加以推演加以想象，从而创造出历史意象的思维方式"[①]。由于某些教学内容的历史年代久远，较为抽象难懂，因此，需要运用想象将抽象的历史叙事转化为形象的历史文化以促进理解。依托想象，我们可以运用头脑风暴法，联想各种形象和场景，运用多

---

① 赵恒烈：《赵恒烈历史教育选集》，人民教育出版社2005年版，第373页。

样化的思维活动训练学生的思维，使学生的思维处于活跃状态，以启发学生不断产生新的想法，值得注意的是，当学生产生出新的想法时教师应加以适当的鼓励与引导，以使学生的思维活动得到"强化"从而激发后续的想象活动；依托想象，我们可以借助多媒体，勾画教学动态生成的具体过程和图景，将各种教学场景通过多媒体展示出来。特别是对于较为抽象的数学几何空间的结构，可以通过多媒体演示，让学生观察空间结构的复杂多变，以达成学生对认识对象生动的了解，给教学留有创生的空间，为学生积累丰富的表象。依托想象，我们可以借鉴其他学科的评价测量方式，探索形式多样的教学评价方式与评价标准，让学生从内心接受评价，将教学评价当成激励自己成长的动力，认识到教学评价是手段，促进学生发展才是目的，悦纳评价。如果再进一步论述，由于教学目的影响教学过程，一切教学活动均需围绕教学目的进行，达成教学目的是教学活动的根本，在这一意义上，满足教学目的是教学想象存在的本体论价值，也是其最基本的逻辑，但却不是教学想象的终极取向，所以，教学想象的存在还应有其他方面的价值。

二 支撑教学技术的教学想象

作为技术手段的教学想象是从方法论视角阐释的。如前所述，人们对教学的直观考量是唯分数论，教学过程围绕考试进行，此时教师往往采取实用主义的态度；负责传授考试所需知识，教师将过多的精力放在学生对纯知识的掌握方面，忽视了方法和能力的提升。鉴于此，我们努力将想象融入教学过程中，构建一种教学想象课堂以更好地完成智育任务，提高教学效率，使师生在教学活动过程中有所创生。当我们尝试将想象融入教学中时，最初的目的是将教学想象看成一种技巧、方法，属于教学想象的技术化倾向。因此，我们将想象融入教学中的初衷是秉持一种技术手段的目的。在这一意义上，处于技术化视域内，教学想象受技术的操纵、控制，使得想象成为技术性的东西而非人格化了。尽管这样的阐释有一定的道理，却并非完全正确，因为，相对于教学远离想象，想象能成为教学的工具、手段也是一种进步，因此，对于这一点不应持完全否定的态度。

将想象作为教学的手段、方法等实现基本的需求具有不可替代的作用，在教学开展过程中教师也较为注重以想象作为手段开展教学活动，以助力学生对基本的教学内容的理解、创生。以笔者听过的一节音乐课为例，课堂上教师教学生唱《我是草原小牧民》，由于歌词内容与学生生活距离较远，牧民的生活是学生无法体会的，因此，教师通过语言描述、图片展示等方式引导学生体会牧民的幸福生活，尤其是歌词中的喜悦之情，第一次唱，学生并未完全表现出歌曲的喜悦之情，教师提示学生可加入动作，在教师的启发下，学生们慢慢入境，在音乐、动作的配合下将整堂课推向高潮，学生们兴高采烈地边唱边跳，不时地变换动作，将想象力发挥到极致。很明显教师在处理该教学内容时是移植了音乐中的想象，使得学生很容易理解歌词的情境。而学生对这一以想象为手段的教学方式也是非常欢迎的。教师发挥想象，以更为形象化、生动化、可理解的方式实施教学，不仅能使学生理解了教学内容，接受并内化了教学知识，重要的是通过这一富有想象的讲解方式学生从中受到启发，养成想象的习惯，学生在后续的学习活动中必然会再次用到类似的"音乐想象"，除此之外，其实还有"文学想象""社会想象"等，甚至，学生还会发挥自己的想象，凭借"审美想象""道德想象"以及"幽默想象"等来辅助学习，然而，想象力作为手段毕竟是初级层次的，所以，教学想象不应满足于停留在这一层次上，还应有其他更高层次的作用。

三 指向教学思维的教学想象

指向思维方式的教学想象是指将想象作为一种教学思维方式，是基于认识论视域而言的。作为一种教学思维方式的想象是更高层次的，是作为技术手段的教学想象所远不能及的。将想象作为一种教学思维方式主要是因为思维方式是一种稳固的思维样式，任何教学改革、任何教学行为的改变首先是要实现思维方式的变革，这就意味着要想将想象融入教学过程中必须变革教学思维方式，因此，将想象作为一种教学思维方式是教学想象发展的必由之路。正如迈克·富兰（Fullan, M.）所说："我认为我们正在进行一场最终毫无结果的艰难战斗，出路并不是爬上山头把更多的革新和改革引进教育系统，我们需要一张不同的处方，以便抓住问题的核心，或者说到达另一个山头，一句话，我们对教育变革需要有一个新的思维方式。"[①] 教学思维方式是教师在长期的教学过程活动中所养成的对教学本质、教学目的、教学现象以及教

---

① ［加］迈克·富兰：《变革的力量——透视教育改革》，中央教育科学研究所、加拿大多伦多国际学院组织译，教育科学出版社2004年版，第8页。

学理论与实践的长期、稳定的认识模式。具体而言,"教学思维方式是一种信念式存在,是教师思考教学问题时经常使用的'默会'的思维套路,教学思维方式的信念式存在告诉我们,当教师形成了某种教学思维方式时,就会对这一思维方式及其中隐含的假设深信不疑,并会按其要求进行行动"①。可见,将想象作为一种教学思维方式也是有效促进想象建构的关键。

在认识论视域中,教学想象本质上是一种教学思维方式,它集中体现为问题性思维、关系性思维、整体性思维与网络化思维。以"经验"为基点,这里的经验主要是指通过感知觉所积累的知识经验、实践经验等的集合。教学想象内在地要求我们以"问题"为导向,在头脑中努力去关联各种经验。如关联个体自我内部的经验世界与集体或文化的经验世界;关联本体经验世界与系统发生的经验世界;关联此时的经验世界与彼时的经验世界。与此同时,随着经验的逐渐积累,通过提出问题,教学想象内在地驱动我们尽力地去整合上述的各类经验,形成并创造出新的经验世界。无论是观念抑或是整合,二者之间始终保持着一定的张力,不断地互动,富有活力地发展着。这种互相关联,不断打破思维定式接着形成新的思维方式也就是网络化思维。需要说明的是,这一过程需以问题为主线,通过问题支撑整个网络化思维活动,也就是说,运用提问题的方式引导我们不断展开想象,从而构建一种集问题性思维、关系性思维、整体性思维与网络化思维于一体的教学想象思维。概言之,指向思维方式的教学想象当然也不能排斥满足教学目的的教学想象以及作为技术手段的教学想象,教学会在满足教学目的的基础之上运用"想象"这一教学手段,但却并不局限于只将"想象"当作一种技术手段,而是实现了超越,指向了更重要的方面。可以说,将教学想象作为一种教学思维方式是教学的目的所在,只有教学想象本身成为一种教学思维方式,才能真正有效地克服仅满足教学目的或是作为技术手段所可能带来的诸多不足。

四 凝聚教学智慧的教学想象

将教学想象作为一种教学智慧是从价值论视角来论述的,一方面,教学想象立足于个体的发展,以培育想象力作为教学目标;另一方面,基于社会文化的发展,以创生和超越教学的价值取向。就此,价值论视域中的教学想

---

① 罗祖兵:《教学思维方式:含义、构成与作用》,《教育科学研究》2008年第Z1期。

象是指是在促进教学改革的同时彰显一种教学智慧。教学智慧表现为一种良好的教学的内在品质,是教学的一种自由、和谐、开放和创造的状态,是真正意义上尊重生命、关注个性、崇尚智慧、追求幸福的教学境界。这种教学境界的达成需要教学富有想象力。也就是说,师生在教学过程中发生深度交互关系时要凭借想象来超越教学的时间、空间以推测和补充现实教学中所缺失的那一部分。诚如著名文学家高尔基所说,"想象和推测可以补充事实的链条中不足的和还没有发现的环节,使科学家得以创造出或多或少的正确而又成功地引导理性的探索的各种假说和理论……产生出属于我们的、由我们的意志和我们的理性所创造出来的第二自然的文化"[①]。

  课堂上充满教学智慧关键在于我们能否发挥想象去"遇见"这种教学智慧。例如,"语文课上,一位教师在课堂上组织学生听写词语,其中几位水平不一的学生被教师请到讲台前写在黑板上,听写结束,大家对照课本找错误,何冰儿在黑板上把'一户人家'写成了'一尸人家',把'鸟儿'写成了'乌儿'。教师没有批评何冰儿,而是笑着对大家说:'今天的听写完成得很好,有的同学写错了能自己发现、自己改正。'有趣的是这些写错的字,它还是一个字,你们看这'一户人家'的'户',头上少了个点就不是'户'了,而叫作'尸','死尸'的'尸',这个就像脑袋一样,一个人脑袋掉了还能活吗?不就成为'死尸'了?(孩子们开心地笑了)再看这个'鸟'少了一点,就不是'鸟',而变成'乌',是'乌黑'的'乌'。这个点就像是鸟的眼睛,鸟儿眼睛没了,不是就乌黑一片,什么也看不到了?小朋友,你们看我们的汉字多么有趣啊"[②]。教师以教学实践智慧发挥想象机智地做了处理,不仅肯定了同学的表现,而且利用自己的智慧让学生轻易记住了知识点,活跃了课堂气氛,让孩子在轻松愉悦的氛围中获取知识,可以说临场生成得相当精彩,生成了新的"教学",体现了高超的教学智慧,教师发挥想象力分析这些字词的特点从而让学生轻易记住了字词的写法。

  如果再进一步分析,可以发现,教师所采取的这种教学处理方式实际上不仅仅是教会了学生掌握简单的字词,同时教会了学生在短时间内快速记忆字词的方法,更重要的是教师在不经意间激活了学生的想象力,让学生养成

---

① [苏]高尔基:《论文学》,孟昌等译,人民文学出版社1978年版,第158页。
② 周一贯:《小学语文应是儿童语文》,《人民教育》2005年第20期。

了想象的习惯；如果对学生进行追踪调查会发现，当学生再遇到识记字词的情况时，学生往往会先观察字词的特点，再利用教师曾经示范的记忆方式发挥自己的想象去记忆字词，自然也就养成了想象的习惯，针对这一情况，笔者在具体的课堂观察中也遇到过，学生们的想象习惯、想象力往往与教师的想象与教学想象密切相关。因此，基于价值论的教学想象是在教学满足教学目的的需要、作为技术手段与思维方式的基础上的超越，是教学的最高层次。

第三章 教学想象的机制分析

教学活动高效率地实施依赖教学想象的协同助推,无论我们建构何种类型的教学想象,教学活动均要依靠特定的教学想象影响机制与生成机制,以使教学活动得以顺利进行,最终实现教学的基本目标,达成教学目的。对教学想象的机制进行分析是教学想象理论研究必须面对的重要问题之一,也是教学理论通往教学实践的必要条件,它对于深入研究教学想象并将其应用到教学实践活动中具有重要的作用。教学想象的机制分析主要从影响机制、生成机制以及保障机制三个方面阐释,其实质是教学想象如何在教学系统的整体架构下发挥其相应的作用和价值形成教学合力,以达成教学效果的最优化模式。

第一节 教学想象的影响机制

"机制(mechanism)一词最早源于希腊文 mechne,指机器的构造和运作原理,借指事物的内在工作方式,它包括有关组成部分的相互关系以及各种变化的相互联系。"[①] "机制"被应用到生物学,是指通过类比借用,主要指生物机体结构组成部分的关系,以及其间发生的各种变化过程的物理、化学性质和相互关系。后来演化为泛指自然和社会内部组织和运行变化的规律。后来这一概念应用于机械工程学科,并广泛应用于自然现象和社会领域,指其内部组织和运行变化的规律。在任何一个系统中,机制都起着基础性的、根本性的作用。在理想状态下,良好的机制甚至可以使一个社会系统接近于一个自适应系统——在外部条件发生不确定变化时,能自动地迅速做出反应,调整原定的策略和措施,实现优化目标。"机制"被引入不同的领域就形成不同的机制。后来"机制"也被引入教育教学领域,具体指在教育系统中,教

---

① 《现代汉语词典》,商务印书馆 2000 年版,第 582 页。

育现象各组成要素之间的关系及其运行方式。一般意义上，教育系统本身的组成要素主要有教师、学生以及教学内容，三要素缺一不可，但是教育系统不同结构受多种因素的影响，当教育系统的结构影响因素发生改变时，该系统的功能就会发生相应的变化，相应地，机制的生成方式、评价方式也会发生改变；或者教育系统结构的影响因素相同，但是要素之间的结构不同也会影响教育功能的改变。《现代汉语词典》中对机制的解释有四个方面，"第一，机器的构造和工作原理，如计算机的机制；第二，机体的构造、功能和相互关系，如动脉硬化的机制；第三，指某些自然现象的物理、化学规律，如优选法中优化对象的机制，也称为机理；第四，泛指一个工作系统的组织或部分之间相互作用的过程和方式"①。将"机制"应用到教学想象中是指教学想象系统内的想象建构与激发原理。教学想象机制更多的是指向教学想象系统的内部各要素诸如教师、学生、新旧的知识经验所发生作用的方式，主要侧重于教学想象系统各要素在生理、心理方面是如何构建某种链接、转化甚至彼此同化形成新的教学活动的。机制与教学想象结构关系密切，当教学想象系统内部诸要素在关系、数量性质等方面相互协调、自恰时，事物内部运行机制处于良性发展状态；反之，教学想象的运行机制则或多或少受到一定的影响，甚至遭到破坏，以至于形成新的机制。而教学想象的影响机制指教学想象系统内部在建构时受到生理、心理机制的制约。

一 脑科学方面

教学想象在脑科学方面的影响机制主要是指参与建构教学想象的神经系统，即脑结构以及在教学想象建构过程中发生的变化。想象是人脑的机能，人在进行想象时，把已有表象进行结合、强调、夸张、典型化等，从脑科学方面来看，是大脑皮层对已有的暂时神经联系的"痕迹"进行分析、综合的过程，也就是重新筛选、组合、搭配、配置的过程。在神经联系改组，重新接通中，第二信号系统起着调节与组织作用。第二信号系统的联系越复杂、范围越广，形成的新形象也就越丰富，越新颖。这样，想象的表象也就越易超前，甚至脱离现实而近乎幻想。②

---

① 《现代汉语词典》第 5 版，商务印书馆 2005 年版，第 628 页。
② 参见普通心理学编写组编《普通心理学》，山东教育出版社 1987 年版，第 114 页。

现代科学研究表明，大脑没有专门的想象区。一般认为，除了大脑皮层的联络区外，脑的深层结构：下丘脑——边缘系统也起着重要作用。如果该部位受损伤，可能出现心理错乱，行为也不受一定程序的支配，并且不能预见行为的后果，产生复杂的情绪活动。可见，这个部位与想象的关系是十分密切的。① 想象在人脑中产生后，就会实现有机体对环境的调节，当人脑已有的表象十分鲜明、丰富时，想象就会较为活跃。

美国国家卫生研究院（National Institutes of Health）的年轻科学家马克·比曼（Mark Beeman）在20世纪90年代初，开始对右脑受损的患者进行研究。比曼说："医生往往会跟这些人说，噢，你太幸运。然后他们会说右脑为什么不重要：它只在语言方面对你有影响。"② 其实，"右脑受损伤的患者会出现严重的认知问题，尽管他们的左脑完全正常。右脑的作用就是做他此时想要做的事情，即在看似毫无关联的事情之间找到弱连接关系。他认为右脑发达的人更有艺术才能或想象力更丰富③"。想象在课堂教学中建构时需要注意，右脑发达程度不相同，其想象力不同，师生之间原本就存在一种天然的差异性，又由于不同个体建构想象时，个体的知识经验不同，所以，人脑建构想象时机制会有不同的反映，当个体神经系统受到干扰时，如，脑出现损伤和脑部的不同刺激，诸如微弱的电流刺激或者活血物质对脑部的刺激均会产生不同的机制。除了排除外力对右脑损伤的外在条件，还需注意增加感知以开发右脑，当然，并非只是人的右脑负责创造性，人的左右脑是互补的，任何功能均是左右脑同时参与的。只是右脑善于解决创造性智力难题，因为右脑擅长找出难以发现的连接关系，也就是那些不同思想之间的弱关联关系，而这恰好是想象构建的关键。

二 认知与情感方面

想象是人在头脑中对已储存的表象，进行加工改造形成新形象的心理过

---

① 参见［苏］彼得罗夫斯基《普通心理学》，人民教育出版社1981年版，第81—382页。

② "The doctors would": Mark Beeman, personal interviews with the author, Northwestern university, April 10 to 12, 2008. The right hemisphere, http://nobelprize.org/nobel_prizes/medicine/laureates/1981/sperry-lecture.html.

③ ［美］乔纳·莱勒（Jonah Lehrer）：《想象创造力的艺术与科学》，简学、邓雷群译，浙江人民出版社，2014，pp. 8 – 10。

程。这种心理过程包括认知过程诸如感知觉、记忆、思维,情感过程诸如对事物的态度体验过程,包括情绪、情感以及意志过程。根据苏联心理学家鲁宾斯坦(С. л. PyoHwTeuH)的意见,思想、感情、意志、行为等,其中总有一些想象,甚至像人的知觉这种反映形式中,也包含着想象。当我们阅读文艺作品、欣赏音乐、鉴赏美术,各种认识与教学活动……都离不开想象。总之,它对推动人的认识,陶冶人的情操,督促人去追求、去创造,进而产生意志行动,以及对人的个性发展等,都起着十分巨大的作用。① 可见,想象受多种认知及情感活动的影响。

想象伴随任何教学实践活动的发生而发生,展开而展开,同时又受制于其他心理活动的影响。以朱自清的《背影》为例,文章不长,主题也很简单,主要叙述一个丢了差使的小官吏在浦口车站送儿子北上读书,在火车站送别的情景。文章写得很平朴,却以情动人,表达了父亲对儿子无微不至的热爱和儿子对父亲的百般怀念,感人至深。军阀统治的旧中国在火车站送别这种事情是很平常的,在那黑暗的社会里,即使这种小康之家,也经不起天灾人祸的打击。文章表达了作者家庭的不幸和当时的灰暗世态,从侧面反映了当时的社会现实。这篇文章与别的散文的不同之处在于作者浓墨重笔描写了父亲的"背影",单就看到文章的题目"背影"二字便会引起人无限的想象,那是一个怎样的背影?是谁的"背影"?生活中我们曾经见过哪些"背影"?与文中的"背影"有什么不同呢?脑海中印象最深的"背影"是谁的?"背影"表达了什么感情?等等,一系列的疑问会随着文章的题目映入眼帘,而自动在脑海中浮现出来。这就是教学活动开始前想象的初步建构,这种想象活动与个体的认知及情感活动密切相关,诸如感知觉、记忆、思维、情绪、情感等,均体现在个体心理活动中。随着对文章的深入阅读,我们发现,文中的"背影"是父亲的背影,共出现过4次父亲的背影,每次的情况都不同,但是感人至深的父子情却是一脉相连的。第一次是文章的开头,开篇点题"背影",将一种浓厚的父子之情笼罩全文。第二次是在车站送别的场面中,作者对父亲的"背影"做了具体的描绘,作者写道:"父亲胖胖的身躯,穿着黑布大马褂,深青布棉袍,步履艰难,蹒跚地爬过铁道为儿子买橘子。"通过感知觉在脑海中建构关于"背影"的想象,这成为文章的重点,这个镜头表

---

① 参见普通心理学编写组编《普通心理学》,山东教育出版社1987年版,第115页。

现了父亲爱儿子的深厚感情，使儿子感动得热泪盈眶。第三次是父亲和儿子告别后，儿子眼望着父亲的"背影"在人群中消逝，离情别绪，又催人泪下。第四次是在文章的结尾，儿子读着父亲的来信，在泪光中再次浮现了父亲的"背影"，思念之情无法控制，这是作者想象出的"背影"。随着对文章的进一步阅读，关于"背影"的想象越来越多，原因是我们头脑中关于"背影"的知识经验越来越多，不仅有作者通过语言叙述传达给我们的，还有我们头脑中本身就已经建构起来的知识经验，新旧知识经验发生某种联系，必然会有不同的想象浮现在头脑中，这一过程中涵盖个体诸多的认知与情感活动。

三 社会经验方面

教学想象的建构除了要受制于人的生理机制诸如人脑的结构、功能等还要受心理活动的影响，例如感知觉、记忆、思维、情绪情感等心理活动均是始终伴随着想象的建构过程而存在的，它们与想象密切相关。除此之外，就是社会经验。教学想象发生于课堂教学中，是教师的想象所赋予教学的，教学属于人的实践活动，而人属于社会，正因为教学有了人的参与才变得复杂多样，也就是因为人处于复杂的社会中，人本身具有复杂性，所以，社会经验对教学想象的影响是必然的。教学想象的社会经验主要表现为，努力积累直接经验和间接经验以丰富教学想象的表象。直接经验是亲自参与社会实践活动而获得的，间接经验是学习书本上的人类积累下来的社会文化知识。通过不断积累直接经验与间接经验，对于教学表象的丰富具有积极的促进作用。关于直接经验和间接经验，杜威有着自己独特的见解，他认为，"学生的知识经验自然发展的进程总是从包含着做中学的那些情境开始，在第一阶段，学生的知识表现为聪明才力，就是做事的能力，学生熟悉了事物就表明他已经掌握材料。在第二个阶段，这种材料通过别人传授的知识，逐步地得到充实和加深。在第三阶段，材料更加充实，加工成为合于理性的或合于逻辑的有组织的材料"。"第二阶段通过学习历史、地理和交往，使儿童在第一阶段所获得的直接经验的意义向纵深两个方向扩充，第三阶段所获得的经验和知识的进一步扩充和发展，使之成为合于理性或合于逻辑的，有组织的材料，即科学的、系统的知识，这是学生经验发展和掌握知识的最高阶段。"[①] 按照杜

---

① [美]杜威：《民主主义与教育》，王承绪译，人民教育出版社1990年版，第221页。

威的看法,"儿童的学习过程是从做中学和积累直接经验开始,然后通过学习间接经验和交往使直接经验的意义得以拓展和丰富,教学即从儿童现在的经验进展到以有组织体系的真理即我们称之为各门科目为代表的东西的过程"①。据此,依杜威之意,儿童的活动和直接经验是其知识发展的重要起点和知识不断扩充意义的工具。所以,杜威强调儿童的活动是在直接经验在与间接经验建立联系时不断扩充意义。

借鉴杜威关于儿童活动的直接经验与间接经验之意。人类从儿童时期获取直接经验和间接经验起就在不断地扩充、丰富其意义,随着年龄、阅历、认识发展水平的不断提升,个体活动获取的直接经验与间接经验在二者建立联系时必然是一个不断扩充的过程,二者建立联系的过程依赖想象,使得头脑中已有的知识经验与新获取的知识经验发生某种联系,从而形成新的知识经验。同时直接经验与间接经验的不断扩充也使得表象得到丰富。这些均为教学想象的建构提供了必要条件。无论是直接经验还是间接经验,学生都必须生成自己的经验。陶行知先生做过一个精辟的比喻:"接知如接枝。"他说:"我们必须有从自己的经验里发生出来的知识做根,然后别人的相类似的经验才能接得上去。倘若自己对于某事毫无经验,我们绝不能了解或运用别人关于此事之经验。"② 想象的建构是一个动态发展的过程,随着教学活动的结束,想象并没有结束,而是继续存在,在这一意义上,教学想象的建构过程中直接经验和间接经验的积累也是必不可少的,社会经验使得教学想象不断深化、发展。如此,教学想象的品位才会不断提升。

第二节 教学想象的生成机制

教学想象建构的过程,就是灵感的触发、捕捉和表现的过程。储朝晖认为,"想象是创造和思想的起点,有了想象就会打开创造和思想的大门,就能为教育拓展更大的空间、更丰富的内容和方法,就可用思想滋润化解各种教育改进的阻力"③。课堂教学中存在诸多艺术性的活动,教学想象便是其中之

---

① [美]杜威:《学校与社会·明日之学校》,赵祥麟、任钟印、吴志宏译,人民教育出版社1994年版,120页。
② 陶行知:《教学做合一讨论集》,上海儿童书局印行中华民国三十二年第3版,第33—34页。
③ 储朝晖:《教育改进的想象与实证》,《光明日报》2015年5月12日第14版。

一，在课堂上富有想象地从事教学活动，会使教学令人着迷，让人向往，而令人着迷的课堂也一定是让人心动、触及心灵甚至超乎想象的，它以独特的审美价值使教学具有艺术性，从而为教学增魅，这样的教学也一定如同磁场一般吸引人，然而教学活动本身是"为人"的活动，又是"人为"的活动，教学想象也正因为有了人的参与变得异常复杂，充满不确定性。就此，探究富有想象的课堂教学生成机制成为不可回避的关键问题。在课堂教学中如何触发"想象"？如何延续、拓展"想象"？如何丰富"想象"？如何使想象更有诗意、更浪漫？一系列的问题均是围绕教学想象的生成机制而出现的，是研究教学想象理论必须直面的问题。

探究教学想象的生成机制问题之前，我们先要了解想象的建构方式。借鉴朱迪思·朗格（Judith A. Langer）提出了两种想象构建方式："维持一个参照点和探索可能性视域。如果目的是理解概念或获取信息，那么获取意义过程中的取向即是维持一个参照点；反之，普查的取向采取开放式搜索，则选择搜索可能性视域。"① 两种方式可为我们建构富有想象的教学提供启示，选择何种构建方式要视教学想象的具体情况而定。教学想象的生成机制问题旨在探讨教学系统内想象的生成原理以及各要素之间相互作用的关系。在此以"问题"为参照线索，围绕教育领域的想象机制问题，从教学想象的触发、运作以及丰富三个方面分析教学想象的生成机制问题，以更具逻辑性的方式分析教学想象的运行原理。

一 教学想象的触发

"触发"意思是触动引发、"缘事而发"②，因受到触动而引起的某种反应，只有当人的内心受到某种"物"的刺激或触发，有所感动，灵感才能洞见。由于这里是论述教学想象的生成机制，因此，在阐述"教学想象的触发"时重点需要分析的是"触发机制"问题，"机制"一词的解释在本研究前面已有论述，在此不再赘述，将其与"触发"结合成"触发机制"就是分析触动引发教学想象的原理。目前，关于触发机制的概念尚未达成一致的说法，

---

① ［美］朱迪思·朗格：《想象知识：在各学科内培养语言能力》，刘婷婷译，上海教育出版社2015年版，第31—32页。

② （汉）班固：《汉书·艺文志》，浙江古籍出版社2000年版，第596页。

也存在多种不同的解释。但从总体上看，比较普遍的认识认为，"触发机制就是一个重要事件，该事件把例行的日常问题转化成一种普遍共有的、消极的公众反应"。或者说是指"人们在一段时期内都面临相同的，并且迫于面对而又无法解决的难题，从而产生对社会制度和经济制度以及经济社会秩序的不满，导致潜在的公共政策议题客观存在，随之引起触发事件，使得公众共有的和消极的反应成为政策选择的条件和基础"①。"触发机制"多用于公共政策的分析，引用到教学领域中，具体是关于教学想象的触动引发原理的探讨。美国政策制定专家拉雷·N. 格斯顿认为，"重要事件对政策议程有重要影响，而一种触发机制就是一起重要的事件，要使这起事件把一种消极状况催化成要求变革的政治压力，最终产生政策议题，前提是其达到触发机制的阈限，影响触发机制阈限的主要因素是范围、强度和触发时间"②。皮武认为，"范围，即受触发机制影响的人的数量；强度，即公众感觉的事件的强度；触发的时间，即一些重要的时间展开的时间段，有些事情很快广为人知，而另一些时间要经过一段酝酿过程"③。

据此，教学想象的触发机制的探讨还涉及三个重要的问题：触发的范围、触发的强度以及触发的时间。首先，在教学系统内建构、激发想象，有多少参与者被感染、触动引发自身的想象？极个别，大部分，还是全体参与者？这就是触发机制所说的触发范围；富有想象力的教学往往会引发所有参与者的深度想象，当众多参与者的想象发生碰撞时会继续产生更高层次的想象，也就是引发深度教学。相反，教学想象并没有引起他者的想象产生，甚至引起少部分人的想象，这样的教学是缺乏想象的。其次，触发的强度，教学系统内激发想象时引起他者的想象的强度，也就是他者受到感染的程度；当想象能促使参与者发生深度想象并使其有所创生，产生了较高的教育价值，那么这就是富有想象的教学，反之，教学想象的触发强度较弱，则教学想象力较低。最后，触发的时间，也就是在教学系统内所建构的想象在什么时间段内能触动他人产生新的想法，是即刻，还是 10 分钟内？抑或是教学活动过去一段时间才会触动他人产生新的想法。无论是即刻引发想象抑或是过去一段

---

① 张勇：《中国就业制度变迁与公共政策选择》，江西科学技术出版社 2007 年版，第 112—113 页。
② ［美］拉雷·N. 格斯顿《公共政策的制定：程序和原理》，朱子文译，重庆出版社 2001 年版，第 25 页。
③ 皮武：《生成之魅：大学课程决策实地研究》，吉林大学出版社 2013 年版，第 180—181 页。

时间才会有后续的想象产生，均会使其产生想象，原因是想象具有个体性，被触发者的知识经验、认知发展水平等因素也会影响触发的时间，如果教学过程即刻触动想象的产生，那么说明引起想象的触发物较敏感、恰当。这些均是教学想象触发无法避免的前提问题，事实上，教学想象的触发更为重要的问题是，到底哪些因素触发教学想象的产生。本书认为较为重要的主要有好奇心触发、认知倾向触发、情绪情感触发、目标触发与审美触发等。

（一）好奇心触发

"疑问与好奇心"是个体想象力的开端，"好奇"引发想象，"疑问"推动想象。在教学中"疑问与好奇心"往往通过"问题"呈现出来，如果"问题"得到教师或同伴的积极回应和解决，就会形成一种正强化从而进一步激发学生的思考，还会再一次引发学生或其他同伴甚至是教师的提问和想象，如此循环构成网络化思维。因此，"好奇心"成为建构想象的关键。这一过程表现为在想象意识的指引下合理运用已有的知识经验，以问题为中心引发一系列联想构成网络化思维使教学想象得以触发。教学想象是动态、变化的，其间我们通过各种经验材料、问题、预想、思考并判断反思来填补不断变化的想象空间，以不断完成教学想象。其中，问题的引导可拓宽师生对教学材料的理解，使想法更为全面翔实，师生结合已有的知识经验将相关的细节串联起来，以建立一个更加紧密且连贯的想象。然而"问题"应是教师协助下的提问，相比较而言，教师具有丰富的教学经验，专业化程度高，具备较强的分辨、推理能力，而不是随心所欲、漫无边际的提问。缺乏适切问题的引导与激活，教学想象必然是胡思乱想，或生搬硬套已有的知识经验，教学想象的灵感也就难以产生。

（二）认知倾向触发

马克思认为："人们自己创造自己的历史，但是他们并不是随心所欲地创造，并不是在他们自己选定的条件下创造，而是在直接碰到的、既定的、从过去承继下来的条件下创造。"[①] 同样，想象并非凭空产生，它具有一定的认知倾向，是建立在一定经验基础之上的，缺乏经验的凭空想象也是很难实现的。当新的知识经验与头脑中已有知识经验相似程度较高，这就会引起个体"认知聚类"，也就是说相同类型的认知经验会快速在头脑中建立某种联系从

---

① 《马克思恩格斯选集》第1卷，人民出版社2012年版，第669页。

而丰富表象，促成想象的产生。这就好比，当遇到我们自己熟悉的认知领域，自然会即刻引发我们产生更深远的想象。

教学想象具有历史的既定性，不是空想象，而是需要以先前的认知经验为中介引领想象实现积累与超越。教学想象不是隔岸观虎斗，而是教师要真正参与"斗争"之中，凭借自己的经验使理想与现实得以沟通。经验是依靠长期积淀而生成的，尽管积累的丰富经验也不一定能推知未来，但经验具有无限开放性，在教学与师生的交互"斗争"中，可以获得最深刻的教学体验。教师应构建多方面的认知情境以使它们能在学生身上唤起期望的经验，又要努力使经验多样化，这样才能尽可能为全班学生提供有意义的知识经验。当新经验与头脑中的已有经验高度吻合时，已有的记忆、经验和师生活动全部调动起来，就会产生灵感，生出新的活动，上出富有想象的课。可见，丰富认知经验，为想象拓宽视域显得极其重要。

（三）情绪情感触发

在教学系统中，情绪情感是诱发想象产生的另一重要的机制。当个体对某一事件、某一情境甚至是某一事物特别感兴趣、异常着迷时自然会引起想象的产生。例如，在课堂教学中，在教学活动开始，教师发挥想象运用与教学内容相关的幽默笑话或是学生感兴趣的童话故事来引导教学，使教学自然地推演，那么在教学初始阶段，学生的注意力、想象力、思维活动等就会被吸引过去，不是由于教学本身引起了学生的想象，而是幽默笑话或是童话故事，这里的"幽默笑话或是童话故事"则成为一种情绪情感的载体，学生基于幽默笑话而情绪高涨，因童话故事而产生深刻的情感体验，自然会引发其产生一系列的想象。尽管想象的产生多数是自然而然的过程，但还是需要一定的触发机制，有了触发物更能使教学想象变得深刻、自然。需要指出的是不仅积极的情绪情感会引发学生的深刻想象，消极的情绪情感同样也会引发学生的想象。比如，《卢沟桥烽火》一文中表达的是对日本侵略者的憎恨以及对战士的赞美之情，这种厌恶憎恨之情依然会引发学生的想象，激发学生不忘国耻、振兴中华的责任感和使命感。情绪情感在教学想象的建构中具有重要的引导作用。

（四）目标触发

在教学系统内构建想象是基于一定的目标或期望而引起想象的发生，这些目标或期望是一种"外力"。想象的产生是在外力的作用之下而生成的。教学活动开始前，教师在备课时就要确定相应的教学目标，对教学活动产生一定的期望，这里的教学目标就是触发想象产生的一个诱因。教师基于教学目标对学生提的问题，甚至布置的作业均是诱发学生产生想象的根源。再比如，教师在教学中发出的一些指令，让学生基于课文的中心思想，想一想，如果你是主人翁，你会怎么办？或者让学生续写课文等一系列的问题均是引导学生产生深度想象的重要诱因。这意味着，教学系统内不仅有主动的想象存在，还有被动的想象存在，主动想象发生的过程是自然而然的过程，但是被动的想象就需要一定外力助推，并非所有的想象都是自然发生的过程，这就需要教师根据具体的教学情境适当地引导，适度地诱发教学的想象。

（五）审美触发

欣赏美是人类与生俱来的本能活动，美的事物总能引发人产生无限的想法。课堂教学中存在诸多艺术性的活动，均能引发想象的产生。富有想象的教学会促成教学美，使教学令人着迷，让人向往，而令人着迷的课堂也一定是让人心动、触及心灵甚至超乎想象的，它以独特的审美价值使教学具有艺术性，从而为教学增魅，这样的教学也一定如同磁场一般吸引人。美的教学为想象提供了感知素材。兰克福德（E. Louis Lankford）教授说："教师决定着将美学引入课堂，他必须在教学中大胆设想、全面安排，并愿意接受课堂对话所固有的挑战，当理想的教学设计和严酷的教学实际相互碰撞之时，定有无限惊喜和挫折，但随之而来的兴奋和回报使得这种努力是值得的。"[1] 教师大胆设想全面安排教学过程本身就触发想象的产生，当教学变得异常迷人，更会带给人无限的想象，整个过程是一种视觉上创新与思维上的创造。由美的教学所诱发的想象是一种本能的反应。

二　教学想象的运作

"运作"即操作，教学想象的运作主要是阐释教学想象建构过程的原理，也就是教学想象的运作机制问题。想象要基于一定的信息媒介，对于自己从未见过或不曾经历过的事情，硬要其想象也是很难的。借鉴朱迪思·朗格关于想象

---

[1] E. Louis Lankford, "Preparation and Risk in Teaching Aesthetics", *Art Education*, Vol. 5, No. 5, June, 1990, pp. 51 – 56.

的建构方式:"维持一个参照点和探索可能性视域。"① 当面对新问题时,通过开放式搜索来选择可能性视域,使得各种线索均汇集起来,尤其是相关联的线索互相碰撞,收集到了充足的信息,此刻,想象开始建构,处于"想象之内"。而这时想象建构的目的是理解概念或获取信息,也就是朱迪思·朗格教授提出的获取意义过程中的取向即维持一个参照点,参照点意味着要缩小信息的范围,以逐步聚焦到我们要思考的问题上去,以便能过滤掉一些不相关的信息,即通过该参照点聚焦想象,同时才能使得我们所思考的问题离中心点越来越近,问题本身变得越来越具体。

以一节阅读课为例,当教师引导学生阅读一篇文章时,教师首先对文章做一简短的介绍,学生会获得对文章大体的感知,包括文章标题、中心等关键点,甚至从文章的开头首段也可获得对文章内容的大致了解,而这一整体的感知则成为学生阅读整篇文章的一个参照点,有了这个参照点学生的想象才能更聚焦。该过程中教师的简短介绍则成为学生构建想象的关键点,亦是教师活化教学内容的起始点。后续随着阅读的深入,学生会产生不同的理解,其表现为想象的不断变化过程,此时教师关于教学内容的活化也一直伴随着学生的阅读,教师以问题为导向,引导教学内容不断演进,随着阅读的不断深入,学生也逐渐摘除模棱两可的信息,继而在脑海中形成关于特定话题或观点的集合。教学处于积极主动建构想象的状态中,整堂课中教学活动与学生的学习任务均是围绕问题、产生的观点以及学生们的理解进行的,教学富有想象。然而随着教学的持续展开,想象是动态发展的想象,发展中的想象也在不断建构新的想象。根据新的理解和新的思维方式来思考建构我们的知识与问题,并辅之以先前的知识经验,为想象的延展做准备。

循此,在课堂教学活动中,教师、学生以及教学内容等要素均具有不确定性和潜在发展性,因而,教学想象亦具有动态发展性,通过批判已有的教学想象,在教学活动已有的想象基点上借助问题的引导和启发、经验资料的补充与完善,进一步发挥教学的想象力,促使教学想象的品位提升。再次回到阅读课的例子上,已有的教学想象是基于文本表面而产生的想象,当学生在教师富有想象的引导、启发下对文章整体有了感知、理解之后,教学活动

---

① [美]朱迪思·朗格:《想象知识:在各学科内培养语言能力》,刘婷婷译,上海教育出版社2015年版,第31—32页。

随即进入较深层次的阅读阶段即推翻已构建起的教学想象，为的是引起新的思考。作为教学的关键主体，教师和学生之间的互动性则成为建构想象的关键，教师需要以问题为线索，搜索可能性视域拓展想象的时空，师生间或提出问题，引领学生的思维不断向问题中心聚焦，以建构教学想象活动。这一教学想象的运作过程就想象本身而言属于一个循环往复的过程，但是就教学过程而言，却成为推动教学前进的动力机制。质言之，教学想象的运作主要依靠"问题"，在教学想象的生成过程中"问题"起着重要的作用，是推动教学发展和教学想象深化的关键，也是推动思维活动的重要源泉。因此，课堂教学中的问题设定是教学想象运作的关键。

三 教学想象的丰富

随着社会的发展进步，人类认知水平逐步提高，想象力也在不断提升，开始变得拥有特定的目的抑或符合特定的条件，这也就是所谓的"高级想象力"。黑格尔说，"轻浮的想象力决不能产生有价值的作品"[①]。想象力的高低影响教学的价值，在教学实践过程中教师经验的丰富程度以及对教学内容理解的深浅均是促进教学想象升华的关键。依据教学想象的基本逻辑阐释，教学想象不应只是高于技术手段而转换成一种教学想象思维方式，还需要进一步超越以达成教学智慧，这就需要不断提升教学想象的品位，从而凸显教学想象力，为培育教学想象锦上添花。因此，教学想象的丰富机制也就是如何升华教学想象、提升教学想象的品位的问题。想象的丰富性有赖于所见、所闻、所感、所想。由于建构教学想象需要一定的知识经验与认知发展水平，因此，想象的升华与延展，是在想象基础上的递进，此时的"教学想象"是想象基础上的再次想象，是在批判反思的基础上有了新的想法，我们的思维要高于自己的想象，从而辩证地看待它们。这一阶段旨在运用想象促进知识的发展。恩格斯说："我们每走一步都要记住：我们统治自然界，决不像征服者统治异族人那样，决不是像站在自然界之外的人似的，——相反地，我们连同我们的肉、血和头脑都是属于自然界和存在于自然之中的；我们对自然界的全部统治力量，就在于我们比其他一切生物强，能够认识和正确运用自然规律。"[②]

---

① 朱光潜：《朱光潜全集》，安徽教育出版社 1990 年版，第 344 页。
② 《马克思恩格斯选集》第 4 卷，人民出版社 1995 年版，第 383—384 页。

因此，我们在运用想象的时候不只是要提升想象的品位，还要努力超越想象，使得想象能产生新知识。也就是说，此刻的想象是从一个发展的充分的想象，过渡到另一个新构建的想象，为了实现这一过渡，我们需要借助朱迪思·朗格教授提出的"维持一个参照点"，即意味着要缩小信息的范围，挑选出核心概念，建立关联，发现新的知识，构建新的想象。

回归到课堂教学活动中，意味着教师要引导学生建立一种新的想象，并且学会利用想象生成新的知识，使教学想象获得发展。教学想象的动态发展性为此提供了契机。当学生发挥想象将文本回归到特定的背景中时，学生的想象已获得充分的发展，如前所述，运用想象不只是要提高想象的品位，还应超越想象，使教学过程获得升华，使教学更有魅力。因此，富有想象的教学活动应引导学生走出文本自身，结合时代情境，与已有想象建立关联，获得情感的共鸣，提炼出新的知识，教学想象得到充分发展，并过渡到另一种新的想象，也就提高了教学想象的品位。教学想象品位的提升给培育教学想象提供了张力，除了应观照教学想象的经验、问题等，做到不断丰富教学经验、不断提升课堂提问水平，以及不断深化教学想象思维等，还要运用教学评价对教学实践做出的价值和事实判断，以更好地改进教学实践。对于教学想象而言，要提升教学想象水平还需通过多样化的教学评价对教学想象的经验、问题等做出判断并加以改进。唯其如此，才能不断提升教学想象的品位，将师生带入更深层次的教学境遇之中，以凸显教学想象力。

第三节 教学想象的保障机制

教学想象的机制问题旨在阐明教学想象的激发、建构原理，通过分析教学想象机制的理论可为一线教学实践者提供一定的理论指导，教学想象的保障机制属于实施教学想象的外在机制，是继教学想象的影响机制与生成机制之后，必须要探讨的关于教学想象机制的又一重要的问题，也是教学想象理论研究必须面对的问题。教学想象的保障机制实质上是各种教学条件如何在教学系统的整体架构下，各自发挥作用和价值，较为合理地形成教育合力以促进教学想象的形成。由于教学想象的建构需要多方面因素协同作用而形成，因此，一定的保障机制还是必要的。从教学活动本身的角度来看，社会的发展和教学活动所形成的制度体系对已有教学活动的影响颇深，这就意味着教学想象的激发与建构是囿于整个社会的发展和学校教学制度规范下的学校教学活动。若从想象的微观领域分析,想象的实施受制于感知力、记忆力、思维力、洞察力、创造力等素质的影响。

一 实施教学想象的制度保障

必要的教学制度是实施教学想象的制度保障,是教学活动顺利实施的必要条件,也是教育活动继续发展的关键。徐继存认为,"教学制度不仅是教学活动的一般前提与外在环境,也是直接地构成教学活动的一个重要内生变量,所以,为了保证教学活动的为人目的的达成,促进教学事业的健康发展,就不能不安排教学活动的结构方式,制定相应的组织规则,来规范教学活动"①。鉴于当下教学的现实,"唯分数论"的教学观念深入人心,教学活动大部分是围绕未来的高考,为高考做准备,因此,将教学想象融入教学中,难免会让人担心会不会影响教学质量,左右学生的成绩。没有制度保障的教学想象难以深入落实,教学想象的实施过程也会出现较大的随意性,从而会更加使人焦虑并怀疑教学想象对学生考试成绩是否有影响。由于制度本身具有一定的稳定性和规约性,因此,教学制度也就成为教学想象得以顺利实施的基本保障。教学中根据已有的教学目标,选择适当的教学方法,在适当的时机给学生留有想象的空间,同时也给教师自己留下想象的空间以创生教学,这是教师不得不面对的基本问题,也正是教学制度的基本作用所在。一定的教学制度能促使教学想象坚守最基本的底线与规则,在一定程度上也抑制了在建构教学想象时可能会出现的任意行为或不规范的方式。教学制度并非绝对的准绳,正如约翰·罗尔斯所言:"制度是一种公开的规则体系,这一体系确定职务和地位及它们的权利、义务、权力、豁免等。"②制度具有一定的规则,对活动本身是一种约束,同时也是活动应该遵循的准绳,它能提升活动本身的效率,尤其对于具有高度制度化的教学活动而言,更是如此。王策三认为,"在任何正规的学校教育中,由师生共同建构的教学共同体,教学制度则明确区分了共同体中主体的权利、权力、义务及其地位,它体现了基础教育阶段

---

① 徐继存:《教学制度建设的理性与伦理规约》,《西北师大学报》(社会科学版)2006年第3期。
② [美]约翰·罗尔斯:《正义论》,何怀宏、何包钢、廖申白译,中国社会科学出版社1988年版,第50页。

教学活动的本性，遵从了教学的基本规律，也凸显出教学活动的特殊性"①。因此，如果教学想象能在教学制度的框架下，发挥其应有的教学价值和作用，不断提升教学品位，那么，这种教学制度就是教学想象应该遵从的。

然而，我们也应该清醒地认识到，任何事物均具有两面性。我们要遵循辩证法的观点，理性地看待教学制度。"辩证法在对现存事物的肯定的理解中同时包含对现存事物否定的理解，即对现存事物的必然灭亡的理解……辩证法不崇拜任何东西，按其本质来说，它是批判的和革命的。"② 教学制度在给教学想象提供必要保障的同时，在某些情况下也会限制、束缚教学想象的实施，使得教学想象呈现机械化、模式化的情况。参与建构教学想象的主体由于受制于教学制度，本身就压抑了教学活力的释放，这就使得教学想象出现无法避免的消极作用。然而，谈到教学制度的消极作用并非全盘否定教学制度，它毕竟有其合理性存在，只是我们要理性地分析和思考，以便我们在实施教学想象时能让教学制度发挥其最大的价值。因此，我们要承认教学制度不是全能的，它有一定的价值，同时也存在不合理之处，依靠现有的教学制度，在激发、建构、运行教学想象时既要体现参与者的积极性、主动性及教学制度的必要性，又要注意教学想象运行过程中的规约性。既要注意教学想象的发散性，又要注意参与者的独特性所导致的教学想象的个体性，同时还要注意教学活动的预设性与想象的生成性。一方面，教学想象存在较大的不确定性，因此，教学制度与教学想象要因地制宜，量力而为，切不可"一刀切"，一定要基于教学的实际情况在教学制度的辅助下更好地发挥教学想象的最大价值。另一方面，要注意在用教学制度规约时，考虑师生的生活经验、学习经验的积累情况，使得教学制度下的教学想象走向深度想象。

二 实施教学想象的素质保障

教学想象属于复杂的实践活动，同时教学想象又是一种集感知、记忆、思维等于一体的教学实践活动，因此，感知力、记忆力、思维力、洞察力与创造力是实施教学想象必不可少的素质保障。

---

① 王策三：《教学论稿》，人民教育出版社1985年版，第118页。
② 《马克思恩格斯选集》第2卷，人民教育出版社1995年版，第5页。

(一) 感知力

感知力是人所独有的特性,感知包括感觉和知觉,感觉能反映物体的个别属性,知觉可以反映物体的整体属性,感知觉敏锐的人能迅速、较强烈地感受到外界所给予的刺激。感知力不仅包括对语言、文字、图形图像的感知,还包括对表情、嗅觉、味觉甚至是心灵沟通的感知。"感知"是"感觉到"或"感受到"的意思。"感",一般指向非对象的或无以言表的东西,"知"则针对对象之物并可以表达出来。就是说,我们看到、听到、尝到、嗅到或触到某物并将其作为真实之物接受下来。这两种语言在表达上各有侧重。方向红认为,"它们的主旨是相通的,感知某物就是在感觉或感受中知道它作为'何物'而存在并认之为真,他认为感知和想象具有很密切的关系,二者互为前提,紧密纠缠在一起,无法严格区分开来,想象是感知的重要组成部分,或者说,想象是感知得以成立的前提之一"①。胡塞尔解释,感知"在黑暗的森林中我们听到沙沙的声响,我们把带来声响的东西立义为'蛇',但当我们走近一些看见它时,我们发现原来是蜥蜴,就是说,我们重新将其立义为'蜥蜴',显然,'我们听到……或看到……',这就意味着我们在立义,感知就是立义,即把意义赋予体验流中的素材,使毫不相干的两者结合在一起,可见,感知就是主体把意义赋予一堆杂多的感觉材料,或者说,让意义对象从感觉材料中'立'起来"②。依此,在教学中建构起想象之前要先通过感知"立义",无论是内感知抑或是外感知,只有将感觉中的意义作为真实之物并接受下来才会有想象的产生。因此,感知力是教学想象得以运行的素质保障。

(二) 记忆力

记忆是一种基本的心理活动,是人脑对经验过事物的识记、保持、再现或再认,它是进行想象等高级心理活动的基础。人脑的记忆容量有限,对事物的识记是有选择性的,会将一些不重要的事情选择性地遗忘,以重新记忆一些重要的事情。想象的产生要以记忆为基础,因为想象要以一定的知识经验为中介,知识经验构成表象从而为想象的建构提供源泉,无论是知识经验

---

① 方向红:《感知与想象的现象学区分——兼谈胡塞尔"先验想象"概念的缺失》,《南京社会科学》2010 年第 10 期。

② E. Husserl, *Die Bernauer Manuskripte über das Zeitbewusstsein*, Husserliana Band XXXIII, hrsg. von R. Bernet und Lohman, Dordrecht/ Boston/ London: Kluwer Academic Publishers, 2001, pp. 173 – 174.

的储存抑或是表象的形成均要依赖记忆。当想象在人脑中建构时需要随时提取所需的某些知识经验，如果没有记忆就无法顺利提取到所需的知识经验，也就无所谓想象的形成。在课堂教学活动中，知识之间的连贯性、逻辑演绎等更需要有记忆。通过接受外界信息，如声音、图像等，经过感知的事物信息传递到头脑中，不断地得到加强并巩固下来，今后在一定的条件下，受到语言、文字、图形等触发，它能够重新得到恢复，其间主要依靠记忆活动伴随着。课堂教学中，当教师呈现某种知识或某一情境时，学生要调动自己的记忆思维，通过搜索记忆中已有的知识经验与特殊的情境状态找到与之相类似的经验，然后建立某种联系，以促进想象的建构，教师通过提出问题，激发与深化学生的想象，使得想象更加丰富多彩。

（三）思维力

按照唯物主义哲学家们常见的说法，思维是"物质——脑的最高产物，通过表象、概念、判断等，来反映客观现实的一种能动的过程"①。按照心理学家们常用的解释，思维指大脑对客观事物的间接的概括的反映及其过程。而现代认知心理学家们，则普遍把思维看成人脑的信息加工活动或过程。② 想象本身就属于一种思维活动，是在记忆表象基础上，经过人脑的诸多思维活动创造出一种新形象的过程，想象的产生始终伴随着思维活动的过程，比较典型的是在数学课堂教学中，我们要学生呈现的几何图形，由物体的二维图形特征表象构思物体的三维形象以及一些四维图形，均是在训练学生的空间思维活动，这一系列的形象思维活动均可激发学生的想象力。想象是创造性思维中一个较活跃的因素，它贯穿于创造性思维的始终，对创造性思维有重要的影响作用。吴献木认为，"想象在创造性思维的准备，即知识的积累阶段起着对知识进行分类储存的功能，在创造性思维的形成，即知识的创造阶段起着对知识优化重组的功能，在创造性思维的可行性论证，即新知识的成熟阶段起着对创造成果进一步补充和完善的功能"③。可见，想象和思维互相依存，想象力的存在依赖较强的思维活动，在教学活动中激发、建构想象是根

---

① ［苏］罗森塔尔、尤金编：《简明哲学词典》，生活·读书·新知三联书店1973年版，第322页。
② 参见丁润生《现代思维科学》，重庆出版社1992年版，第2页。
③ 吴献木：《论想象在创造性思维中的作用》，《湖北经济学院学报》（人文社会科学版）2009年第10期。

本，养成一种教学想象思维并升华成教学智慧才是最根本的目的，所以，思维力是教学想象力的重要素质保障。

（四）洞察力

面对这种复杂性的活动，教师必须及时处理才能为教学活动找到最合适的方向，因而洞察力显得尤为重要。[1]鲁道夫·斯坦纳（Rudolf Steiner）说过："教育的根本目的在于唤醒人们在生命和生活中真正的洞察力和判断力，只有唤醒这种能力，才能走向真正的自由。"[2]"舒尔曼经过30年对教学活动的观察提出课堂教学也许是人类所从事的活动中，最复杂的、最具有挑战性的、要求最为苛刻和多元的、极为微妙、差异性极为细致、最令人忧心的活动。"从心理哲学视角来看，"洞察力就是从无意识变为有意识，就是透过现象看本质，是在实际的相互关系中洞察事物，或是权衡事物的相对重要性"[3]。有研究者认为，"洞察力是指人在复杂情境中敏锐感知各种信息并对其进行分析、判断与反思后发现问题所在的能力"[4]。而想象唯有在洞察的基础上才能进行预设或构想，因此，洞察力是构建想象的关键，洞察力是想象产生的基础。洞察力与想象力关系密切，二者均属于智力活动的必需能力，是相辅相成的。根据吉尔福特的智力三维结构，"洞察力属于聚合型思维，想象力属于发散型思维"[5]。依此，洞察力在教学过程中具有重要的作用，凭借洞察力而非观察力去处理教学活动，可以有效激发学生的想象力。英国教育家邓恩（Dunne，J）认为，"具有洞察力的教师能够观察到情境的重要意义，想象各种各样的可能性，依据教学活动的伦理要求判断应该怎么做"[6]。在教学过程中，我们正是依靠洞察力察觉到教学问题的所在，根据问题引导教学想象，教学洞察力是指通过教师凭借直觉洞察出教学中的问题，是基于现存事物基础而做出的一种直觉判断，从而建构起教学想象。总之，教学洞察力是教学想象力的基础，任何事物唯有

---

[1] 参见［美］帕特森、［美］布莱德《我从彩虹那边来——如何养育0—7岁的孩子》，郝志慧译，天津教育出版社2011年版，第124页。

[2] Shulman, "Professional Development From experience", in S. Wilson, eds., *The Wisdom of practice: essays on teaching learning and learning to teach*, San Francisco: Jossey-Bass, 2004, p. 504.

[3] 赵艳红、徐学福：《论教师洞察力》，《教育研究与实验》2013年第3期。

[4] 肖菊梅、李如密：《教学洞察力：内涵、特征与策略》，《课程·教材·教法》2017年第11期。

[5] Guilford, J. P., *The Nature of Human Intelligence*, New York: Mc Graw-Hill, 1967.

[6] Dunne, J. & Pendlebury, "S. Practical Reason", in P. Gawker, R. Smith & Standish, eds., *The Blackwell guide to the philosophy of education*, Oxford: Blackwell Publishers, 2002, pp. 194–211.

在洞察的基础上才能预设或构想，教学想象力则是教学洞察力的升华，二者缺一不可，共同实施教学活动。可见，教学洞察力是教学想象的重要保障。

（五）创造力

乔纳·莱勒认为，"想象与创造密切相关，创造力来源于我们的想象"[①]。想象是人所特有的创造新观念的一种重要心理活动过程。想象是人们基于已有经验，通过联想对头脑中原有的记忆表象进行改造和重组，从而创造出新的经验形象。想象作为一种特殊的思维活动，是创造性思维形成和发展的基础。好奇心和兴趣作为从事某种活动的心理倾向，能够激发创造性思维的产生，是创造性思维形成和发展的动力。想象不仅可以创造人们未曾知觉过的事物的形象，还可以创造现实中不存在的或不可能有的形象。因此，它具有形象性和新颖性的特点。而作为创造性的核心，创造性思维自然也就离不开想象，想象是创造性思维的基础，是各种发明创造的源泉。[②] 据此，想象力和创造力均属于一种思维活动，二者互为条件、相互影响，想象力的产生有赖于创造力，创造力来源于想象力。在课堂教学中，教师要引导学生大胆想象，给学生留有想象的空间，学生才能有创造力的产生，学生在想象、思考的同时也是在给教师自己留有思考的机会，师生思维的碰撞正是教学创生的契机，这一思维活动的过程也就是想象的激发、建构、实施的过程，学生的想象基于一定的知识经验，学生的知识经验不断地积累，思维活动处于活跃的状态才有利于洞见时刻的产生，洞见来临的时刻也就是创造产生的时刻。由此可知，想象和创造同时伴随着思维活动共同存在于教学活动过程中。需要说明的是，虽然创造的产生不是即时的，但是想象的产生也是需要以创造思维为基础。创造的过程不仅需要想象也需要长期的知识经验的累积。

综合而论，上述感知力、记忆力、思维力、洞察力与创造力均是一种思维活动，它们更多的时候是同时存在教学想象过程中，它们没有严格的界限区分，它们共同成为教学想象激发、建构、运行过程中不可缺少的基本素养，构成教学想象的基本保障。

[①] ［美］乔纳·莱勒：《想象：创造力的艺术与科学》，简学、邓雷群译，浙江人民出版社2014年版，第235页。

[②] 参见张丽华、沈德立《论创造性思维产生的有利条件》，《教育科学》2006年第2期。

第四章 教学想象的调查研究

教学想象本质上是作为一种教学实践活动而存在,伴随着人们对教学观念的转变和觉醒而出现的一种全新的教学实践方式。随着人类对于想象认识的不断深化,关于想象的实践研究则成为必然的转向,尤其是将想象置入教学场域中,关于教学想象的本体澄明与实践观照则成为必不可少的一环。事实上,教学理论源于教学实践,教学理论强大的生命力就在于其对教学实践的指导力,理论在实践的运用中不断深化,实践在理论的指导下不断提升。也就是说,教学理论研究需要人们对于教学活动的认识遵循从理论到实践再到理论的不断推进,而且最终的目的应该是指向教学实践,以改善教学实践活动为根本目的的教学研究才符合科学研究逻辑的思路。因此,教学想象理论对教学想象实践的观照是教学想象研究发展的必经之路,是教学想象问题研究应该坚守的基本立场与品质。观照实践的教学想象研究意味着教学想象研究必须针对教学想象的现状不断地激发、引导、修正,以期实现教学想象的从理论到实践再到理论的过程,以促进教学想象课堂的有效构建,达成理论指导实践,实践服务理论的良性互动,为教学想象的研究提供实践支撑。

第一节 调查方案的设计

一 调查思路的澄清

鉴于教学想象问题研究本身的复杂性,从宏观角度来看,本研究采取"文献分析法"与"田野调查法"。"文献分析法"是指基于文献资料的分析,预测以获得教学想象的现状及未来的发展趋势。鉴于文献资料本身具有一定的时效性,其中许多文献是基于现状而成文,见刊较快,尤其是近年来关于教学想象问题的相关研究在一定时期内反映了一定的研究趋势,通过梳理国内外大量的文献资料可获得关于教学想象问题的前沿研究与热点研究,通过研究前沿推测教学想象研究的总体现状情况,提出研究问题。"田野调查法"是指笔者深入教学一线,走进课堂观察、调查、访谈以获取关于教学想象问题的一手资料。

"文献分析法"旨在分析教学想象研究的相关文献,通过梳理国内外关于该问题的研究,总体上把握该问题的研究状况,借助已有研究能更深入地分析教学想象的基本认识问题,包括教学想象的概念、内涵、相关概念的比较分析、分类方式、基本特点、价值、机制分析以及激发策略等理论问题。文献分析过程同时也为教学想象深入实践研究中的问卷设计、访谈提纲的编制以及课堂观察提纲的制定提供了较为翔实的理论依据,从而为深入一线调查研究提供理论支撑。

"田野调查法"主要是针对教学想象研究的现状进行了较为客观的深入了解。主要包括问卷调查、课堂观察、深度访谈。鉴于此,在深入课堂进行调查时随机抽取了江苏省 N 市以及山东省 L 市某些学校,在选取学校时考虑到教学条件、教学水平、隶属城市抑或乡镇的中小学,综合运用了问卷调查、深度访谈与课堂观察法,且通过各种资源诸如网络、个人交际圈等方式搜到了一些教育名家的教学视频,其中包括王崧舟、赵志祥以及薛法根老师的优质公开课视频,还包括一些普通的中小学教师的公开课视频。了解课堂教学实践中教学想象的构建现状,教师对学生想象力的激发、引导情况以及关于教学想象建构的途径与可能遇到的影响因素等。总之,本部分主要是针对想象问题在教学实践活动过程中的实际运用情况的调查,研究中试图基于教学实践归纳并提炼出教学想象实践研究的相关问题,并依据发现的问题,提出若干建议,并将基于实践研究过程中获取的相关策略与建议升华到理论的高度,以实现教学想象研究从理论到实践再回到理论的过程,从而更好地促进教学想象问题的落地。

二 调查方法的确定

遵循教育科学研究的规范,在研究方法上,本书采用理论分析与实证研究相结合、量的研究和质的研究相结合的方法。"质的研究是以研究者本人作为研究工具,在自然情境下采用多种资料收集方法对社会现象进行整体性探究,使用归纳法分析资料和形成理论,通过与研究对象互动行为和意义建构获得解释性理解的一种活动。"① "量的研究（又称为定量研究、量化研究）是一种对事物可以量化的部分进行测量和分析，以检验研究者自己关于该事物的某些理论假设的研究方法。量的研究有一套完备的操作技术，包括抽样方法（如随机抽样、分层抽样、系统抽样、整群抽样）、资料收集方法（如问卷法、实验法）、数字统计方法（如描述性统计、推断性统计）等。"② 为避免选择其中一种研究方法所带来的弊端，本研究采取二者相结合的方式。正如陈向明所言："量的研究的长处恰恰是质的研究的短处，而质的研究的长处恰恰可以用来填补量的研究的短处，在同一个研究项目中使用这两种不同的方法，可以同时在不同层面和角度对同一研究问题进行探讨，可以结合宏观和微观、行为和意义、自上而下验证理论和自下而上建构理论，可以同时收集不同类型的原始资料，为研究设计和解决实际问题提供更多的灵活性，不同的方法之间可以相互补充，共同揭示研究现象的不同侧面。"③

量的研究部分，本书主要采用问卷调查法，问卷调查讲究用数据证明，通过数量特征、数量关系、数量变化，进而去分析、考证、解释并预测教学想象的现状情况以及发展趋势，问卷调查法较为重要的环节是问卷设计和问卷分析，二者是影响量的研究有效性的关键。笔者翻阅了许多国内外关于想象的问卷，均未找到隶属教育领域内的问卷，更没有关于教学想象测试的问卷，多数问卷是关于想象能力的测试，普遍涉及脑科学、心理学以及社会学等，题目通过图形和文字的方式呈现，属于逻辑思维、空间思维能力的测试。因此，本研究只能选择自编问卷。

在质性研究部分，本书主要采取田野研究法。田野研究主要包括课堂观察、深度访谈、教学案例研究法、文献分析法等，田野研究旨在追求情境和证实，具有自然主义的探究特点。通过对相关文献资料做描述性分析、演绎推理以实现研究过程逐渐演化的动态性，采取自下而上的分析方法对资料进行分析，该研究方式较为重视研究关系。深入课堂教学一线进行田野研究工作，能在较微观的层面对中小学教学想象运用现状进行深入细致的描述与分析，以获取较真实可靠的资料，真实地反映出中小学课堂教学想象建构方面

---

① 陈向明：《质的研究方法与社会科学研究》，教育科学出版社 2000 年版，第 12 页。
② 陈向明：《质的研究方法与社会科学研究》，教育科学出版社 2000 年版，第 10 页。
③ 陈向明：《质的研究方法与社会科学研究》，教育科学出版社 2000 年版，第 472—473 页。

存在的问题，对于进一步揭示教学想象的影响机制、运行机制是非常有效的。其中，课堂观察法是指笔者深入一线课堂教学观察教师在教学中建构、实施想象的现状情况。进入课堂观察时首先选好观察点，做好观察记录，并在观察的基础上进行深度访谈。深度访谈是定性研究较为常见的一种方法，通过与研究对象面对面交谈，获取教学背后的问题和一些较为复杂的细节问题。由于教学想象研究不仅包含教师在课堂教学中的想象，还包括在教学活动开始前利用想象设计教学活动，教学活动结束后运用想象对教学活动的评价以及对教学活动的未来进行预测，所以，使用问卷调查法并辅之以深度访谈法是较完整、合理的研究方式。

三 调查工具的设计

根据研究问题的实际需要，本研究采取的调查工具主要有：调查问卷、访谈提纲、课堂观察量表。在文献分析法的基础上，从教学想象的现实状况出发，初步自编了教学想象研究的问卷。首先，请若干量化研究专家检查问卷、访谈提纲、课堂观察量表的编制是否符合规范，是否有科学性，根据专家的意见进行相应的修订；其次，请研究教育想象的专家检查自编问卷、访谈提纲、课堂观察量表的维度划分及语言表述等，根据专家建议进行修订；再次，请教育领域研究专家、学者从教育学视域来检查问卷的维度、深度等问题，结合专家的建议修订问卷，并且请问卷设计专家整体上把握问卷的结构，进行相关的修改；最后，运用 SPSS 软件测试问卷设计的信度、效度，之后做相应的修订。修订之后请部分研究对象进行前测，测试完毕再基于测试结果对问卷进行修订，定稿后再根据测试规则进行大范围的测试。

调查问卷的设计包括三个部分。第一部分是指导语。用于说明该调查问卷的目的以及如何答卷，保证问卷中的题目不含任何个人信息，且仅限于科学研究。第二部分是基本信息。基本信息部分包括性别、年龄、教龄、学历、职称、学校地理位置、学校层次、教师所教学段以及教师所教学科等信息，主要用于后期根据不同维度对数据进行分析。第三部分是教学想象的相关信息。

问卷题目的维度设计从三个方面考虑。第一是了解教学想象意识。包括对教学想象的认识、持有的态度、运用想象的意识。目的是了解中小学教师对教学想象问题的认识及对其所持态度的情况，该维度共有十个题目。第二是检验教学想象能力。也就是关于教学想象的设计，旨在探究中小学教师在整个教学过程的设计中运用想象的效果，是否给教师与学生留下想象的空间，是否有充足的知识经验储备，教学活动开始前教师如何准备教学活动，教学过程中教师如何应对突发的教学情况等问题，该维度有十个题目。第三是测试教学想象水平。意在探究教学实施过程中是如何运用想象的以及运用想象实施教学的效果、水平等问题，该维度也有十个题目。

对于问卷题目答案的设计，本研究采取"李克特量表法"，在使用时要遵循相应的规范，它是评分加总式量表中最常用的一种，它同一构念的项目用加总方式来计分，该量表由一组陈述组成，每一陈述有"非常同意""同意""不一定""不同意""非常不同意"五种回答，分别记为1、2、3、4、5，每个被调查者的态度总分就是他对各道题的回答所得分数的加总，单独或个别项目均是无意义的，这一总分可说明他的态度强弱或他在这一量表上的不同状态。①

访谈提纲与课堂观察量表的编制主要参照已有访谈提纲与课堂观察量表的基础上结合问卷调查的编制方式不断修订。其中，课堂观察法则更多地采取参与式观察，将自身作为课堂中的成员，尽可能确保中立、客观的情况下参与课堂观察，使被访教师将采访者当成"自己人"，放下心理层面的拘谨，在自然的环境下展现真实的课堂教学情况。需要注意的是做好前期的访谈准备，深度访谈法包括圈定式访谈、推荐式访谈以及追溯式访谈，圈定式访谈是指根据教学想象研究本身的需要，综合考虑已有文献资料的分析整理，在调查开始时预先圈定一定范围的访谈对象；而推荐式访谈是指通过初步的访谈结合文献资料的显示结果，请相关领域的专家推荐部分研究对象进行访谈；追溯式访谈是结合前期的访谈情况，在访谈结束三个月左右时对原访谈者进行追踪访谈。从而使得教学想象的调查结果更加真实可靠。鉴于时间、现实条件等因素，本研究采取三者混合的访谈法。深入课堂进行课堂观察后，接着对该教师进行访谈，访谈问题力求做到通俗易懂，访谈过程中一方面根据提纲中列出的题目与授课教师交谈，尽可能在一种自然状态中从多角度探得被访教师的相关情况；另一方面，基于教师实际的教学问题，随时调整访谈问题，结合当堂课的内容，就被访教师在处理该内容时是否留有想象空间等问题进行访谈。

---

① 参见彭云飞、沈曦《经济管理中常用数量方法》，经济管理出版社2011年版，第220—221页。

四 调查样本的选择

基于教学想象问题研究的实际需要，教学想象问题旨在优化教学活动。因此，对教学活动本身而言，将"想象"融入课堂可为教学锦上添花。鉴于教学的现实情况，尤其是中考、高考指挥棒的作用，部分学校的教师虽有心构建富有想象的课堂，但不可避免被"唯分数论"的教学期待束缚，教学活动被分数牵制着，想象力问题也就被忽略，所以，在调查教学想象问题的现状时，本研究需要澄清调查样本的选择，需考虑到选择学校的问题，该选择什么层次的学校？为什么选择这些学校？还要说明哪种层次学校的教师会将想象真正运用到教学过程中，背后的深层次原因是什么等一系列问题。

基于已有相关文献资料的分析、预测，学生通过"考试改变命运"的心情较为迫切，相应的，教师对于教学更重视的是"成绩"，对于教学改革往往最不放心的是学生的成绩，担心改革之后会降低学生的学习成绩，影响学生未来的中高考，因此，教师表面上支持教学改革，赞同改革有助于提升教学质量，认同构建富有想象的课堂教学对于学生综合素质的提升有着重要的作用，但是在具体的教学实践活动中还是会执着地追求成绩，学生的想象力一直没有成绩重要。综上所述，文章在选取样本时注意到这一点，然而，在课堂中构建想象主要依赖教师。因此，调查和访谈的对象应主要是中小学教师，作为科学研究，理应面向全体教师调查以获取较为客观、公正的调查结果，虽然我们没有能力去做，更重要的是也没有必要去进行研究、调查全体教师，只要从总体中抽出具有代表性的样本即可，因此，本研究量化研究部分采取随机抽样的方法，对于质性研究则采取目的性抽样的方法。总体上讲，本研究采用分类抽样和单纯随机抽样相结合，也就是从整体上先按照一定的标准分类或分层，然后再按照一定比例从各类各层中抽取具有代表性的研究对象。本研究中将研究对象按照性别、教龄、学历、职称、教师类型进行分类，涵盖所有的科目，对于中小学校的选择，将其分为三个层次，分别考虑教育质量较高的地区、教育质量相对较低的地区以及教育质量相对一般的地区。在抽样时，尽量做到在性别上男、女基本均衡，教龄上老、中、青搭配合理，此外，农村、乡镇、城市相互兼顾，但是在实际的调查中，中小学教师中男教师的实际数量远远少于女教师，所以，除了性别上由于现实情况无法做到基本均衡，其他方面基本是合理分配抽样的。

第二节　调查资料的收集与数据处理

本研究对一线教学中教学想象的运用情况进行了课堂观察、问卷调查与深度访谈。自博士学位论文开题结束后，笔者便深入一线教学进行观察，经过长期的课堂观察与深度访谈，结合已有的文献资料，编制并反复修改了调查问卷、修订了访谈提纲与课堂观察量表。下面主要对调查问卷进行分析。前期测试经过不断修订，问卷确定 30 个题项，共发放调查问卷 200 份，回收有效问卷 197 份，问卷回收率 98.5%，符合回收率要求。接下来是对自编问卷的数据进行统计与分析，为了使调查数据更具说服力，本研究借助 SPSS21.0 软件进行统计分析，对问卷做了前期处理。

一　项目分析

项目分析的主要目的在于检验编制的量表或测验个别题项的适切或可靠程度，它与信度检验的差异在于信度检验是检验整份量表或包含数个题项的层面或构念的可靠程度。"项目分析的检验是探究高低分的受试者在每个题项的差异或进行题项间同质性检验，项目分析结果可作为个别题项筛选或修改的依据。"[①]

首先，对自编问卷做项目分析前要检查键入数据有无极端值或错误值出现。本研究采取的方式是执行描述性统计量。由于"教学想象运用现状调查问卷"采用李克特五点量表式填答，每个题项的数据只有五个水平：1，2，3，4，5，小于 1 或者大于 5 的数值数据均为缺失值或错误值。据此，可从各题的描述性统计量中，查看数据的最小值与最大值是否超出 1 和 5 两个极端值，SPSS21.0 操作显示，极小值与极大值均未超出 1 和 5 两个极端值，说明数据键入无误。

其次，在检查完量表数据输入无误后，需要处理的是反向题目的计分问题，反向题计分刚好与正向题题项相反，如果未将反向题重新编码，则分数加总会出现错误。"教学想象运用现状调查问卷"的回答选项为：非常不符合、不太符合、不确定、基本符合、非常符合，选项计分分别给予 1，2，3，4，5，受试者在量表的得分越高，表示教学想象情况越好。该问卷共 30 道题项，题项的变量分别以 t1, t2, t3……t30 表示，其中，t1, t3, t5, t15, t17, t19, t20 共 7 个题

[①] 吴明隆：《问卷统计分析实务——SPSS 操作与应用》，重庆大学出版社 2010 年版，第 158 页。

项为反向题，如果受试者勾选非常不符合 1，表示其教学想象力最高，计分时应是 5 分而非 1 分；相对的，如果样本在此 7 个题项勾选的选项为"非常符合"，表示受试者教学想象力最低，其计分时应是 1 分而非 5 分。因此，其反向题重新编码计分为（旧值→新值）：1→5、2→4、3→3、4→2、5→1。一个量表中最好能编制一到三道反向题，以测知受试者的填答效度，例如，量表中的题项"5. 如果学生回答错了，我会直接告诉他们答案，以节约时间"及"7. 当学生屡次不明白我所讲授的内容时，我会引导学生思考，而不会直接告诉学生正确的答案"为例，若受试者填答均为"非常符合"或均为"非常不符合"，表示受试者填答此份量表的可靠性值得怀疑。

再次，对"教学想象运用现状调查问卷"30 道题项的加总，以便进行高低分组，求得高低分组的临界分数。经过 SPSS21.0 软件操作后，数据文件会依总分变量"参与—总分"由小至大排序，鉴于全部受试者有 197 位，27.0% 的受试者等于 53.19，则临界点的观察值为 53，此时记下第 53 位受试者的分数（108），同样，数据文件会依总分变量"参与—总分"由大至小排序，此时第 53 位分数为 121，则上述高低分组的临界值分别为 121、108，表示教学想象运用现状量表总分在 121 分以上者为"高分组"、教学想象运用现状量表总分在 108 分以下者为"低分组"。以此临界值为依据将原始数据文件重新编码成不同变量。108 分为低分组（第 2 组）、121 分以上为高分组（第 1 组），新增组别的变量为"参与—组别"，变量水平为 1、2，水平值 1 注解为"高分组"、2 为"低分组"，其分组后所产生的相对应的次数分布表结果如表 4-1 所示：量表测量值总分在 121 分以上者（水平数值编码为 1）有 54位、量表测量值总分在 108 以下者（水平数值编码为 2）有 54 位。缺失值 89为测量值总分介于 109 至 120 的观察值。

表 4-1　　　　　　　　参与—组别表

		次数	百分比（%）	有效百分比（%）	累积百分比（%）
有效的	高分组	54	27.0	50.0	50.0
	低分组	54	27.0	50.0	100.0
	总和	108	54.8	100.0	
缺失值	系统界定的缺失	89	45.2		
	总和	197	100.0		

复次，进行项目分析还有一个关键的环节是独立样本 t 检验，即在检验高分组、低分组在每个题项测量值得平均数的差异值是否达到显著（$P<0.05$），以了解样本在教学想象量表各题项平均数高低是否因组别（高分组、低分组）的不同而有差异。进行独立样本 t 检验前要先做一个高分组、低分组的组统计量。如表 4-2，以题项 t1 为例，高分组的平均数为 4.31、标准差为 0.820，低分组的平均数为 4.11、标准差为 0.945，两组的平均数差异越大，其差异值越有可能达到显著。其中，高分组的观察值有 54 位，低分组的观察值 54 位，在组别人数的分组上，高分组与低分组人数各占有效预试样本人数的 27%，因此，两组的个数相等。

表 4-2　　　　　　　　　　组统计量表

	参与—组别	N	均值	标准差	均值的标准误
t1	1.00	54	4.31	.820	.112
	2.00	54	4.11	.945	.129
t2	1.00	54	3.26	1.362	.185
	2.00	54	2.81	1.199	.163
t3	1.00	54	4.07	1.025	.140
	2.00	54	3.70	.743	.101
t4	1.00	54	4.80	.626	.085
	2.00	54	3.52	1.023	.139
t5	1.00	54	4.43	.860	.117
	2.00	54	3.26	1.231	.168
t6	1.00	54	4.13	.870	.118
	2.00	54	3.57	.964	.131
t7	1.00	54	4.72	.811	.110
	2.00	54	3.52	.947	.129
t8	1.00	54	4.19	.803	.109
	2.00	54	3.13	.891	.121
t9	1.00	54	4.61	.596	.081
	2.00	54	3.31	.907	.123

续表

	参与—组别	N	均值	标准差	均值的标准误
t10	1.00	54	4.28	.834	.113
	2.00	54	3.15	.979	.133
t11	1.00	54	4.43	.633	.086
	2.00	54	3.19	.933	.127
t12	1.00	54	4.44	.604	.082
	2.00	54	3.13	.912	.124
t13	1.00	54	3.80	.855	.116
	2.00	54	2.78	1.110	.151
t14	1.00	54	4.50	.637	.087
	2.00	54	3.67	.801	.109
t15	1.00	54	2.83	1.225	.167
	2.00	54	2.69	.865	.118
t16	1.00	54	4.35	.781	.106
	2.00	54	3.78	.816	.111
t17	1.00	54	4.20	.959	.131
	2.00	54	3.33	1.082	.147
t18	1.00	54	4.72	.452	.062
	2.00	54	3.85	.627	.085
t19	1.00	54	2.63	1.033	.141
	2.00	54	3.19	1.011	.138
t20	1.00	54	3.78	1.192	.162
	2.00	54	3.30	1.039	.141
t21	1.00	54	4.15	.899	.122
	2.00	54	3.11	.925	.126
t22	1.00	54	4.80	.407	.055
	2.00	54	3.33	.890	.121
t23	1.00	54	4.76	.473	.064
	2.00	54	3.56	.839	.114

续表

	参与一组别	N	均值	标准差	均值的标准误
t24	1.00	54	4.63	.525	.071
	2.00	54	3.39	.899	.122
t25	1.00	54	4.63	.623	.085
	2.00	54	3.17	1.005	.137
t26	1.00	54	4.57	.662	.090
	2.00	54	3.28	.960	.131
t27	1.00	54	4.67	.476	.065
	2.00	54	3.52	.795	.108
t28	1.00	54	4.80	.407	.055
	2.00	54	3.83	.720	.098
t29	1.00	54	4.61	.656	.089
	2.00	54	3.63	.875	.119
t30	1.00	54	3.78	1.160	.158
	2.00	54	3.37	1.233	.168

表 4-3 为独立样本 t 检验的统计量，在 t 统计量的判别上，要先判别两组的方差是否相等，"方差相等的 Levene 检验"栏用于检验两组方差是否同质，以 t4 为例，依变量而言，$F = 17.630$，$p = 0.000 < 0.05$，达到 0.05 的显著水平，应拒绝虚无假设：$H_0: \mu_{x1}^2 = \mu_{x2}^2$，接受对立假设：$H_1: \mu_{x1}^2 \neq \mu_{x2}^2$，表示两组的方差不相等，此时 t 检验要看第二栏中的数值，t 值得统计量为 7.829，显著性概率值 $p = 0.000 < 0.05$，达到 0.05 显著水平，表示此题项的临界比值达到显著。如表 4-3 所示，t1 为例，$F = 0.279$，$p = 0.234 > 0.05$，未达到 0.05 的显著水平，此时 t 检验数据要看第一栏，表示此题项的临界比值未达到显著。

表 4-3 独立样本检验表（置信度 95%，$\alpha = 0.05$）

		方差方程 Levene 检验		均值方程的 t 检验				
		F 检验	显著性	t 值	自由度	显著性（双侧）	均值差	标准误差
t1	假设方差相等	.279	.598	1.196	106	.234	.204	.170
	假设方差不相等			1.196	103.939	.234	.204	.170
t2	假设方差相等	1.397	.240	1.800	106	.075	.444	.247
	假设方差不相等			1.800	104.309	.075	.444	.247

续表

		方差方程 Levene 检验		均值方程的 t 检验				
		F 检验	显著性	t 值	自由度	显著性（双侧）	均值差	标准误差
t3	假设方差相等	3.437	.067	2.150	106	.034	.370	.172
	假设方差不相等			2.150	96.638	.034	.370	.172
t4	假设方差相等	17.630	.000	7.829	106	.000	1.278	.163
	假设方差不相等			7.829	87.791	.000	1.278	.163
t5	假设方差相等	14.761	.000	5.708	106	.000	1.167	.204
	假设方差不相等			5.708	94.767	.000	1.167	.204
t6	假设方差相等	.564	.454	3.145	106	.002	.556	.177
	假设方差不相等			3.145	104.908	.002	.556	.177
t7	假设方差相等	7.107	.009	7.098	106	.000	1.204	.170
	假设方差不相等			7.098	103.555	.000	1.204	.170
t8	假设方差相等	3.009	.086	6.467	106	.000	1.056	.163
	假设方差不相等			6.467	104.861	.000	1.056	.163
t9	假设方差相等	14.518	.000	8.773	106	.000	1.296	.148
	假设方差不相等			8.773	91.558	.000	1.296	.148
t10	假设方差相等	4.728	.032	6.455	106	.000	1.130	.175
	假设方差不相等			6.455	103.370	.000	1.130	.175
t11	假设方差相等	6.095	.015	8.088	106	.000	1.241	.153
	假设方差不相等			8.088	93.214	.000	1.241	.153
t12	假设方差相等	16.534	.000	8.832	106	.000	1.315	.149
	假设方差不相等			8.832	91.983	.000	1.315	.149
t13	假设方差相等	10.734	.001	5.341	106	.000	1.019	.191
	假设方差不相等			5.341	99.514	.000	1.019	.191
t14	假设方差相等	.542	.463	5.984	106	.000	.833	.139
	假设方差不相等			5.984	100.883	.000	.833	.139
t15	假设方差相等	12.148	.001	.726	106	.469	.148	.204
	假设方差不相等			.726	95.335	.470	.148	.204
t16	假设方差相等	.549	.460	3.734	106	.000	.574	.154
	假设方差不相等				3.734	105.789	.000	.574	.154

续表

		方差方程 Levene 检验		均值方程的 t 检验				
		F 检验	显著性	t 值	自由度	显著性（双侧）	均值差	标准误差
t17	假设方差相等	3.201	.076	4.424	106	.000	.870	.197
	假设方差不相等			4.424	104.506	.000	.870	.197
t18	假设方差相等	.085	.772	8.277	106	.000	.870	.105
	假设方差不相等			8.277	96.410	.000	.870	.105
t19	假设方差相等	.106	.745	−2.824	106	.006	−.556	.197
	假设方差不相等			−2.824	105.948	.006	−.556	.197
t20	假设方差相等	1.278	.261	2.237	106	.027	.481	.215
	假设方差不相等			2.237	104.066	.027	.481	.215
t21	假设方差相等	.525	.470	5.909	106	.000	1.037	.175
	假设方差不相等			5.909	105.914	.000	1.037	.175
t22	假设方差相等	54.621	.000	10.985	106	.000	1.463	.133
	假设方差不相等			10.985	74.185	.000	1.463	.133
t23	假设方差相等	20.833	.000	9.180	106	.000	1.204	.131
	假设方差不相等			9.180	83.609	.000	1.204	.131
t24	假设方差相等	21.784	.000	8.759	106	.000	1.241	.142
	假设方差不相等			8.759	85.357	.000	1.241	.142
t25	假设方差相等	15.176	.000	9.092	106	.000	1.463	.161
	假设方差不相等			9.092	88.536	.000	1.463	.161
t26	假设方差相等	12.521	.001	8.171	106	.000	1.296	.159
	假设方差不相等			8.171	94.090	.000	1.296	.159
t27	假设方差相等	16.229	.000	9.108	106	.000	1.148	.126
	假设方差不相等			9.108	86.666	.000	1.148	.126
t28	假设方差相等	4.300	.041	8.555	106	.000	.963	.113
	假设方差不相等			8.555	83.653	.000	.963	.113
t29	假设方差相等	4.077	.046	6.593	106	.000	.981	.149
	假设方差不相等			6.593	98.294	.000	.981	.149
t30	假设方差相等	.885	.349	1.768	106	.080	.407	.230
	假设方差不相等			1.768	105.608	.080	.407	.230

依此，在上述 t 检验的统计量中，除了第 1 题、第 2 题、第 15 题与第 30 题检验的 t 值未达显著外，其余 26 题高低分组平均数差异检验的 t 检验均达 0.05 的显著水平，其中，第 19 题的 t 值虽然达到显著，但其检验统计量甚低（$t_{19} = -2.824$，$p = 0.006$）。如果单从决断值的指标来判定，那么"教学想象运用现状调查问卷"的第 1 题、第 2 题、第 15 题与第 30 题检验必须删除，因为其未达显著性水平，表示题项鉴别度较低，至于第 19 题则可根据题项的总数考虑加以取舍，若是题项总数不多，则第 19 题可以保留，相反，可删除，基于本研究问卷的题量及第 19 题项的鉴别性，本研究除删除第 1 题、第 2 题、第 15 题与第 30 题之外，也删除第 19 题。

最后，项目分析还要做同质性检验。分别计算个别题项与总分的积差相关系数，如果个别题项与总分的相关越高，表示题项与整体量表的同质性越高，所要测量的结果则更为接近。如果个别题项与总分的相关系数未达显著的题项或二者为低度相关（相关系数 $r < 0.4$），表示题项与整体量表的同质性不高，最好选择删除。结果表明，t_1、t_{15} 与参与量表总分的相关系数未达显著水平，t_{19} 与参与量表总分的相关系数为 -0.157，$p = 0.027 < 0.05$，虽达显著水平，但二者相关系数属于低相关，因而，如果从题项与量表总分的相关系数值来检验，第 1 和第 15 题在 0.05 水平上不显著，第 15 题和第 19 题相关系数为负，可以考虑删除这三个题目。

二　效度分析

效度是指能够测到该测验所欲测心理或行为特质到何种程度。本研究的效度分析主要是建构效度（又称结构效度）和内容效度（又称表面效度）。其中，建构效度最常用的方法为因素分析，亦即一种探索性的因素分析方法，旨在找出量表潜在的结构，减少题项的数目，使之变为一组较少而彼此相关较大的变量。经过项目分析程序后删除 $p > 0.05$ 的题目，即删除第 1、2、15、19、30 题，保留剩下的 25 个题进行探索性因素分析。

（一）建构效度

通过抽取测验的共同因素与理论建构的维度相比较，以达到检验测试结构效度的目的。在编制调查问卷时依三个部分：教学想象意识、教学想象能力、教学想象水平，为进一步求出量表的建构效度而进行因素分析，其中，第 3、5 题，第 17、20 题为反向题，项目分析时已反向计分。首先，判定测试题项的整体数据和个别数据是否适合因素分析。KMO 值用于判定整体数据是否适合做因素分析。KMO 值越接近 1，表示整体数据越适合因素分析，通过 SPSS 发现，KMO 指标为 0.877，Bartlett 球形检验统计量为 $\chi^2 = 1951.422$，自由度为 300，$P = 0.000 < 0.05$，达到 0.05 显著水平，整体上较适合进行因素分析。MSA 值用于判定个别题项是否适合投入因素分析。MSA 值类似于 KMO 值，个别题项的 MSA 值越接近 1，则表示此个别题越适合投入于因素分析中；如个别题项的 MSA 值小于 0.50，表示该题项不适合投入因素分析程序。结果显示，题项变量均适合进行因素分析。其次，采取主成分分析法抽取因素，基于前期理论基础及文献探讨，考虑到预设的维度之间的相关性，选择直接斜交转轴法对因子进行旋转。"在统计分析中，因素层面是否加以限制或由计算机自行抽取，这些需要使用者自行考虑，如果早先在题项编制时，使用者已确定量表的层面数，在统计分析时可限定因素抽取的数目，以和文献理论相互配合。"[①] 因此，结合理论建构与预测的结果，本研究设置固定提取 3 个因子数，再次进行探索性因素分析，删除共同性低于 0.2 的题项，删除在两个及以上因素都有较高负荷的题项，即逐个删除 t4、t6、t10，最终保留 22 题，解释总变异量约等于 50%，符合提取后保留解释总变异量标准，题项负荷量全部大于 0.5，共同性均大于 0.2，符合共同性抽取标准，如表 4-4。

表 4-4　　　　　　　　　　探索性因素分析表

序号	因素 1	因素 2	因素 3	共同性
t27	0.811			0.665
t26	0.789			0.658
t24	0.780			0.608
t25	0.760			0.593
t22	0.745			0.623
t28	0.742			0.558
t23	0.729			0.538
t29	0.693			0.496
t18	0.595			0.452

---

① 吴明隆：《问卷统计分析实务——SPSS 操作与应用》，重庆大学出版社 2010 年版，第 208 页。

续表

序号	因素1	因素2	因素3	共同性
t21	0.504			0.371
t17		0.777		0.621
t20		0.713		0.515
t5		0.570		0.446
t3		0.500		0.264
t11			0.734	0.591
t12			0.720	0.550
t9			0.686	0.493
t14			0.639	0.409
t7			0.571	0.388
t13			0.566	0.459
t8			0.535	0.315
t16			0.507	0.286
特征值	6.443	2.105	5.152	

对因素进行命名。因素1的题项来自问卷中"教学想象水平"维度，因素2来自"教学想象意识"维度、因素3来自"教学想象能力"维度。因素1中，基本上都符合问卷最初设计的维度，除t18来自"教学想象能力"维度，其他题项均来自问卷中的"教学想象水平"，与最初的预测一致。教学想象能力主要是关于教学的设计能力，旨在探究中小学教师对整个教学过程的设计是否运用想象，是否给教师与学生留下想象的空间；教学想象水平主要探索教师在教学实施过程中是如何运用想象的以及运用教学想象实施教学的水平情况。然而，教学设计与教学实施过程有时在表达上是无法严格区分的，因为教学设计本就是在教学中实施设计的过程，考察的是设计、实施过程中是否运用了想象，因此，将t18归入教学想象水平中也是合理的。因素2中，t17，t20虽来自"教学想象能力"，实际上对教学设计意图的考察也可作为对教学想象所持态度，教师有无教学想象的设计意图也就是对教学想象意识及所持的态度，因此，将t17，t20归入对教学想象意识及所持态度也是合理的。因素3中，t7，t8，t9本属于"教学想象意识"，但实际上将其归在了"教学想象能力"的维度里，其原因与因素2相同，所以，也是合理的。综上所述，教学想象运用现状各部分的测验具有较好的建构效度。

(二) 内容效度

内容效度主要是指测验或量表内容或题目的适切性与代表性,也就是测验内容能否达到测量的目的。内容效度属于一种命题的逻辑分析,是以题目分布的合理性来判定的。本研究主要基于两个方面来保证内容效度。一是测验试题具有较好的代表性,主要参考了国内外关于想象力、创造力研究的问卷,特别是一些研究人员所设计、修订并经过多次测试,专门用于单纯测试学生想象力的问卷,因此,问卷具有较好的代表性。二是在编制以及不断的修订过程中请教了许多专家学者及一线中小学老师,分别就试题的具体表达方式、整体的维度及试题的取舍等方面做了深度研讨,提出了修订建议。因此,试题具有较好的内容结构。

三 信度分析

信度是指测验或量表工具所测得结果的稳定性及一致性,量表的信度越大,其测量的标准误差也就越小。信度测量包含外在信度与内在信度。外在信度通常指不同时间测量时量表一致性的程度。内在信度是指每一个量表是否测量单一概念,同时,组成量表题项的内在一致性程度如何,内在信度特别重要。鉴于外在信度重在能否将研究结果推广到其他总体条件、时间和背景中的程度,考虑到研究的实际情况及本研究需要,本研究只做内在信度分析。常见的内在信度测量方式有 Cronbach's alpha 系数,常用 α 表示,一般而言,信度系数越高,误差越小,测验结果越一致。通过 SPSS21.0 信度检验得到 Cronbach's alpha 系数的原始信度系数与标准化 α 系数如表 4 – 5。表 4 – 6 显示各分量表信度系数,总量表信度系数为 0.873。总体上来看,教学想象运用现状的调查问卷具有较高的信度。

表 4 – 5　　　　　　　　测验各维度信度统计量表

维度	原始内部一致性系数 α	基于标准化项目为准的系数 α	项目个数
因素 1	0.895	0.898	10
因素 2	0.624	0.622	4
因素 3	0.785	0.787	8
总量表	0.873	0.887	22

表 4-6　　　　　　　　　　测验各维度信度表

维度	内部一致性系数α
因素 1	0.895
因素 2	0.624
因素 3	0.785
总量表	0.873

经过对该测试题项进行项目分析、探索性因素分析以及信度分析，删减部分题目后，最终版的问卷试题剩下 22 题，包含三个维度，各题项分布如表 4-7。

表 4-7　　　　　　　　　测试题结构及题项分布表

维度	题号
教学想象意识	3，5，17，20
教学想象能力	7，8，9，11，12，13，14，16
教学想象水平	18，21，22，23，24，25，26，27，28，29

第三节　调查资料的统计与分析

前期数据进行项目分析、探索性因素分析以及信度检验结果，修订题项最终保留 22 个题项，重新排序后，发放问卷 323 份，回收有效问卷 308 份，问卷回收率 95.4%，符合回收率要求。前期测试计算出探索性因素以及信效度结果均较理想，后期对数据分析的样本量可以将前期的 197 个样本算在一起，本研究的调查总样本量为 505。由于问卷题项设置基于三个维度：教学想象意识、教学想象能力和教学想象水平，所以，后续的数据统计与分析重点围绕这三个维度进行。

一　教学想象运用现状总体情况分析

从平均值来看，问卷总体的均值为 3.83，如表 4-8 所示，教学想象运用现状调查表从低到高赋值"1—5"分，得分越高说明教学想象运用水平越高。

从表 4-8 可知，教学想象运用现状的总体得分均值及各维度得分均值都在 2 和 4 之间，显示教学想象运用现状处于中等水平。

表 4-8　　　　　　　　　　总体样本的描述统计量表

	N	极小值	极大值	均值	标准差	方差
总体样本平均数	505	1.64	4.91	3.8283	.43133	.186
有效的 N（列表状态）	505					

"教学想象意识"旨在调查教师对教学想象的了解、认识情况，在教学中对教学想象所持有的态度等问题。该维度问卷设计中包含的题项有 t1，t2，t11，t13，如表 4-9 所示，该维度总标准差为 1.302，总均值为 2.87，低于问卷总体均值，也是三个维度中最低的，说明教师对构建富有想象的课堂教学持消极态度。

表 4-9　　　　　　　　　　维度一的描述统计量表

维度 1	N	极小值	极大值	均值	标准差	方差
t1	505	1	5	3.08	1.181	1.394
t2	505	1	5	2.75	1.399	1.956
t11	505	1	5	2.87	1.355	1.835
t13	505	1	5	2.79	1.273	1.621
总体	505	1	5	2.87	1.302	1.702

通过访谈发现：首先，教师对教学想象认识不足。教师普遍认为想象力很重要，但是学生的成绩更重要。教师对"教学想象"这个概念非常陌生，只是知道学生的想象力培养问题很重要。鉴于眼前的中考、未来的高考等升学压力，他们无法做到在教学中刻意去培养学生的想象力，更不会有意识去训练、提升自己的想象力。实际上，多数教师并不知道自己的想象力也很重要，例如，当笔者在访谈 L 老师，问到"您有没有想过尝试建构一种富有想象的课堂？"时，L 老师非常惊讶地反问道："教师想象力也很重要吗？教师也要用想象力去上课吗？从来没想过教师还要培养想象力呢，我都一大把年纪了，还能培养想象力吗？"

此前笔者在深入课堂进行深度观察时还遇到一个奇怪的情况，很多教师说："我这节课要上练习课，可能你听课听不到你想要的东西，建议去其他班级听新课。"由于进行课堂观察时遭遇过多次这种情况，所以，笔者就尝试与任课老师协商，以便获得老师的同意去听几节练习课，一方面主要是了解教师的练习课有没有运用想象；另一方面也渴望知道教师的练习课为什么频率如此高，有的学校只在早上和下午第一、二节课上新课，其他时间均是练习课。通过调查发现，所谓的练习课就是讲试题，而这些试题有的是教师出的试卷，有的是学校发的配套练习册，还有的是教师让学生自己买的各类复习资料。教师课前用红笔标出学生做错的题目，在练习课上会让学生改错，针对学生们出错比较多的地方，课堂上会专门讲解，并刻意提醒学生下次考试的时候要会做类似的题目。老师会不断提醒学生该题目的答案、解题思路、知识点等，要求学生要牢记，有时还会教给学生一些记住知识点的方法，几节练习课听下来正如教师所提醒的那样，课堂上除了标准答案，确实没有其他东西。这种调查结果与问卷调查的结果也极吻合。尽管也有老师在与笔者谈话中认为教学想象很重要，甚至比成绩更重要，但是碍于学校和家长的"唯成绩论"，教师表示"无可奈何"，只能附和当前的"教育主流"。

　　其次，教师认为自身想象力有限，学生的想象力也有限。例如，美术老师Z老师对想象力的支持度较高，笔者听完她的课后，Z老师就忍不住滔滔不绝，谈论自己对教学想象的支持，她认为美术课是发挥想象力最好的平台，教师和学生的想象力都很重要，她也刻意去培养自己和学生的想象力，但是能力有限。她说："学生普遍养成一种坏习惯，就是你灌输什么，他们就知道什么，提供什么样的图片，他们就会照着画，从来不会自己根据自己的想象画。有时候，我会刻意引导学生，多提供一些图片，希望能启发学生，引起学生的想象，但是，我错了，学生交上来的作业还是在我所提供的提示范围内，情况比较好的时候会有那么一两个同学发挥自己的想象力去画，对于这类学生，尽管他们画得不怎么好，我也会给一个'优秀'，而且下次课、上课前先对他们大加赞扬，为的是树立榜样，让学生们学习，用榜样的力量鼓励大家。但是事实上，效果甚微。所以，我有时候尝试不提供图片，只是介绍一下大体意思，让学生们自己画，结果，这时候大部分同学就不会画了。实际上，作为老师，我有时候也自己反思，自己的想象力也是极为有限的，这与从小受到的'填鸭式、灌输式'教育是密切相关的，我已经这样了，所以，不希望我的学生们和我一样，但是我却无力改变现状。"该老师的无奈也是很多老师的真实写照，大部分老师在这种情况下选择随波逐流，极少数会尝试运用想象，但是能坚持多久，可想而知。教师的教学被学校的教学进度、家长的分数期望值牵制，教师除了努力提高学生的成绩，也没有其他方法。也许正是因为认识上的不足导致教学想象力有限，致使教学想象力匮乏，这一系列的连锁反应最终影响了师生对教学想象的态度。

最后，不少教师认为外在的支持力度不够，没法构建起富有想象的教学。尤其是经济条件有限的农村、乡镇中小学教学设备较为简陋，除了多媒体外，无法给学生提供想象的素材，这给教师构建富有想象的课堂教学带来困难。农村中小学教师由于自身条件的限制也无法充分利用多媒体给学生展示富有想象的教学内容。例如，Z老师说："你看我们这里条件这么差，家长与学校对孩子的教育也不太重视，尤其是家长不配合、不支持，孩子们回到家，作业完不成，家长也不会督促，老师让孩子补作业，孩子也不补，家长也不管，所以，仅凭教师在学校里管理，确实是能力有限，能教会他们基本的知识就不错了，别说培养想象力了，能保证顺利完成教学任务，跟上教学进度就可以了，构建想象的课堂是不可能的。"对于城市的孩子，老师们认为，教学条件可以，但是学校、家长不支持，他们对孩子的学习成绩特别重视，而学校会抓教学进度，教师普遍认为时间有限，没有时间引导学生想象，光想象会耽误教学进度，影响孩子的成绩，与其如此，还不如想办法提高学生的学习成绩来得实实在在，因为家长认为，只要孩子成绩好就可以。笔者在访谈L市一个较好的中学时，Y老师说："想象力的问题，我们从来没有考虑过，作为班主任，我的任务就是督促学生学习，时时刻刻提醒着他们'中考马上到来'。"Y老师还特意提道："我们学校属于市里较好的中学，我教了20多年中学了，也换过几个单位，绝大多数中学，在初一、初二的时候可能还会有些活动，上课还算正常，但是到了初三就截然不同了，初三会取消一切娱乐活动，甚至连体育活动也只剩下'跑步'，因为中考有800米测试，所以才保留下来，除此之外一切活动都与初三的学生无缘，每天除了上课就是考试，不停地刷题，学生、家长与老师的压力都很大，因为中考会刷掉一部分人，考不上高中就与大学无缘，所以，大家必须努力，学生们每天都会有测试，每周都有小考，每月都有月考，每学期的大考更是重要。"笔者发现，有的教室里贴有学生的考试成绩，上面有排名，每个教室后面还有一个空位置，通过与学生及班主任交流发现，那个位置是班主任的，上其他课的时候，班主任会坐在那里改试卷，为的是"镇压"学生，使学生上课老实一点，有班主任坐在后面，学生们上课会更认真。为了抓成绩，班主任将大量的时间用于督促、管理学生。可见，构建想象的课堂与实际的教学条件及家长、学校的大力支持是密切相关的。教师没有切实地实施教学想象并不只是主观上的不情愿，也有客观上的不允许。而学生对于这一切安排似乎也是很愿意的，通过与几位学生交流，他们说："老师与家长如此对待我们也是为了我们好，我们也很愿意老师逼着学习，并不会反感，学校紧张的学习氛围已经将我们同化了，每天考试也习以为常了。对于想象力问题，没有考虑过，也没有听说过，只知道要好好考试，成绩才是'王道'。"这说明教师与学生对教学想象问题的认识整体上不足，持消极态度，这与以上的问卷调查的数据分析结果是一致的，该结果或许与他们从小接受的教育方式有关。

表4-10　　　　　　　　　　维度二的描述统计量表

维度2	N	极小值	极大值	均值	标准差	方差
t3	505	1	5	4.18	.890	.792
t4	505	1	5	3.74	.839	.703
t5	505	1	5	4.10	.742	.551
t6	505	1	5	3.90	.854	.729
t7	505	1	5	3.97	.855	.731
t8	505	1	5	3.40	1.023	1.047
t9	505	1	5	4.14	.679	.461
t10	505	1	5	4.18	.788	.622
总体	505	1	5	3.95	.834	.705

"教学想象能力"旨在调查教学设计过程中教学想象的运用情况。该维度重点了解教师在设计教学过程中是如何运用想象的以及运用想象设计教学的效果如何等问题。问卷设计包含的题项有t3、t4、t5、t6、t7、t8、t9、t10，如表4-10所示，均值在三个维度中处于中等，与问卷的总均值基本上持平。显示了教学设计过程中教师运用想象的情况较为一般，也就是教学想象力一般。这说明教师尽管受客观、外在条件限制，但还是努力去探究、发现并尝

试运用想象来设计教学。从表中也可看出各题项的均值比较稳定,都在3和4之间,处于中等水平,这也显示了教师在设计教学时被动运用想象的情况也存在,有时尽管是为了提升学生的学习成绩而不是为了激发教学想象力,但想象力对于教学设计的重要性却无法遮蔽。为了使学生更好地理解教学,教师必须运用想象设计教学。正如H老师所说,"我在设计教学的时候也用到过想象,只是我自己不知道这是在用想象,你这么稍微解释一下,我明白了。实际上,对于某教学内容的设计,课前必须预设,如果学生不明白我预设的其中一种方案,我还要准备另一套方案,不然教学无法进行下去,为了使学生理解,我必须借助多媒体、小组讨论法等促进学生的理解"。由于教师本身对教学想象的理解偏差导致教师认为自己没有用想象,实际上,教学设计离不开想象。

  对于教学而言,想象时时刻刻存在着,只是教师由于认知方面的不足没有意识到教学想象问题,也就忽略了对教学想象的建构、培养与激发。通过题项各数据分析结果可知,教师在教学设计过程中的确运用了想象,但是情况较为一般,总体讲,算不上积极运用想象设计教学,只是由于教学本身的需要而使用想象,甚至有时候是迫于无奈而运用想象,因为如果不运用想象设计教学可能会影响教学效果。可见,教学想象本身所具有的对于教师、学生及教学本身的影响均无法呈现出来。它只是满足了教学基本的需要,作为一种技术手段,而无法体现教学想象所达到的智慧层面的作用。这个数据分析结果与大多数教师在访谈中对教学设计所运用想象情况给出的回答基本一致。例如,H老师说:"上课时根本无法自由发挥想象实施教学,一方面要考虑学校的教学进度安排,同时还要顾及学生的考试成绩,一般都是教研组集体备课,集体设计教学,教研组长会统一给我们拷贝教学课件,所有的老师在平行班上课时所使用的课件都是一样的,教师的教学也是按照课件进行,因此,设计教学留给教师的空间较有限,我们根本没有想象的空间。"这是摆在教师面前的现实条件,课件一样就意味着教学设计可发挥的余地有限,哪怕课件做得比较好,也极富想象,但这是将别人的想象强加在教师的课堂上,认真的老师还会看一下课件,并且做适当的修改,大多数教师是直接照着上课,甚至都不提前检查一下课件内容。笔者在与教师交流的时候,当问到,教师对于教研组提供的课件,持什么态度?大部分教师都认为很好,因为省事,甚至可以不用备课,上课的时候直接照着上就可以;极少数教师认为剥夺了自己设计教学过程的权利。也有教师认为,课件做得很漂亮,为我们带来很多想象的契机,提供了想象素材。有一次,笔者在课堂观察时发现教师课件上有一个字与学生课本上的不同,课后与教师交流,教师表示没有注意到与课本上不同,而同办公室其他教师也表示没有注意,没有认真看课件,但是学生也没有发现,因为没有人提出……同时,有教师反思,"现在上课的时候教研组会提供课件,使我们更懒惰了,可能有时候都不备课就直接上,所以,课件带给我们便利的同时也带来很多负面的东西,养成了我们的惰性"。

总体上来看,中小学教师不只是没有想象的空间,更没有想象的时间,他们每天除了繁重的教学任务,最复杂的就是学生管理工作,中小学生属于未成年人,总是出现各种状况,所以,最让老师头疼的就是教学管理,笔者在听课、访谈的过程中,深深体会到教师忙得真是一刻也停不下来,谈及想象,J老师说:"您看,我有时间想象吗?不是这个学生有问题,就是那个学生有事情,还要应对家长,家长经常来学校找老师……总之,在学校里特别忙碌。"对于构建富有想象的教学,教师普遍较为认同并愿意接受,他们十分认可想象对教学的正面积极作用,尤其是能使抽象难懂的数学知识变得通俗简单,但是碍于现实情况,教师确实没有太多的时间和空间去想象,这或许就是教学想象能力较为一般的一个原因。

"教学想象水平"意在检测教师在真正实施教学的过程中运用想象的方式、方法以及达到的水平如何,在教学展开过程中教师如何处理、凸显想象契机,教学想象水平如何等问题,该维度包含的题项有 t12、t14、t15、t16、t17、t18、t19、t20、t21、t22。各题项的均值、方差、标准差见表4-11,相比较而言,维度三的均值是三个维度中最高的,且略高于问卷总均值3.83。显示了教学过程中教师确实运用想象开展教学,只是多数教师可能由于认识方面存在偏差,在心理上不接受,认为富有想象的教学会耽误教学进度,影响学生的学习成绩。

表4-11　　　　　　　　维度三的描述统计量表

维度3	N	极小值	极大值	均值	标准差	方差
t12	505	1	5	4.22	.689	.475
t14	505	1	5	3.71	.910	.829

续表

维度3	N	极小值	极大值	均值	标准差	方差
t15	505	2	5	4.12	.741	.548
t16	505	1	5	4.19	.721	.519
t17	505	1	5	4.12	.738	.544
t18	505	1	5	4.08	.795	.632
t19	505	1	5	4.01	.859	.738
t20	505	1	5	4.22	.661	.437
t21	505	2	5	4.31	.661	.437
t22	505	1	5	4.14	.842	.708
总体	505	1	5	4.11	.762	.587

根据笔者深入课堂观察以及对教师的访谈，可以发现大多数教师认为，想象力是与教学、学习密切相关的，不管什么学科，或多或少都需要想象力，但也有少数教师倾向于想象力存在于艺术学科中，尤其是音乐、体育及美术等学科中，还有一部分老师认为，语文、数学和地理需要借助想象来完成教学活动，尤其是一些诗词、小说及抽象的数学知识等。例如，W老师说："在讲《田园诗情》时，大部分学生都没有见过荷兰的风光，只能根据教师的语言描述，适当提供一些图片，让学生凭借想象去感受荷兰的风光。"还有一些地理知识，地理老师也不可能带着学生亲自去体验祖国的大好河山、天南海北及方圆几千公里的气候等，只能引导学生通过想象感受距离。但是年龄大点的教师对这一观点不太认同，他们认为没有用过想象力来教学，不过，他们也没有表示很反感。事实上，他们也在用想象实施教学，只是自己没有意识到用了想象。但在"我允许学生探究超过我所教学科的范围内的问题"这一点的认识和理解上，个体之间差异较大，52.7%的教师基本上认同这一观点，能以一种开放的、包容的心态接纳具有想象意味的教学内容出现，但是仍有接近10%的老师不确定，还有7.7%左右的老师不同意这一观点，这意味着，部分教师对教学持有保守的态度，但整体上来看还是比较积极的，这一结果充分证明了访谈的结果与问卷调查的数据分析结果基本符合。

接下来，分析问卷各个维度的百分比，维度一"教学想象意识"各题项百分比，如表4-12，其中选择"非常不符合""不太符合"的百分比合计分别为 38.4%，53.7%，47.5%，48.7%；选择"基本符合""非常符合"的百分比合计分别为 43.8%，36.7%，39.4%，33.7%，选择"不确定"的百分比分别为 17.8%，9.7%，13.1%，17.6%，显示了教师普遍对教学想象了解不多，有一部分老师在访谈时甚至直接说："没有听说过教师还要用想象力，还要培养激发教学想象力，只是知道学生想象力很重要，但是并没有刻意去培养学生想象力。"尽管多数教师坦言并没有在教学过程中使用过想象，事实上，有一部分教师由于教学本身的需要运用了想象，但是自己却不知道已经将想象融入教学，也许一方面是由于教师对教学想象知之甚少，另一方面是教师缺乏教学想象意识，过于在意学生对知识的掌握而忽视了能力的培养、思维的养成。

表 4-12　　　　　　　　　　维度一中各题项百分比表

		各题项百分比（%）			
		t1	t2	t11	t13
有效	非常不符合	8.1	22.4	19.0	16.8
	不太符合	30.3	31.3	28.5	31.9
	不确定	17.8	9.7	13.1	17.6
	基本符合	32.7	22.0	25.7	22.6
	非常符合	11.1	14.7	13.7	11.1
	合计	100.0	100.0	100.0	100.0

维度二"教学想象能力"各题项百分比，如表 4-13 所示，其中选择"非常不符合""不太符合"的百分比合计分别为 6.2%，11.1%，4.2%，7.5%，7.9%，22.4%，2.8%，5.0%；选择"基本符合""非常符合"的百分比合计分别为 85.9%，72.7%，87.1%，75.3%，78.2%，50.3%，89.1%，88.1%；选择"不确定"的百分比分别为 7.9%，16.2%，8.7%，17.2%，13.9%，27.3%，8.1%，6.9%，结果显示有 70% 左右的老师会在教学中运用想象辅助教学，而在维度一中的数据分析结果显示有 40% 左右的老师承认没有运用想象实施教学，原因是教师们对教学想象的了解、认识情况存在偏差，这或许就是教师们不愿意在教学中实施想象的原因。想象于我们生活的方方面面均有着非常重要的影响，对于教学同样如此，可以说，教

学离不开想象，离开想象的教学无法进行，无论教师承认抑或否认，想象均存在于教师日常的教学活动中，也无论教师有意识抑或无意识，运用想象实施教学均是无可厚非的。如此，在教学中有意识地认识、了解、激发想象，相对于无意识的运用想象，前者更能将想象教学的价值发挥到最大，并挖掘出来其未知的潜力。

表4–13　　　　　　　　　　维度二中各题项百分比表

		各题项百分比（%）							
		t3	t4	t5	t6	t7	t8	t9	t10
有效	非常不符合	2.0	0.6	0.6	0.8	0.2	1.8	0.2	0.6
	不太符合	4.2	10.5	3.6	6.7	7.7	20.6	2.6	4.4
	不确定	7.9	16.2	8.7	17.2	13.9	27.3	8.1	6.9
	基本符合	46.1	59.4	59.4	52.7	51.7	36.0	61.4	52.5
	非常符合	39.8	13.3	27.7	22.6	26.5	14.3	27.7	35.6
	合计	100.0	100.0	100.0	100.0	100.0	100.0	100.0	100.0

维度三，"教学想象水平"各题项百分比，如表4–14所示，其中选择"非常不符合""不太符合"的百分比合计分别为2.6%、13.7%、12.5%、3.8%、4.4%、5.6%、8.1%、2.0%、7.1%、6.1%；选择"基本符合""非常符合"的百分比合计分别为90.5%、69.7%、34.3%、89.9%、87.5%、86.3%、81.0%、91.3%、42.2%、85.9%；选择"不确定"的百分比分别为6.9%、16.6%、58.0%、6.3%、8.1%、8.1%、10.9%、6.7%、52.7%、7.9%。数据运算结果显示，有接近80%的教师运用想象辅助教学，尽管在维度一"教学想象意识"中，他们没有承认或没有意识到自己运用过想象实施教学，实际上，在谈起具体的教学过程，想象无处不在，大部分教师是避不开的。这一结果与问卷调查的均值以及课堂观察、访谈的结果一致。教师往往不懂教学想象却又为了教学活动的展开，在设计教学、实施教学时不得不使用想象辅助完成教学任务，如此，便会有许多不确定的情况出现，因为任何事物均有其两面性，想象给我们带来便利的同时必然会带来阻碍，如果教师没有恰当地运用想象，就会使课堂教学"越界"，偏离既有的教学目标，如此，便无法控制教学，就会造成许多负面的情况。可见，

教学想象的落实要遵循教学规律和学生身心发展的特点，适当地运用教学想象才能使其发挥最大的价值。

表 4-14　　　　　　　　　　　维度三中各题项百分比表

		各题项百分比（%）								
		t12	t14	t15	t16	t17	t18	t19	t20	t21	t22
有效	非常不符合	0.2	0.8	4.8	0.2	0.2	1.0	0.4	0.2	2.0	1.0
	不太符合	2.4	12.9	7.7	3.6	4.2	4.6	7.7	1.8	5.1	5.1
	不确定	6.9	16.6	58.0	6.3	8.1	8.1	10.9	6.7	52.7	7.9
	基本符合	56.6	53.9	29.5	56.8	58.2	57.8	52.7	58.6	40.2	50.7
	非常符合	33.9	15.8	4.8	33.1	29.3	28.5	28.3	32.7	2.0	35.2
	合计	100.0	100.0	100.0	100.0	100.0	100.0	100.0	100.0	100.0	100.0

二　教师基本信息的差异比较

（一）性别

男女教师性别差异，自变量为二分类别变量，依变量为连续变量，所以，考察男女教师性别差异对教学想象运用是否有显著影响时选择独立样本 t 检验。首先进行总样本的性别检验；其次，各个维度分别进行性别差异检验；最后，进行每道题的性别差异检验。

首先，性别总体样本检验时，经 SPSS21.0 得出，男教师的平均数（M = 85.49）略高于女教师平均数（M = 83.87），但是两个组别平均数间高低的差异必须经过 t 检验才能明确其差异值是否达到显著，若是 t 检验结果的统计量未达到显著水平，则此种差异是没有意义的，因为它可能是抽样误差或偶然造成的。表 4-15 是总体样本加总后的 t 检验结果，经 Levene 法的 F 值检验结果，F 统计量等于 0.990，P = 0.320 > 0.05，未达到 0.05 的显著水平，应接受虚无假设 $H_0: \mu_{x1}^2 = \mu_{x2}^2$，表示应将两组方差视为相等，因而 t 检验数据要看第一行假设方差相等中的数值，t = 1.588，自由度 df = 503，p = 0.113 > 0.05，未达到 0.05 的显著水平，平均数的差异值为 1.623，表示男女教师在教学想象运用现状方面没有显著差异存在。

表 4-15　　　　　总体独立样本检验表（置信度 95%，α=0.05）

		方差方程的 Levene 检验		均值方程的 t 检验						
		F	Sig.	t	自由度	Sig.（双侧）	均值差值	标准误差值	下限	上限
总分	假设方差相等	.990	.320	1.588	503	.113	1.623	1.021	-.384	3.629
	假设方差不相等			1.545	167.980	.124	1.623	1.050	-.451	3.696

其次，性别各个维度差异检验，经 SPSS21.0 软件操作后，维度 1，男教师的平均数（M=12.01）略高于女教师平均数（M=11.35），但是两个组别平均数间高低的差异必须经过 t 检验才能明确其差异值间是否达到显著，如表 4-16，经 Levene 法的 F 值检验结果，F 统计量等于 0.131，P=0.718>0.05，未达到 0.05 的显著水平，应接受虚无假设 $H_0: \mu_{x1}^2 = \mu_{x2}^2$，表示应将两组方差视为相等，因而 t 检验数据要看第一行假设方差相等中的数值，t=1.514，自由度 df=503，p=0.131>0.05，未达到 0.05 的显著水平，平均数的差异值为 0.660，表示男女教师的性别在教学想象运用方面没有显著的性别差异存在。

表 4-16　　　　　维度一独立样本检验表（置信度 95%，α=0.05）

		方差方程的 Levene 检验		均值方程的 t 检验						
		F	Sig.	t	自由度	Sig.（双侧）	均值差值	标准误差值	下限	上限
维度1	假设方差相等	.131	.718	1.514	503	.131	.660	.436	-.196	1.516
	假设方差不相等			1.505	173.023	.134	.660	.438	-.205	1.525

维度 2 中，男教师的平均数（M=32.07）略高于女教师平均数（M=31.48），但是两个组别平均数间高低的差异必须经过 t 检验才能明确其差异值间是否达到显著，如表 4-17，经 Levene 法的 F 值检验结果，F 统计量等于 0.460，P=0.498>0.05，未达到 0.05 的显著水平，应接受虚无假设 $H_0:$ $\mu_{x1}^2 = \mu_{x2}^2$，表示应将两组方差视为相等，因而 t 检验数据要看第一行假设方差相等中的数值，t=1.307，自由度 df=503，p=0.192>0.05，未达到 0.05 的

显著水平,平均数的差异值为 0.597,表示男女教师在教学想象运用方面没有显著的性别差异存在。

表 4–17　　　　维度二独立样本检验表(置信度 95%,α=0.05)

		方差方程的 Levene 检验		均值方程的 t 检验						
		F	Sig.	t	自由度	Sig.(双侧)	均值差值	标准误差值	下限	上限
维度 2	假设方差相等	.460	.498	1.307	503	.192	.597	.457	-.300	1.494
	假设方差不相等			1.251	164.580	.213	.597	.478	-.346	1.539

维度 3,男教师的平均数(M=41.42)与女教师平均数(M=41.04)基本持平,但是两个组别平均数间高低的差异必须经过 t 检验才能明确其差异值间是否达到显著,如表 4–18,经 Levene 法的检验结果,F 统计量等于 0.175,P=0.676>0.05,未达到 0.05 的显著水平,应接受虚无假设 H_0:$\mu_{x1}^2 = \mu_{x2}^2$,表示应将两组方差视为相等,因而 t 检验数据要看第一行假设方差相等中的数值,t=0.640,自由度 df=503,p=0.523>0.05,未达到 0.05 的显著水平,平均数的差异值为 0.366,表示男女教师在教学想象运用方面没有显著性的性别差异存在。

表 4–18　　　　维度三独立样本检验表(置信度 95%,α=0.05)

		方差方程的 Levene 检验		均值方程的 t 检验						
		F	Sig.	t	自由度	Sig.(双侧)	均值差值	标准误差值	下限	上限
维度 3	假设方差相等	.175	.676	.640	503	.523	.366	.572	-.758	1.491
	假设方差不相等			.642	175.213	.522	.366	.571	-.760	1.492

最后,每道题的性别差异检验结果显示,男教师的平均数与女教师的平均数的差异在 0.01 和 0.07 之间,二者基本上持平。但是两个组别平均数间高低的差异必须经过 t 检验才能明确其差异值间是否达到显著。如表 4–19,

经 Levene 法的检验结果，F 统计量以及 P 值，当 P > 0.05 时，表示未达到 0.05 的显著水平，因而 t 检验数据要看第一行中的数值；而当 P < 0.05 时，表示达到 0.05 的显著水平，因而 t 检验数据要看第二行中的数值，如表 4 - 19 阴影部分，相应的 t 值、自由度以及 P 值均有呈现。对于 t4 与 t8 两个异常题项，t8 中，F8 的值如表 4 - 19 所示，表示男女教师的性别在教学想象运用方面没有显著差异存在。但是，t4，F4 = 28.482，P = 0.000 < 0.05，达到 0.05 的显著水平，因而 t 检验数据要看第二行中的数值，t4 = 4.173，自由度 df_8 = 213.146，p_4 = 0.000 < 0.05，结果显示达到 0.05 的显著水平，平均数的差异值为 0.329，表示男女教师的性别在教学想象运用方面有显著差异存在，t4 题目为"我的想象力较为丰富，能富有想象地从事教学"，其中男教师运用教学想象的自信心高于女教师运用教学想象的自信心。其差异值 95% 的置信区间为（0.174，0.485），未包含 0，表示教学想象的自信心方面会因其性别的不同而有显著差异。

表 4 - 19　　　各题项独立样本检验表（置信度 95%，α = 0.05）

		方差方程的 Levene 检验		均值方程的 t 检验						
		F	Sig.	t	自由度	Sig（双侧）	均值差值	标准误差值	下限	上限
t1	假设方差相等	.752	.386	1.082	503	.280	.138	.127	-.112	.388
	假设方差不相等			1.106	179.879	.270	.138	.125	-.108	.383
t2	假设方差相等	2.809	.094	1.329	503	.185	.200	.151	-.096	.496
	假设方差不相等			1.302	169.694	.195	.200	.154	-.103	.504
t3	假设方差相等	.050	.823	-.531	503	.596	-.051	.096	-.240	.138
	假设方差不相等			-.517	168.332	.606	-.051	.099	-.246	.144
t4	假设方差相等	28.482	.000	3.685	503	.000	.329	.089	.154	.505
	假设方差不相等			4.173	213.146	.000	.329	.079	.174	.485

续表

		方差方程的 Levene 检验		均值方程的 t 检验						
		F	Sig.	t	自由度	Sig（双侧）	均值差值	标准误差值	下限	上限
t5	假设方差相等	.989	.321	-.596	503	.551	-.048	.080	-.205	.110
	假设方差不相等			-.562	161.587	.575	-.048	.085	-.215	.120
t6	假设方差相等	.164	.686	1.206	503	.229	.111	.092	-.070	.292
	假设方差不相等			1.142	162.500	.255	.111	.097	-.081	.303
t7	假设方差相等	.003	.954	1.604	503	.109	.148	.092	-.033	.328
	假设方差不相等			1.598	173.512	.112	.148	.092	-.035	.330
t8	假设方差相等	5.713	.017	.481	503	.631	.053	.110	-.164	.270
	假设方差不相等			.447	158.848	.656	.053	.119	-.181	.288
t9	假设方差相等	3.530	.061	.278	503	.781	.020	.073	-.124	.164
	假设方差不相等			.257	157.625	.798	.020	.079	-.136	.177
t10	假设方差相等	.642	.423	.404	503	.686	.034	.085	-.133	.202
	假设方差不相等			.388	164.870	.699	.034	.089	-.141	.210
t11	假设方差相等	.977	.323	1.179	503	.239	.172	.146	-.115	.459
	假设方差不相等			1.154	169.411	.250	.172	.149	-.122	.467
t12	假设方差相等	1.031	.310	.040	503	.968	.003	.074	-.143	.149
	假设方差不相等			.038	164.216	.969	.003	.078	-.151	.157

续表

		方差方程的 Levene 检验		均值方程的 t 检验						
		F	Sig.	t	自由度	Sig（双侧）	均值差值	标准误差值	下限	上限
t13	假设方差相等	.669	.414	1.090	503	.276	.150	.137	-.120	.419
	假设方差不相等			1.067	169.544	.287	.150	.140	-.127	.426
t14	假设方差相等	2.722	.100	1.518	503	.130	.149	.098	-.044	.341
	假设方差不相等			1.572	183.461	.118	.149	.095	-.038	.336
t15	假设方差相等	.467	.495	.654	503	.513	.052	.080	-.105	.209
	假设方差不相等			.649	172.681	.517	.052	.080	-.107	.211
t16	假设方差相等	.777	.379	-.286	503	.775	-.022	.078	-.175	.131
	假设方差不相等			-.277	167.330	.782	-.022	.080	-.181	.136
t17	假设方差相等	1.234	.267	1.389	503	.166	.110	.079	-.046	.266
	假设方差不相等			1.364	170.257	.174	.110	.081	-.049	.270
t18	假设方差相等	.312	.577	.386	503	.699	.033	.086	-.135	.202
	假设方差不相等			.383	172.325	.702	.033	.087	-.138	.204
t19	假设方差相等	.016	.900	-.736	503	.462	-.068	.093	-.250	.114
	假设方差不相等			-.729	172.035	.467	-.068	.094	-.253	.116
t20	假设方差相等	.287	.592	.985	503	.325	.070	.071	-.070	.210
	假设方差不相等			.999	177.815	.319	.070	.070	-.068	.209

续表

		方差方程的 Levene 检验		均值方程的 t 检验						
		F	Sig.	t	自由度	Sig（双侧）	均值差值	标准误差值	下限	上限
t21	假设方差相等	2.114	.147	-.195	503	.845	-.014	.071	-.154	.126
	假设方差不相等			-.185	162.725	.853	-.014	.075	-.162	.135
t22	假设方差相等	.271	.603	.580	503	.562	.053	.091	-.126	.231
	假设方差不相等			.633	199.186	.528	.053	.083	-.112	.217

在独立样本 t 检验中，t4 在分组变量在检验变量的平均数差异达到显著性差异后，进一步求出其效果值，在 SPSS 中，效果值代表的是实际显著性，而 t 统计量及显著性 p 值代表的是统计显著性，效果值表示的依变量的总变异中有多少的变异可由分组变量来解释，若效果值小于或等于 0.06 表示分组变量与检验变量间为一种低度关联强度，效果值若大于或等于 0.14 表示分组变量与检验变量间为一种高度关联强度，效果值大于 0.06 小于 0.14 表示分组变量与检验变量间是一种中度关联强度。SPSS21.0 得出，如表 4-20 所示，效果值 0.026<0.06，表示分组变量与检验变量间为一种低度关联强度，表明该题项的性别差异整体上影响不大。

表 4-20　　　　　　　　　相关性度量表

	Eta	Eta 方
t4 * 性别	.162	.026

因此，运用 SPSS21.0 软件对男女教师性别显著性差异进行分析，结果显示，男女教师在教学想象运用方面无性别上的显著差异。

(二) 年龄

教师年龄差异为五分类别变量，属于分组变量水平数值在三个以上的，依变量为连续变量，应该采用单因子方差分析。所以，考察教师年龄差异对教学想象运用是否有显著性影响时选择单因子方差分析。单因子方差分析的目的在于检验各组的平均数与总平均数间的差异是否达到统计学上的显著水平,通过各组"均值的95%置信区间"的估计值可以检验样本平均数与总平均数间的差异的情形。首先,进行总样本的年龄差异检验;其次,各个维度分别进行年龄差异性检验;最后,每道题的年龄差异检验。

首先,进行总样本的年龄差异检验,表4-21结果显示,全部的有效观察值为505位,总平均数为84.22,标准差为9.489,均值的95%置信区间为(83.39,85.05)。根据SPSS,当某一组样本"均值的95%置信区间"估计值所构成的区间未包含总平均数这个点,就说明该组平均数与总平均数间的差异达0.05的显著水平;否则就表示该组平均数与总平均数间的差异未达0.05的显著水平,需要说明的是,各组95%置信区间估计值中只要有任一组的区间未包括总平均数这个点,则方差分析的F值一定会达到显著水平。如表4-21所示,总体样本"均值的95%置信区间"估计值所构成的区间包含了总平均数84.22,说明该组样本平均数与总平均数间的差异未达0.05的显著水平。

表4-21　　　　　　　　　年龄总体样本描述性统计量表

	N	均值	标准差	标准误	均值的95%置信区间		极小值	极大值
					下限	上限		
20岁以下	2	79.50	4.950	3.500	35.03	123.97	76	83
21—30岁	180	83.19	8.932	.666	81.88	84.50	53	106
31—40岁	184	83.45	9.998	.737	81.99	84.90	36	108
41—50岁	108	85.73	9.461	.910	83.93	87.54	49	108
50岁以上	31	89.87	7.356	1.321	87.17	92.57	70	103
总数	505	84.22	9.489	.422	83.39	85.05	36	108

表4-22为方差同质性检验结果,就该检验变量而言,Levene法检验的F值等于0.857,$p = 0.490 > 0.05$,未达到0.05的显著水平,应接受虚无假设,表示该样本方差差异均值未达显著,亦即未违反方差同质性假定。

表4-22　　　　　　　　　年龄总体样本方差同质性检验表

Levene统计量	df1	df2	显著性
.857	4	500	.490

表4-23为方差分析摘要表，整体检验的F值为4.517，p=0.001<0.05，达到显著水平，因此，须拒绝虚无假设，接受对立假设，表示不同年龄的教师在教学想象运用方面有显著差异存在，研究假设获得支持，至于是哪些配对组别间的差异达到显著，须进行事后比较可知。

表4-23　　　　　　　　年龄总体样本单因素方差分析表

	平方和	df	均方	F	显著性
组间	1582.929	4	395.732	4.517	.001
组内	43800.231	500	87.600		
总数	45383.160	504			

据SPSS所输出的Scheffe事后比较结果，事后比较是采用两两配对的方式，"均值差（I-J）"为配对两组的平均数的差异值，此差异值如达0.05的显著水平，会在差异值的右上方增列一个星号*，由于SPSS多重比较采取的是以某一个水平为参照组而逐一与各水平进行平均数的差异比较，因而数据分析过程中只看"均值差（I-J）"中的数值为正数且加星号*即可，结果显示，"50岁以上"组和"21—30岁"组，两个群体均值差异值为6.682*，"50岁以上"组和"31—40岁"组，两个群体均值差异值为6.425*，表示"50岁以上"组教师运用教学想象方面显著高于"21—30岁"组教师和"31—40岁"组群体。

其次，各个维度分别进行年龄差异性检验。维度1，结果显示，全部的有效观察值为505位，平均数为11.49，标准差为4.046，平均数的估计标准误为0.180，均值的95%置信区间为（11.14，11.85），说明该组样本平均数与总平均数间的差异未达0.05的显著水平。

表4-24为方差同质性检验结果，F=1.318，p=0.262>0.05，未达到0.05的显著水平，表示该样本方差差异均值未达显著，亦即未违反方差同质性假定。

表4-24　　　　　　　　维度1方差同质性检验表

Levene统计量	df1	df2	显著性
1.318	4	500	.262

表 4 – 25 为方差分析摘要表，整体检验的 F = 1.759，p = 0.136 > 0.05，未达到显著水平，表示不同年龄的教师在教学想象运用方面没有显著差异存在，研究假设无法获得支持，则不用进行事后比较可知。

表 4 – 25　　　　　　　　　　维度 1 单因素方差分析表

	平方和	df	均方	F	显著性
组间	114.511	4	28.628	1.759	.136
组内	8137.714	500	16.275		
总数	8252.225	504			

维度 2，结果显示全部的有效观察值为 505 位，平均数为 31.61，标准差为 4.238，平均数的估计标准误为 0.189，均值的 95% 置信区间为（31.24, 31.98）；说明该组样本平均数与总平均数间的差异未达 0.05 的显著水平。

表 4 – 26 为方差同质性检验结果，F = 0.871，p = 0.481 > 0.05，未达到 0.05 的显著水平，表示该样本方差差异均值未达显著，亦即未违反方差同质性假定。

表 4 – 26　　　　　　　　　　维度 2 方差同质性检验表

Levene 统计量	df1	df2	显著性
.871	4	500	.481

表 4 – 27 为方差分析摘要表，整体检验的 F 值为 6.242，p = 0.000 < 0.05，达到显著水平，表示不同年龄的教师在教学想象运用方面有显著差异存在，研究假设获得支持，至于是哪些配对组别间的差异达到显著，须进行事后比较可知。

表 4 – 27　　　　　　　　　　维度 2 单因素方差分析表

	平方和	df	均方	F	显著性
组间	430.566	4	107.642	6.242	.000
组内	8622.016	500	17.244		
总数	9052.582	504			

据 SPSS 所输出的 Scheffe 事后比较结果，表中差异值达 0.05 的显著水平，"50 岁以上"组和"21—30 岁"组，两个群体平均值差异值为 3.238*，"50 岁以上"组和"31—40 岁"组，两个群体平均值差异值为 3.538*，表示"50 岁以上"组教师运用教学想象方面显著高于"21—30 岁"组教师和"31—40 岁"组群体。

维度 3，结果显示，平均数为 41.12，标准差为 5.306，平均数的估计标准误为 0.236，均值的 95% 置信区间为（40.66，41.57），说明该组样本平均数与总平均数间的差异未达 0.05 的显著水平。

表 4-28 为方差同质性检验结果，$F=1.802$，$p=0.127>0.05$，未达到 0.05 的显著水平，表示该样本方差差异均值未达显著，亦即未违反方差同质性假定。

表 4-28　　　　　　　　维度 3 方差同质性检验表

Levene 统计量	df1	df2	显著性
1.802	4	500	.127

表 4-29 为方差分析摘要表，整体检验的 F 值为 5.630，$p=0.000<0.05$，达到显著水平，表示不同年龄的教师在教学想象运用方面有显著差异存在，研究假设获得支持，至于是哪些配对组别间的差异达到显著，须进行事后比较可知。

表 4-29　　　　　　　　维度 3 单因素方差分析

	平方和	df	均方	F	显著性
组间	611.500	4	152.875	5.630	.000
组内	13576.888	500	27.154		
总数	14188.388	504			

据 SPSS 所输出的 Scheffe 事后比较结果，表中差异值达 0.05 的显著水平，"50 岁以上"组和"21—30 岁"组，两个群体平均值差异值为 3.841*，"50 岁以上"组和"31—40 岁"组，两个群体平均值差异值为 4.249*，表示"50 岁以上"组教师运用教学想象方面显著高于"21—30 岁"组教师和"31—40 岁"组群体。

最后，每道题的年龄差异检验。第一步，分析各个题项描述性统计量，各题项全部的有效观察值为505位，t1至t22题的平均数分别为3.08，2.75，4.18，3.74，4.10，3.90，3.97，3.40，4.14，4.18，2.87，4.22，2.79，3.71，4.12，4.19，4.12，4.08，4.01，4.22，4.31，4.14，结果显示，该组样本平均数与总平均数间的差异未达0.05的显著水平。

第二步，方差同质性检验结果，F值在0.639和3.716之间，而p值，t3，t5，t7，t9，t10，t13，t14，t15，t16，t17，t19，t20题项中P值均>0.05，表示该样本方差差异均值未达显著，亦即未违反方差同质性假定。但p1＝0.041＜0.05，p2＝0.029＜0.05，p4＝0.024＜0.05，p6＝0.028＜0.05，p8＝0.039＜0.05，p11＝0.012＜0.05，p12＝0.009＜0.05，p18＝0.042＜0.05，p21＝0.013＜0.05，p22＝0.005＜0.05，说明t1，t2，t4，t6，t8，t11，t12，t18，t21，t22达到0.05的显著水平，表示该群体的方差不具有同质性。在方差同质性检验中，如果Levene法检验的F值显著（p＜0.05）表示违反方差同质性的假定，这时需要注意事后比较时选择适合方差异质的事后比较的四种方法之一。

第三步，方差分析摘要表，由于F1，F2，F4，F10，F11，F14，F17，F19未达显著差异（p＞0.05），研究假设无法获得支持，则不用进行事后比较。而F3＝3.145，p3＝0.014＜0.05；F5＝3.138，p5＝0.014＜0.05；F6＝2.970，p6＝0.019＜0.05；F7＝2.944，p7＝0.020＜0.05；F8＝4.072，p8＝0.003＜0.05；F9＝3.367，p9＝0.010＜0.05；F12＝5.160，p12＝0.000＜0.05；F13＝2.454，p13＝0.045＜0.05；F15＝3.000，p15＝0.018＜0.05；F16＝3.552，p16＝0.007＜0.05；F18＝5.085，p18＝0.001＜0.05；F20＝3.496，p20＝0.008＜0.05；F21＝5.032，p21＝0.001＜0.05；F22＝3.231，p22＝0.012＜0.05，达到显著水平，须拒绝虚无假设，接受对立假设，表示t3，t5，t6，t7，t8，t9，t12，t13，t15，t16，t18，t20，t21，t22组不同年龄的教师在教学想象运用方面有显著差异存在，研究假设获得支持，至于是哪些配对组别间的差异达到显著，须进行事后比较可知。

第四步，Scheffe事后比较结果，差异值达0.05的显著水平，题项t7，"50岁以上"组和"21—30岁"组，两个群体平均值差异值为0.514*，"50岁以上"组和"31—40岁"组，两个群体平均值差异值为0.517*，表示题项t7，"50岁以上"组教师运用教学想象方面显著高于"21—30岁"组教师和"31—40岁"组群体。题项t8，"50岁以上"组和"21—30岁"组，两个群体平均值差异值为 0.769 *，"50 岁以上"组和"31—40 岁"组，两个群体平均值差异值为 0.738 *，"50 岁以上"组和"41—50 岁"组，两个群体平均值差异值为 0.680 *，表示题项 t8，"50 岁以上"组教师运用教学想象方面显著高于"21—30 岁"组、"31—40 岁"组、"41—50 岁"组群体。题项 t9，"50 岁以上"组和"31—40 岁"组，两个群体平均值差异值为 0.467 *，表示题项 t9，"50 岁以上"组教师运用教学想象方面显著高于"31—40 岁"组群体。题项 t12，"41—50 岁"组和"21—30 岁"组，两个群体平均值差异值为 0.289 *，"50 岁以上"组和"21—30 岁"组，两个群体平均值差异值为 0.448 *，表示题项 t12，"41—50 岁"和"50 岁以上"组教师运用教学想象方面显著高于"21—30 岁"组群体。题项 t18，"41—50 岁"组和"31—40 岁"组，两个群体平均值差异值为 0.323 *，"50 岁以上"组和"31—40 岁"组，两个群体平均值差异值为 0.538 *，表示题项 t18，"41—50 岁"和"50 岁以上"组教师运用教学想象方面显著高于"31—40 岁"组群体。题项 t20，"50 岁以上"组和"31—40 岁"组，两个群体平均值差异值为 0.445 *，表示题项 t20，"50 岁以上"组教师运用教学想象方面显著高于"31—40 岁"组群体。题项 t21，"50 岁以上"组和"21—30 岁"组，两个群体平均值差异值为 0.525 *，"50 岁以上"组和"31—40 岁"组，两个群体平均值差异值为 0.459 *，表示题项 t21，"50 岁以上"组教师运用教学想象方面显著高于"21—30 岁"组教师和"31—40 岁"组群体。题项 t22，"50 岁以上"组和"31—40 岁"组，两个群体平均值差异值为 0.532 *，表示题项 t22，"50 岁以上"组教师运用教学想象方面显著高于"31—40 岁"组群体。

在方差同质性检验中，t1，t2，t4，t6，t8，t11，t12，t18，t21，t22 的方差不符合方差同质性的假定，因而在事后比较中，可以选择 SPSS 提供的四种方差异质的事后比较方法（Tamhane'sT2 检验法、Dunnett'sT3 检验法、Games-Howell 检验法、Dunnett'sC 检验法），而不用进行数据的转换。但是由于 t1，t2，t4，t10，t11，t14，t17，t19 未达显著差异（$p > 0.05$），研究假设无法获得支持，不用进行事后比较。所以，后续只需对 t6，t8，t12，t18，t21，t22 四个题项进行事后比较。题项 t6，采用 Tamhane'sT2 检验法与 Dunnett'sT3 检验法的结果相同，均未发现有任何两组的事后比较的差异结果达到显著性；采用 Games-Howell 检验法与 Dunnett'sC 检验法结果相同，均是"50 岁以上"群体显著高于"21—30 岁"组群体。题项 t8，采用 Tamhane'sT2 检验法与

Dunnett'sT3 检验法的结果相同，均为，"50 岁以上"组群体显著高于"21—30 岁"组、"31—40 岁"组和"41—50 岁"组群体；采用 Games-Howell 检验法与 Dunnett'sC 检验法结果相同，均是"50 岁以上"组群体显著高于"21—30 岁"组、"31—40 岁"组和"41—50 岁"组群体。题项 t12，采用 Tamhane'sT2 检验法、Dunnett'sT3 检验法、Games-Howell 检验法与 Dunnett'sC 检验法结果相同，均是"31—40 岁"组显著高于"20 岁以下"组群体，"41—50 岁"组群体显著高于"20 岁以下"和"21—30 岁"组群体，"50 岁以上"组群体显著高于"20 岁以下"、"21—30 岁"组和"41—50 岁"组群体。题项 t18，采用上述四种方差异质的事后比较方法结果相同，均是"41—50 岁"组显著高于"20 岁以下"和"31—40 岁"组群体，"50 岁以上"组群体显著高于"20 岁以下"组、"21—30 岁"组和"31—40 岁"组群体。题项 t21，采用上述四种方差异质的事后比较方法结果相同，均是"21—30 岁"组群体显著高于"20 岁以下"组群组；"31—40 岁"组和"41—50 岁"组群体显著高于"20 岁以下"组群体；"50 岁以上"群体显著高于"20 岁以下"组、"21—30 岁"组、"31—40 岁"组和"41—50 岁"组群体。题项 t22，采用上述四种方差异质的事后比较方法结果相同，均是"50 岁以上"组群体显著高于"21—30 岁"组和"31—40 岁"组群体。

因此，教师的年龄在教学想象运用方面存在显著差异，"50 岁以上"组教师运用教学想象方面显著高于"21—30 岁"组教师和"31—40 岁"组群体。

（三）教龄

教师教龄差异为五分类别变量，属于分组变量水平数值在三个以上的，依变量为连续变量，应该采用单因子方差分析。所以，考察教师教龄差异对教学想象运用是否有显著性影响时亦选择单因子方差分析。首先进行总样本的教龄差异检验；其次，各个维度分别进行教龄差异性检验；最后，每道题的教龄差异检验。

首先，进行总样本的教龄差异检验，全部的有效观察值为 505 位，总平均数为 84.22，平均数的估计标准误为 0.422，均值的 95% 置信区间为（83.39，85.05），说明该组样本平均数与总平均数间的差异未达 0.05 的显著水平。表 4 – 30 为方差同质性检验结果，$F = 1.149$，$p = 0.332 > 0.05$，未达到 0.05 的显著水平，表示该样本方差差异均值未达显著，亦即未违反方差同质性假定。

表 4-30　　　　　　　教龄总体样本方差同质性检验表

Levene 统计量	df1	df2	显著性
1.149	4	500	.332

表 4-31 为方差分析摘要表，整体检验的 F 值为 4.878，p = 0.001 < 0.05，达到显著水平，表示不同教龄的教师在教学想象运用方面有显著差异存在，研究假设获得支持，至于是哪些配对组别间的差异达到显著，须进行事后比较可知。

表 4-31　　　　　　　教龄总体样本单因素方差分析表

	平方和	df	均方	F	显著性
组间	1704.678	4	426.170	4.878	.001
组内	43678.482	500	87.357		
总数	45383.160	504			

据 SPSS 所输出的 Scheffe 事后比较，结果显示，"30 年以上"组和"5 年以下"组，两个群体平均值差异值为 7.096*，"30 年以上"组和"6—10 岁"组，两个群体平均值差异值为 8.443*，表示"30 年以上"组教龄教师运用教学想象方面显著高于教龄"5 年以下"组教师和"6—10 岁"组群体。

其次，各个维度进行教龄差异性检验。维度 1 全部的有效观察值为 505 位，平均数为 11.49，平均数的估计标准误为 0.180，均值的 95% 置信区间为 (11.14，11.85)，说明该组样本平均数与总平均数间的差异未达 0.05 的显著水平。

表 4-32 为方差同质性检验结果，F = 0.412，p = 0.800 > 0.05，未达到 0.05 的显著水平，表示该样本方差差异均值未达显著，亦即未违反方差同质性假定。

表 4-32　　　　　　　维度 1 教龄方差同质性检验表

Levene 统计量	df1	df2	显著性
.412	4	500	.800

表 4-33 为方差分析摘要表，整体检验的 F 值为 0.926，$p = 0.448 > 0.05$，未达到显著水平，表示不同教龄的教师在教学想象运用方面没有显著差异存在，研究假设无法获得支持，则不用进行事后比较可知。

表 4-33　　　　　　　　维度 1 教龄单因素方差分析表

	平方和	df	均方	F	显著性
组间	60.691	4	15.173	.926	.448
组内	8191.535	500	16.383		
总数	8252.226	504			

维度 2，结果显示，全部的有效观察值为 505 位，平均数为 31.61，标准差为 4.238，平均数的估计标准误为 0.189，均值的 95% 置信区间为（31.24，31.98），说明该组样本平均数与总平均数间的差异未达 0.05 的显著水平。

表 4-34 为方差同质性检验结果，$F = 1.162$，$p = 0.327 > 0.05$，未达到 0.05 的显著水平，表示该样本方差差异均值未达显著，亦即未违反方差同质性假定。

表 4-34　　　　　　　　维度 2 教龄方差同质性检验表

Levene 统计量	df1	df2	显著性
1.162	4	500	.327

表 4-35 为方差分析摘要表，整体检验的 F 值为 6.348，$p = 0.000 < 0.05$，达到显著水平，表示不同教龄的教师在教学想象运用方面有显著差异存在，研究假设获得支持，至于是哪些配对组别间的差异达到显著，须进行事后比较可知。

表 4-35　　　　　　　　维度 2 教龄单因素方差分析表

	平方和	df	均方	F	显著性
组间	437.537	4	109.384	6.348	.000
组内	8615.045	500	17.230		
总数	9052.582	504			

据 SPSS 所输出的 Scheffe 事后比较结果，表中数据差异值达 0.05 的显著水平为"30 年以上"组和"5 年以下"组，两个群体平均值差异值为 3.254*；"30 年以上"组和"6—10 年"组，两个群体平均值差异值为 4.370*；"30 年以上"组和"11—15 年"组，两个群体平均值差异值为 3.136*；"30 年以上"组和"16—30 年"组，两个群体平均值差异值为 2.704*；表示"30 年以上"组教龄的教师运用教学想象方面显著高于"5 年以下"组、"6—10 年"组、"11—15 年"组和"16—30 年"组教龄的群体。

维度 3 据 SPSS 结果显示，全部的有效观察值为 505 位，平均数为 41.12，标准差为 5.306，平均数的估计标准误为 0.236，均值的 95% 置信区间为 (40.66, 41.59)，说明该组样本平均数与总平均数间的差异未达 0.05 的显著水平。

表 4-36 为方差同质性检验结果，$F = 1.470$，$p = 0.210 > 0.05$，未达到 0.05 的显著水平，表示该样本方差差异均值未达显著，亦即未违反方差同质性假定。

表 4-36　维度 3 方差同质性检验表

Levene 统计量	df1	df2	显著性
1.470	4	500	.210

表 4-37 为方差分析摘要表，整体检验的 F 值为 4.959，$p = 0.001 < 0.05$，达到显著水平，表示不同教龄的教师在教学想象运用方面有显著差异存在，研究假设获得支持，至于是哪些配对组别间的差异达到显著，须进行事后比较可知。

表 4-37　维度 3 单因素方差分析表

	平方和	df	均方	F	显著性
组间	541.389	4	135.347	4.959	.001
组内	13647.000	500	27.294		
总数	14188.389	504			

据 SPSS 所输出的 Scheffe 事后比较结果，表中数据差异值达 0.05 的显著水平为"30 年以上"组和"5 年以下"组，两个群体平均值差异值为 3.925*；

"30 年以上"组和"6—10 年"组,两个群体平均值差异值为 4.704＊;"30 年以上"组和"11—15 年"组,两个群体平均值差异值为 3.938＊,表示"30 年以上"组教龄的教师运用教学想象方面显著高于"5 年以下"组、"6—10 年"组和"11—15 年"组教龄的群体。

最后,每道题的教龄差异检验。第一步,分析各个题项描述性统计量,各题项全部的有效观察值为 505 位,t1 至 t22 题项的平均数分别为 3.08,2.75,4.18,3.74,4.10,3.90,3.97,3.40,4.14,4.18,2.87,4.22,2.79,3.71,4.12,4.19,4.12,4.08,4.01,4.22,4.31,4.14,说明该组样本平均数与总平均数间的差异未达 0.05 的显著水平。

第二步,方差同质性检验结果,F 值在 0.127 和 4.287 之间,而 t1、t4、t5、t7、t9、t10、t11、t13、t14、t15、t16、t17、t18、t19、t20、t21 题项中 p 值均 > 0.05,表示该样本方差差异均值未达显著,亦即未违反方差同质性假定。但 p2 = 0.008 < 0.05,p3 = 0.020 < 0.05,p6 = 0.008 < 0.05,p8 = 0.033 < 0.05,p12 = 0.008 < 0.05,p22 = 0.002 < 0.05,说明 t2、t3、t6、t8、t12、t22 达到 0.05 的显著水平,表示该群体违反方差同质性的假定,这时需要注意事后比较时选择适合方差异质的事后比较的四种方法之一。

第三步,方差分析摘要表,结果显示 F1、F2、F4、F11、F13、F14、F17、F19 未达显著差异(p > 0.05),研究假设无法获得支持,则不用进行事后比较。而 F3 = 2.942,p3 = 0.020 < 0.05;F5 = 5.218,p5 = 0.000 < 0.05;F6 = 3.632,p6 = 0.006 < 0.05;F7 = 2.915,p7 = 0.021 < 0.05;F8 = 3.213,p8 = 0.013 < 0.05;F9 = 3.780,p9 = 0.005 < 0.05;F10 = 2.412,p10 = 0.048 < 0.05;F12 = 6.593,p12 = 0.000 < 0.05;F15 = 2.723,p15 = 0.029 < 0.05;F16 = 2.905,p16 = 0.021 < 0.05;F18 = 3.797,p18 = 0.005 < 0.05;F20 = 3.198,p20 = 0.013 < 0.05;F21 = 5.424,p21 = 0.000 < 0.05;F22 = 2.687,p22 = 0.031 < 0.05,达到显著水平,表示 t3、t5、t6、t7、t8、t9、t10、t12、t15、t16、t18、t20、t21、t22 组不同年龄的教师在教学想象运用方面有显著差异存在,研究假设获得支持,至于是哪些配对组别间的差异达到显著,须进行事后比较可知。

第四步,Scheffe 事后比较结果,差异值达 0.05 的显著水平,题项 t3,"30 年以上"组和"6—10 年"组,两个群体平均值差异值为 0.619＊,表示题项 t3,"30 年以上"组教龄的教师运用教学想象方面显著高于"6—10 年"

组教龄教师群体。题项 t5,"16—30 年"组和"6—10 年"组,两个群体平均值差异值为 0.346 *,"30 年以上"组和"6—10 年"组,两个群体平均值差异值为 0.621 *,表示题项 t5,"16—30 年"组和"30 年以上"组教龄的教师运用教学想象方面显著高于"6—10 年"组教龄教师群体。题项 t6,"16—30 年"组和"6—10 年"组,两个群体平均值差异值为 0.346 *,"30 年以上"组和"6—10 年"组,两个群体平均值差异值为 0.588 *,表示题项 t6,"16—30 年"组和"30 年以上"组教龄的教师运用教学想象方面显著高于"6—10 年"组教龄教师群体。题项 t7,"30 年以上"组和"6—10 年"组,两个群体平均值差异值为 0.590 *,表示题项 t7,"30 年以上"组教龄的教师运用教学想象方面显著高于"6—10 年"组教龄的教师群体。题项 t8,"30 年以上"组和"5 年以下"组,两个群体平均值差异值为 0.712 *,"30 年以上"组和"6—10 年"组,两个群体平均值差异值为 0.751 *,"30 年以上"组和"16—30 年"组,两个群体平均值差异值为 0.706 *,表示题项 t8,"30 年以上"组教龄的教师运用教学想象方面显著高于"5 年以下"组、"6—10 年"组和"16—30 年"组教龄教师群体。题项 t9,"30 年以上"组和"6—10 年"组,两个群体平均值差异值为 0.556 *,"30 年以上"组和"11—15 年"组,两个群体平均值差异值为 0.469 *,表示题项 t9,"30 年以上"组教龄的教师运用教学想象方面显著高于"6—10 年"组和"11—15 年"组教龄教师群体。题项 t12,"16—30 年"组和"5 年以下"组,两个群体平均值差异值为 0.280 *,"30 年以上"组和"5 年以下"组,两个群体平均值差异值为 0.492 *,"30 年以上"组和"6—10 年"组,两个群体平均值差异值为 0.485 *,"30 年以上"组和"11—15 年"组,两个群体平均值差异值为 0.481 *,表示题项 t12,"16—30 年"组教龄的教师运用教学想象方面显著高于"5 年以下"组,"30 年以上"组教龄的教师运用教学想象方面显著高于"5 年以下"组、"6—10 年"组和"11—15 年"组教龄教师群体。题项 t16,"30 年以上"组和"6—10 年"组,两个群体平均值差异值为 0.528 *,表示题项 t16,"30 年以上"组教龄的教师运用教学想象方面显著高于"6—10 年"组教龄教师群体。题项 t18,"30 年以上"组和"6—10 年"组,两个群体平均值差异值为 0.615 *,表示题项 t18,"30 年以上"组教龄的教师运用教学想象方面显著高于"6—10 年"组教龄教师群体。题项 t20,"30 年以上"组和"6—10 年"组,两个群体平均值差异值为 0.464 *,表示题项 t20,

"30年以上"组教龄的教师运用教学想象方面显著高于"6—10年"组教师群体。题项t21,"30年以上"组和"5年以下"组,两个群体平均值差异值为0.533*,"30年以上"组和"6—10年"组,两个群体平均值差异值为0.526*,"30年以上"组和"11—15年"组,两个群体平均值差异值为0.469*,表示题项t21,"30年以上"组教龄的教师运用教学想象方面显著高于"5年以下"组、"6—10年"组和"11—15年"组教龄教师群体。题项t22,"30年以上"组和"6—10年"组,两个群体平均值差异值为0.571*,表示题项t22,"30年以上"组教龄的教师运用教学想象方面显著高于"6—10年"组教龄教师群体。

在方差同质性检验中,t2、t3、t6、t8、t12、t22的方差不符合方差同质性的假定,因而在事后比较中,可以选择SPSS提供的四种方差异质的事后比较方法:Tamhane'sT2检验法、Dunnett'sT3检验法、Games-Howell检验法、Dunnett'sC检验法,而不用进行数据的转换。但是由于t1、t2、t4、t11、t13、t14、t17、t19未达显著差异($p > 0.05$),研究假设无法获得支持,不用进行事后比较。所以,后续只需对t3、t6、t8、t12、t22四个题项进行事后比较。

题项t3,采用Tamhane'sT2检验法与Dunnett'sT3检验法的结果相同,均为,"30年以上"群体显著高于"6—10年"组和"11—15年"组群体;采用Games-Howell检验法与Dunnett'sC检验法结果相同,均是"30年以上"组群体显著高于"5年以下"组、"6—10年"组和"11—15年"组群体。题项t6,采用Tamhane'sT2检验法、Dunnett'sT3检验法、Games-Howell检验法与Dunnett'sC检验法结果相同,均是"16—30年"组显著高于"6—10年"组群体,"30年以上"组群体显著高于"6—10年"组群体。题项t12,采用上述四种方差异质的事后比较方法结果相同,均是"16—30年"组显著高于"5年以下"和"6—10年"组群体;"30年以上"组显著高于"5年以下"组、"6—10年"组和"11—15年"组群体。题项t22,采用上述四种方差异质的事后比较方法结果相同,均是"30年以上"组群体显著高于"5年以下"组群体,"6—10年"组、"11—15年"组和"16—30年"组群体。

因此,教师的教龄在教学想象运用方面存在显著差异,"30年以上"组教龄教师运用教学想象方面显著高于教龄"5年以下"组教师和"6—10年"组群体。

(四) 学历

教师学历在问卷设计中设计第一学历和现有学历，目的是考察教师随着学历变化对教学想象运用情况是否有显著的影响差异。所以，在分别分析教师第一学历与现有学历之后，还要分析教师学历变化是否带来教学想象运用情况的差异。教师学历差异为四分类别变量，属于分组变量水平数值在三个以上的，依变量为连续变量，应该采用单因子方差分析。首先进行总样本的学历差异检验；其次，各个维度分别进行学历差异性检验；最后，每道题的学历差异检验。

第一部分：第一学历的分析。首先，进行总样本的第一学历差异检验，结果显示，全部的有效观察值为 505 位，总平均数为 84.22，标准差为 9.489 平均数的估计标准误为 0.422，均值的 95% 置信区间为（83.39，85.05），说明该组样本平均数与总平均数间的差异未达 0.05 的显著水平。

表 4-38 为方差同质性检验结果，$F = 2.640$，$p = 0.049 < 0.05$，达到 0.05 的显著水平，表示该样本方差差异均值达显著，违反方差同质性假定。

表 4-38   第一学历总体样本方差同质性检验表

Levene 统计量	df1	df2	显著性
2.640	3	501	.049

表 4-39 为方差分析摘要表，整体检验的 F 值为 6.923，$p = 0.000 < 0.05$，达到显著水平，因此，须拒绝虚无假设，接受对立假设，表示不同学历的教师在教学想象运用方面有显著差异存在，研究假设获得支持，至于是哪些配对组别间的差异达到显著，须进行事后比较可知。

表 4-39   第一学历总体样本单因素方差分析摘要表

	平方和	df	均方	F	显著性
组间	1806.436	3	602.145	6.923	.000
组内	43576.724	501	86.979		
总数	45383.160	504			

据 SPSS 所输出的 Scheffe 事后比较结果，"大专"组和"大学本科"组，

两个群体平均值差异值为 4.243*，表示"大专"组学历教师运用教学想象方面显著高于第一学历为"大学本科"组教师群体。

其次，各个维度分别进行学历差异性检验。维度1，第一学历全部的有效观察值为505位，平均数为11.49，标准差为4.046，平均数的估计标准误为0.180，均值的95%置信区间为（11.14，11.85），说明该组样本平均数与总平均数间的差异未达0.05的显著水平。

据SPSS得出，方差同质性检验结果，$F = 2.492$，$p = 0.059 > 0.05$，未达到0.05的显著水平，表示该样本方差差异均值未达显著，亦即未违反方差同质性假定。

据SPSS得出，方差分析摘要表，$F = 12.820$，$p = 0.000 < 0.05$，达到显著水平，表示不同学历的教师在教学想象运用方面有显著差异存在，研究假设获得支持，至于是哪些配对组别间的差异达到显著，须进行事后比较可知。

据SPSS所输出的Scheffe事后比较结果，表中数据差异值达0.05的显著水平，为"大专"组和"中专"组，两个群体平均值差异值为2.931*；"大专"组和"大学本科"组，两个群体平均值差异值为2.107*；"大专"组和"硕士研究生"组，两个群体平均值差异值为3.786*，说明"大专"组学历的教师运用教学想象方面显著高于"中专"组、"大学本科"组和"硕士研究生"组学历的群体。

维度2，结果显示，全部的有效观察值为505位，平均数为31.61，标准差为4.238，平均数的估计标准误为0.189，均值的95%置信区间为（31.24，31.98），说明该组样本平均数与总平均数间的差异未达0.05的显著水平。

据SPSS得出，方差同质性检验结果，$F = 2.388$，$p = 0.068 > 0.05$，未达到0.05的显著水平，表示该样本方差差异均值未达显著，亦即未违反方差同质性假定。

据SPSS得出，方差分析摘要表，$F = 4.892$，$p = 0.002 < 0.05$，达到显著水平，表示不同学历的教师在教学想象运用方面有显著差异存在，研究假设获得支持，至于是哪些配对组别间的差异达到显著，须进行事后比较可知。

据SPSS所输出的Scheffe事后比较结果，表中数据差异值达0.05的显著水平，为"中专"组和"大学本科"组，两个群体平均值差异值为1.720*，表示"中专"组学历的教师运用教学想象方面显著高于"大学本科"组学历的群体。

维度 3 据 SPSS 结果显示,全部的有效观察值为 505 位,平均数为 41.12,标准差为 5.306,平均数的估计标准误为 0.236,均值的 95% 置信区间为(40.66,41.59),说明该组样本平均数与总平均数间的差异未达 0.05 的显著水平。

据 SPSS 得出,方差同质性检验结果,$F = 2.303$,$p = 0.076 > 0.05$,未达到 0.05 的显著水平,表示该样本方差差异均值未达显著,亦即未违反方差同质性假定。

据 SPSS 得出,方差分析摘要表,$F = 4.085$,$p = 0.007 < 0.05$,达到显著水平,表示不同学历的教师在教学想象运用方面有显著差异存在,研究假设获得支持,至于是哪些配对组别间的差异达到显著,须进行事后比较可知。

据 SPSS 所输出的 Scheffe 事后比较结果,表中数据差异值达 0.05 的显著水平为"中专"组和"大学本科"组,两个群体平均值差异值为 2.028 *,表示"中专"组学历的教师运用教学想象方面显著高于"大学本科"组学历的群体。

最后,每道题的第一学历差异检验。第一步,分析各个题项描述性统计量,各题项全部的有效观察值为 505 位,t1 至 t22 题的平均数分别为 3.08,2.75,4.18,3.74,4.10,3.90,3.97,3.40,4.14,4.18,2.87,4.22,2.79,3.71,4.12,4.19,4.12,4.08,4.01,4.22,4.31,4.14,每题均值的 95% 置信区间估计值所构成的区间均包含了每题总平均数这个点,说明该组样本平均数与总平均数间的差异未达 0.05 的显著水平。

第二步,方差同质性检验结果,就该检验变量而言,Levene 法检验的 F 值在 0.140 和 9.882 之间,而 t1,t3,t4,t7,t8,t9,t10,t11,t13,t14,t16,t17,t18,t20,t21 题项中 p 值均 > 0.05,说明其未达到 0.05 的显著水平,亦即未违反方差同质性假定。但 $p2 = 0.001 < 0.05$,$p5 = 0.024 < 0.05$,$p6 = 0.001 < 0.05$,$p12 = 0.000 < 0.05$,$p15 = 0.038 < 0.05$,$p19 = 0.000 < 0.05$,$p22 = 0.002 < 0.05$,说明 t2,t5,t6,t12,t15,t19,t22 达到 0.05 的显著水平,表示该群体的方差不具有同质性,这时需注意事后比较时选择适合方差异质的事后比较法。

第三步,方差分析摘要表,由于 F3,F4,F6,F7,F8,F14,F15,F16,F17,F19,F22 未达显著差异($p > 0.05$),研究假设无法获得支持,则不用进行事后比较。而 $F1 = 5.529$,$p1 = 0.001 < 0.05$;$F2 = 12.850$,$p2 = 0.000 <$

0.05；F5 = 4.178，p5 = 0.006 < 0.05；F9 = 3.051，p9 = 0.028 < 0.05；F10 = 3.760，p10 = 0.011 < 0.05；F11 = 5.517，p11 = 0.001 < 0.05；F12 = 5.704，p12 = 0.001 < 0.05；F13 = 8.370，p13 = 0.000 < 0.05；F18 = 4.463，p18 = 0.004 < 0.05；F20 = 4.975，p20 = 0.002 < 0.05；F21 = 8.040，p21 = 0.000 < 0.05 达到显著水平，表示 t1，t2，t5，t9，t10，t9，t11，t12，t13，t18，t20，t21 组不同学历的教师在教学想象运用方面有显著差异存在，研究假设获得支持，至于是哪些配对组别间的差异达到显著，须进行事后比较可知。

第四步，Scheffe 事后比较结果，差异值达 0.05 的显著水平，题项 t1，"大专"组和"中专"组，两个群体平均值差异值为 0.630∗，"大专"组和"大学本科"组，两个群体平均值差异值为 0.363∗，表示题项 t1，"大专"组学历的教师运用教学想象方面显著高于"中专"组和"大学本科"组学历教师群体。题项 t2，"大专"组和"中专"组，两个群体平均值差异值为 0.885∗，"大专"组和"大学本科"组，两个群体平均值差异值为 0.761∗，"大专"组和"硕士研究生"组，两个群体平均值差异值为 1.615∗，表示题项 t2，"大专"组学历的教师运用教学想象方面显著高于"中专"组、"大学本科"组和"硕士研究生"组学历教师群体。题项 t5，"中专"组和"大学本科"组，两个群体平均值差异值为 0.279∗，表示题项 t5，"中专"组学历的教师运用教学想象方面显著高于"大学本科"组学历教师群体。题项 t10，"中专"组和"大学本科"组，两个群体平均值差异值为 0.298∗，表示题项 t5，"中专"组学历的教师运用教学想象方面显著高于"大学本科"组学历教师群体。题项 t11，"大专"组和"中专"组，两个群体平均值差异值为 0.611∗，"大专"组和"大学本科"组，两个群体平均值差异值为 0.461∗，表示题项 t11，"大专"组学历的教师运用教学想象方面显著高于"中专"组和"大学本科"组学历教师群体。题项 t12，"中专"组和"大学本科"组，两个群体平均值差异值为 0.293∗，表示题项 t12，"中专"组学历的教师运用教学想象方面显著高于"大学本科"组学历教师群体。题项 t13，"大专"组和"中专"组，两个群体平均值差异值为 0.804∗，"大专"组和"大学本科"组，两个群体平均值差异值为 0.522∗，表示题项 t13，"大专"组学历的教师运用教学想象方面显著高于"中专"组和"大学本科"组学历教师群体。题项 t18，"中专"组和"大学本科"组，两个群体平均值差异值为 0.308∗，表示题项 t18，"中专"组学历的教师运用教学想象方面显著高于

"大学本科"组学历教师群体。题项 t20，"中专"组和"大学本科"组，两个群体平均值差异值为 0.267 *，表示题项 t20，"中专"组学历的教师运用教学想象方面显著高于"大学本科"组学历教师群体。题项 t21，"大专"组和"大学本科"组，两个群体平均值差异值为 0.302 *，"大专"组和"大学本科"组，两个群体平均值差异值为 0.265 *，表示题项 t21，"中专"组和"大专"组学历的教师运用教学想象方面显著高于"大学本科"组学历教师群体。

在方差同质性检验中，t2，t5，t6，t12，t15，t19，t22 的方差不符合方差同质性的假定，因而在事后比较中，可以选择 Tamhane'sT2 检验法、Dunnett'sT3 检验法、Games-Howell 检验法、Dunnett'sC 检验法，而不用进行数据的转换。但是由于 t3，t4，t6，t7，t8，t14，t15，t16，t17，t19，t22 未达显著差异（$p > 0.05$），研究假设无法获得支持，不用进行事后比较。所以，后续只需对 t2，t5，t12，t19 四个题项进行事后比较。题项 t2，采用 Tamhane'sT2 检验法、Dunnett'sT3 检验法、Games-Howell 检验法与 Dunnett'sC 检验法结果相同，均为"大专"组学历群体显著高于"中专"组、"大学本科"组和"硕士研究生"组群体；"大学本科"组学历群体显著高于"硕士研究生"组群体；题项 t5，采用 Tamhane'sT2 检验法、Dunnett'sT3 检验法、Games-Howell 检验法与 Dunnett'sC 检验法结果相同，均为"中专"组学历群体显著高于"大学本科"组群体；题项 t12，采用 Tamhane'sT2 检验法、Dunnett'sT3 检验法、Games-Howell 检验法与 Dunnett'sC 检验法结果相同，均为"中专"组学历群体显著高于"大学本科"组和"硕士研究生"组群体；"大学本科"组学历群体显著高于"硕士研究生"组群体；题项 t19，采用 Tamhane'sT2 检验法、Dunnett'sT3 检验法、Games-Howell 检验法与 Dunnett'sC 检验法结果相同，均未发现有任何两组的事后比较的差异结果达到显著。

因此，教师的第一学历在教学想象运用方面存在显著差异，"大专"组学历的教师运用教学想象方面显著高于"中专"组、"大学本科"组和"硕士研究生"组学历的群体。

第二部分：现有学历的分析。首先，进行总样本的现有学历差异检验，结果显示，全部的有效观察值为 505 位，总平均数为 84.22，标准差为 9.489，平均数的估计标准误为 0.422，均值的 95% 置信区间为（83.39，85.05），说明该组样本平均数与总平均数间的差异未达 0.05 的显著水平。

表 4-40 为方差同质性检验结果，F = 0.656，p = 0.519 > 0.05，未达到 0.05 的显著水平，表示该样本方差差异均值未达显著，即未违反方差同质性假定。

表 4-40　　　　　　　现有学历总体样本方差同质性检验表

Levene 统计量	df1	df2	显著性
0.656	2	502	.519

表 4-41 为方差分析摘要表，整体检验的 F 值为 6.410，p = 0.002 < 0.05，达到显著水平，表示不同现有学历的教师在教学想象运用方面有显著差异存在，研究假设获得支持，至于是哪些配对组别间的差异达到显著，须进行事后比较可知。

表 4-41　　　　　　现有学历总体样本单因素方差分析摘要表

	平方和	df	均方	F	显著性
组间	1130.120	2	565.060	6.410	.002
组内	44253.040	502	88.153		
总数	45383.160	504			

据 SPSS 所输出的 Scheffe 事后比较结果，"大专"组和"硕士研究生"组，两个群体平均值差异值为 8.923*，"大学本科"组和"硕士研究生"组，两个群体平均值差异值为 4.794*，说明"大专"组和"大学本科"组现有学历教师运用教学想象方面显著高于学历为"硕士研究生"组教师群体。

其次，各个维度分别进行现有学历差异性检验。维度 1，现有学历全部的有效观察值为 505 位，平均数为 11.49，标准差为 4.046，平均数的估计标准误为 0.180，均值的 95% 置信区间为（11.14，11.85），说明该组样本平均数与总平均数间的差异未达 0.05 的显著水平。

据 SPSS 得出，方差同质性检验结果，F = 4.431，p = 0.012 < 0.05，达到 0.05 的显著水平，表示该样本方差差异均值达显著，亦即违反方差同质性假定。

据 SPSS 得出，方差分析摘要表，整体检验的 F 值为 2.709，p = 0.068 > 0.05，未达到显著水平，表示不同学历的教师在教学想象运用方面无显著差异存在，研究假设未获得支持，则无须进行事后比较可知。

维度2，结果显示，全部的有效观察值为505位，平均数为31.61，标准差为4.238，平均数的估计标准误为0.189，均值的95%置信区间为（31.24，31.98），说明该组样本平均数与总平均数间的差异未达0.05的显著水平。

据SPSS得出，方差同质性检验结果，$F = 0.293$，$p = 0.746 > 0.05$，未达到0.05的显著水平，表示该样本方差差异均值未达显著，亦即未违反方差同质性假定。

据SPSS得出，方差分析摘要表，整体检验的$F = 6.067$，$p = 0.002 < 0.05$，达到显著水平，表示不同学历的教师在教学想象运用方面有显著差异存在，研究假设获得支持，至于是哪些配对组别间的差异达到显著，须进行事后比较可知。

据SPSS所输出的Scheffe事后比较结果，表中数据差异值达0.05的显著水平，为"大专"组和"大学本科"组，两个群体平均值差异值为2.570 *，"大专"组和"硕士研究生"组，两个群体平均值差异值为3.782 *，表示"大专"组学历的教师运用教学想象方面显著高于"大学本科"组和"硕士研究生"组学历群体。

维度3，据SPSS结果显示，全部的有效观察值为505位，平均数为41.12，标准差为5.306，平均数的估计标准误为0.236，均值的95%置信区间为（40.66，41.59），说明该组样本平均数与总平均数间的差异未达0.05的显著水平。

据SPSS得出，方差同质性检验结果，$F = 0.257$，$p = 0.774 > 0.05$，未达到0.05的显著水平，表示该样本方差差异均值未达显著，亦即未违反方差同质性假定。

据SPSS得出，方差分析摘要表，整体检验的$F = 3.046$，$p = 0.048 < 0.05$，达到显著水平，表示不同学历的教师在教学想象运用方面有显著差异存在，研究假设获得支持，至于是哪些配对组别间的差异达到显著，须进行事后比较可知。

据SPSS输出的Scheffe事后比较结果，表中数据差异值未达0.05的显著水平，未发现有任何两组平均数间有显著差异的情况。在方差分析中，由于事后比较法Scheffe是各种比较法中最严格、统计检验力最低的一种多重比较，因而有时会呈现整体检验的F值达到显著，但多重比较摘要表中未发现有任何两组的平均数间有显著差异的情况，此时可以改采用实在显著差异法（TukeyHSD），结果显示，"大专"组和"硕士研究生"组，两个群体平均值差异值为 3.474*，表示"大专"组学历的教师运用教学想象方面显著高于"硕士研究生"组学历群体。

最后，逐题分析第一学历差异。第一步，分析各个题项描述性统计量，各题项全部的有效观察值为 505 位，t1 至 t22 题的平均数分别为 3.08，2.75，4.18，3.74，4.10，3.90，3.97，3.40，4.14，4.18，2.87，4.22，2.79，3.71，4.12，4.19，4.12，4.08，4.01，4.22，4.31，4.14，根据 SPSS21.0 可知，每题均值的 95% 置信区间估计值所构成的区间均包含了每题总平均数这个点，说明该组样本平均数与总平均数间的差异未达 0.05 的显著水平。

第二步，方差同质性检验，结果显示 F 值在 0.152 和 8.679 之间，而 p 值，t1，t2，t3，t4，t6，t7，t9，t10，t11，t13，t14，t15，t16，t18，t19，t20，t22 题项中 p 值均 >0.05，表示该样本方差差异均值未达显著，亦即未违反方差同质性假定。但 $p5 = 0.049 < 0.05$，$p8 = 0.028 < 0.05$，$p12 = 0.000 < 0.05$，$p17 = 0.027 < 0.05$，$p21 = 0.044 < 0.05$，说明 t5，t8，t12，t17，t21 达到 0.05 的显著水平，表示该群体的方差不具有同质性，这时需要注意事后比较时选择适合方差异质的事后比较的四种方法之一。

第三步，方差分析摘要表，结果显示 F2，F4，F5，F7，F8，F9，F10，F11，F12，F13，F14，F15，F16，F17，F18，F19，F22 未达显著差异（p > 0.05），研究假设无法获得支持，则不用进行事后比较。而 $F1 = 3.858$，$p1 = 0.022 < 0.05$；$F3 = 4.277$，$p3 = 0.014 < 0.05$；$F6 = 3.665$，$p6 = 0.026 < 0.05$；$F20 = 4.603$，$p20 = 0.010 < 0.05$；$F21 = 6.981$，$p21 = 0.001 < 0.05$ 达到显著水平，表示 t1，t3，t6，t20，t21 组不同学历的教师在教学想象运用方面有显著差异存在，研究假设获得支持，至于是哪些配对组别间的差异达到显著，须进行事后比较可知。

第四步，Scheffe 事后比较结果，差异值达 0.05 的显著水平，题项 t1，"大专"组和"硕士研究生"组，两个群体平均值差异值为 0.774*，"大学本科"组和"硕士研究生"组，两个群体平均值差异值为 0.574*，表示题项 t1，"大专"组和"大学本科"组学历的教师运用教学想象方面显著高于"硕士研究生"组学历教师群体。题项 t3，"大专"组和"大学本科"组，两个群体平均值差异值为 0.496*，"大专"组和"硕士研究生"组，两个群体平均值差异值为 0.621*，表示题项 t3，"大专"组学历的教师运用教学想象方面显著高于"大学本科"组和"硕士研究生"组学历教师群体。题项 t6，"大专"组和"大学本科"组，两个群体平均值差异值为 0.426*，"大专"组和"硕士研究生"组，两个群体平均值差异值为 0.574*，表示题项 t6，"大专"组学历的教师运用教学想象方面显著高于"大学本科"组和"硕士研究生"组学历教师群体。题项 t20，"大专"组和"硕士研究生"组，两个群体平均值差异值为 0.533*，表示题项 t20，"大专"组学历的教师运用教学想象方面显著高于"硕士研究生"组学历教师群体。题项 t21，"大专"组和"大学本科"组，两个群体平均值差异值为 0.342*，"大专"组和"硕士研究生"组，两个群体平均值差异值为 0.654*，"大学本科"组和"硕士研究生"组，两个群体平均值差异值为 0.312*，表示题项 t21，"大专"组学历的教师运用教学想象方面显著高于"大学本科"组和"硕士研究生"组学历教师群体；"大学本科"组学历的教师运用教学想象方面显著高于"硕士研究生"组学历教师群体。

在方差同质性检验中，t5，t8，t12，t17，t21 的方差不符合方差同质性的假定，因而在事后比较中，可以选择 SPSS 提供的 Tamhane'sT2 检验法、Dunnett'sT3 检验法、Games-Howell 检验法、Dunnett'sC 检验法，而不用进行数据的转换。但是由于 t2，t4，t5，t7，t8，t9，t10，t11，t12，t13，t14，t15，t16，t17，t18，t19，t22 未达显著差异（$p > 0.05$），研究假设无法获得支持，不用进行事后比较。所以，后续只需对 t21 题项进行事后比较。题项 t21，采用 Tamhane'sT2 检验法、Dunnett'sT3 检验法、Games-Howell 检验法与 Dunnett'sC 检验法结果相同，均为"大专"组学历群体显著高于"大学本科"组和"硕士研究生"组群体。

因此，教师的现有学历在教学想象运用方面存在显著差异，"大专"组学历的教师运用教学想象方面显著高于"大学本科"组和"硕士研究生"组学历群体。

第三部分：学历变化的分析。学历变化自变量为二分类别变量，依变量为连续变量，所以，考察教师学历变化对教学想象运用是否有显著影响时选择独立样本 t 检验。首先进行总样本的学历变化检验；其次，各个维度分别进行学历变化检验；最后，每道题的学历变化检验。

首先，总体样本学历变化检验时，SPSS21.0 得出，学历有提升教师的平均数（M=85.61）略高于学历无提升教师平均数（M=83.14），若是 t 检验结果的统计量未达到显著水平，则此种差异是没有意义的，因为它可能是抽样误差或偶然造成的，因此，必须经过 t 检验才能明确其差异值间是否达到显著。表 4-42 是总体样本加总后的 t 检验结果，F=0.671，P=0.413>0.05，未达到 0.05 的显著水平，因而 t 检验数据要看第一行中的数值，由于 t=2.924，自由度 df=503，p=0.004<0.05，达到 0.05 的显著水平，平均数的差异值为 2.470，表示学历有、无变化的教师在教学想象运用现状方面有显著差异存在。

表 4-42　　　　　　　独立样本检验表（置信度 95%，α=0.05）

		方差方程的 Levene 检验		均值方程的 t 检验						
		F	Sig.	t	自由度	Sig.（双侧）	均值差值	标准误差值	下限	上限
总分	假设方差相等	.671	.413	2.924	503	.004	2.470	.845	.810	4.130
	假设方差不相等			2.920	470.498	.004	2.470	.846	.807	4.132

其次，各个维度学历变化差异检验，据 SPSS21.0 可知，维度 1 学历有提升教师的平均数（M=11.83）略高于学历无提升教师平均数（M=11.22），但是两个组别平均数间高低的差异必须经过 t 检验才能明确其差异值间是否达到显著，F=1.588，P=0.208>0.05，未达到 0.05 的显著水平，表示教师的学历变化对教学想象运用方面没有显著的差异存在。

维度 2 中，学历有提升教师的平均数（M=32.13）略高于学历无提升教师平均数（M=31.19），F=0.699，P=0.404>0.05，未达到 0.05 的显著水平，因而 t 检验数据要看第一行中的数值，t=2.469，自由度 df=503，p=0.014<0.05，达到 0.05 的显著水平，平均数的差异值为 0.934，表示学历有无变化教师在教学想象运用方面有显著差异存在。

维度 3，学历有提升教师的平均数（M=41.65）与学历无提升教师平均数（M=40.71）基本持平，但是两个组别平均数间高低的差异必须经过 t 检验才能明确其差异值间是否达显著，经 Levene 法 F 值检验，F 统计量等于 5.139，P=0.024<0.05，达到 0.05 的显著水平，应拒绝虚无假设 $H_0: \mu_{x1}^2 \neq$

μ_{x2}^2,表示应将两组方差视为不相等,因而 t 检验数据要看第二行假设方差相等中的数值,t = 1.938,自由度 df = 445.729,p = 0.053 > 0.05,未达到 0.05 的显著水平,平均数的差异值为 0.932,表示学历有无变化教师在教学想象运用方面没有显著性差异存在。

最后,每道题的学历变化差异检验结果显示,学历有提升教师的平均数与学历无提升教师的平均数的差异值在 0.01 和 0.39 之间,二者基本上持平。相应的 t 值、自由度以及 P 值均有呈现。其中,t1、t3、t4、t6、t8、t11、t13、t11、t13、t14、t15、t16、t17、t18、t19、t20、t22 数据分析结果说明教师学历有无提升均对教学想象运用无显著影响。对于题项 t2、t5、t7、t9、t10、t12、t21 其中,题项 t2,$F_2 = 8.759$,P = 0.003 < 0.05,达到 0.05 的显著水平,表示应将两组方差视为不相等,$t_2 = 3.047$,自由度 $df_2 = 448.511$,$p_2 = 0.002 < 0.05$,达到 0.05 的显著水平,平均数的差异值等于 0.384,表示学历有无提升对教学想象运用有显著差异存在。题项 t5,经 Levene 法,$F_5 = 4.666$,P = 0.031 < 0.05,达到 0.05 的显著水平,因而 $t_5 = 2.748$,自由度 $df_5 = 465.916$,$p_5 = 0.006 < 0.05$,达到 0.05 的显著水平,平均数的差异值等于 0.182,表示学历有无提升对教学想象运用有显著差异存在。题项 t7,$F_7 = 0.006$,P = 0.940 > 0.05,未达到 0.05 的显著水平,$t_7 = 2.046$,自由度 $df_7 = 503$,$p_7 = 0.041 < 0.05$,达到 0.05 的显著水平,平均数的差异值等于 0.156,表示学历有无提升对教学想象运用有显著差异存在。题项 t9 经 Levene 法,$F_9 = 0.553$,P = 0.458 > 0.05,未达到 0.05 的显著水平,$t_9 = 2.170$,自由度 $df_9 = 503$,$p_5 = 0.030 < 0.05$,达到 0.05 的显著水平,平均数的差异值等于 0.132,表示学历有无提升对教学想象运用有显著差异存在。题项 t10 经 Levene 法,F_{10} 统计量等于 2.959,P = 0.086 > 0.05,未达到 0.05 的显著水平,$t_{10} = 2.255$,自由度 $df_{10} = 503$,$p_{10} = 0.025 < 0.05$,达到 0.05 的显著水平,平均数的差异值等于 0.159,表示学历有无提升对教学想象运用有显著差异存在。题项 t12 经 Levene 法,F_{12} 统计量等于 7.415,P = 0.007 < 0.05,达到 0.05 的显著水平,$t_{12} = 3.325$,自由度 $df_{12} = 459.858$,$p_{12} = 0.001 < 0.05$,达到 0.05 的显著水平,平均数的差异值等于 0.204,表示学历有无提升对教学想象运用有显著差异存在。题项 t21 经 Levene 法,F_{21} 统计量等于 1.196,P = 0.275 > 0.05,未达到 0.05 的显著水平,因而 t 检验数据要看第一行中的数值,$t_{21} = 2.911$,自由度 $df_{21} = 503$,$p_{21} = 0.004 < 0.05$,达到 0.05 的显著水

平，平均数的差异值等于0.171，表示学历有无提升对教学想象运用有显著差异存在。

题项t2属于问卷设计维度1的题目，考察的是教师对运用教学想象的意识、态度问题，题项t5、t7、t9和t10属于问卷设计维度2中的题目，考察的是教学设计过程中想象运用情况，题项t12和t21属于问卷设计维度3中的题目，考察的是教学实施过程中想象的运用情况，总体上，教师学历有无提升对教学想象运用方面无显著差异，学历变化样本按照各个维度检验以及逐题检验结果均一致，维度1和维度3不存在显著性差异。其中，维度2结果显示有显著差异存在。在独立样本t检验中，维度2在分组变量在检验变量的平均数差异达到显著性差异后，进一步求出其效果值0.012<0.06，表示分组变量与检验变量间为一种低度关联强度，表明该题项的学历变化差异整体上影响不大。

因此，教师学历变化显著性差异分析，结果均显示教师学历变化在教学想象运用方面呈低相关联强度，这一结果意味着学历变化差异在该题项虽然差异达到了显著水平，但效果值小，说明可能并不存在实际意义上的差异。翻阅问卷发现维度2题项考察的是教学设计过程中运用想象的情况，可见，学历变化只是对教学设计过程中运用想象情况有一定的影响，这与前面第一学历、现有学历对教师教学想象运用情况的分析结果是一致的。

（五）职称

教师职称在问卷设计中属于分组变量水平数值在三个以上的，依变量为连续变量，应该采用单因子方差分析。所以，考察教师职称差异对教学想象运用是否有显著性影响时选择单因子方差分析。首先进行总样本的职称差异检验；其次，各个维度分别进行职称差异性检验；最后，每道题的职称差异检验。

首先，进行总样本的职称差异检验，结果显示，全部的有效观察值为505位，总平均数为84.22，标准差为9.489，平均数的估计标准误为0.422，均值的95%置信区间为（83.39，85.05），说明该组样本平均数与总平均数间的差异未达0.05的显著水平。

表4-43为方差同质性检验结果，就该检验变量而言，Levene法检验的F值等于0.650，$p=0.627>0.05$，未达到0.05的显著水平，应接受虚无假设，表示该样本方差差异均值未达显著，即未违反方差同质性假定。

表 4-43　　　　　　　职称总体样本方差同质性检验表

Levene 统计量	df1	df2	显著性
0.650	4	500	.627

表 4-44 为方差分析摘要表，整体检验的 F 值为 2.673，p = 0.031 < 0.05，达到显著水平，表示不同职称的教师在教学想象运用方面有显著差异存在，研究假设获得支持，至于是哪些配对组别间的差异达到显著，须进行事后比较可知。

表 4-44　　　　　　职称总体样本单因素方差分析摘要表

	平方和	df	均方	F	显著性
组间	950.280	4	237.570	2.673	.031
组内	44432.880	500	88.866		
总数	45383.160	504			

据 SPSS 所输出的 Scheffe 事后比较结果，未发现任何两组的平均数间有显著差异的情况。

其次，各个维度分别进行职称差异性检验。维度 1，职称全部的有效观察值为 505 位，平均数为 11.49，标准差为 4.046，平均数的估计标准误为 0.180，均值的 95% 置信区间为（11.14，11.85），说明该组样本平均数与总平均数间的差异未达 0.05 的显著水平。

据 SPSS 得出，方差同质性检验结果，F = 2.101，p = 0.080 > 0.05，未达到 0.05 的显著水平，表示该样本方差差异均值未达显著，亦即未违反方差同质性假定。

据 SPSS 得出，方差分析摘要表，整体检验的 F = 7.293，p = 0.000 < 0.05，达到显著水平，表示不同职称的教师在教学想象运用方面有显著差异存在，研究假设获得支持，至于是哪些配对组别间的差异达到显著，须进行事后比较可知。

据 SPSS 所输出的 Scheffe 事后比较结果，表中数据差异值达 0.05 的显著水平，为"三级"组和"副高"组，两个群体平均值差异值为 4.345*；"三级"组和"一级"组，两个群体平均值差异值为 3.764*；"三级"组和"二级"组，两个群体平均值差异值为 3.229 *；"三级"组和"无"职称组，两个群体平均值差异值为 4.629 *，说明"三级"组职称的教师运用教学想象方面显著高于"副高"组、"一级"组、"二级"组和"无"职称组的群体。

维度 2，结果显示，全部的有效观察值为 505 位，平均数为 31.61，标准差为 4.238，平均数的估计标准误为 0.189，均值的 95% 置信区间为（31.24，31.98），说明该组样本平均数与总平均数间的差异未达 0.05 的显著水平。

据 SPSS 得出，方差同质性检验结果，$F = 0.590$，$p = 0.670 > 0.05$，未达到 0.05 的显著水平，表示该样本方差差异均值未达显著，亦即未违反方差同质性假定。

据 SPSS 得出，方差分析摘要表，整体检验的 F 值为 2.973，$p = 0.019 < 0.05$，达到显著水平，表示不同职称的教师在教学想象运用方面有显著差异存在，研究假设获得支持，至于是哪些配对组别间的差异达到显著，须进行事后比较可知。

据 SPSS 所输出的 Scheffe 事后比较结果，未发现有任何两组的平均数间有显著差异的情况。

维度 3 据 SPSS 结果显示，全部的有效观察值为 505 位，平均数为 41.12，标准差为 5.306，平均数的估计标准误为 0.236，均值的 95% 置信区间为（40.66，41.59），说明该组样本平均数与总平均数间的差异未达 0.05 的显著水平。

据 SPSS 得出，方差同质性检验结果，$F = 0.618$，$p = 0.650 > 0.05$，未达到 0.05 的显著水平，表示该样本方差差异均值未达显著，亦即未违反方差同质性假定。

据 SPSS 得出，方差分析摘要表，整体检验的 F 值为 1.742，$p = 0.139 > 0.05$，未达到显著水平，表示不同职称的教师在教学想象运用方面没有显著差异存在，研究假设未获得支持，无须进行事后比较。

据 SPSS 所输出的 Scheffe 事后比较结果，未发现有任何两组的平均数间有显著差异的情况。

最后，逐题分析职称差异。第一步，分析各个题项描述性统计量，各题项全部的有效观察值为 505 位，t1 至 t22 题的平均数分别为 3.08，2.75，4.18，3.74，4.10，3.90，3.97，3.40，4.14，4.18，2.87，4.22，2.79，3.71，4.12，4.19，4.12，4.08，4.01，4.22，4.31，4.14，说明该组样本平

均数与总平均数间的差异未达 0.05 的显著水平。

第二步，方差同质性检验结果，由于 F 值在 0.162 和 3.701 之间，而 p 值，t1，t4，t5，t7，t8，t9，t10，t13，t14，t15，t16，t17，t18，t20，t21，t22 题项中 P 值均 > 0.05，表示该样本方差差异均值未达显著，亦即未违反方差同质性假定。但 p2 = 0.008 < 0.05，p3 = 0.006 < 0.05，p6 = 0.006 < 0.05，p11 = 0.002 < 0.05，p12 = 0.013 < 0.05，p19 = 0.041 < 0.05，说明 t2，t3，t6，t11，t12，t19 达到 0.05 的显著水平，表示该群体的方差不具有同质性，这时需要注意，事后比较时选择适合方差异质的事后比较的四种方法之一。

第三步，方差分析摘要表，整体检验的结果显示，F3，F4，F5，F10，F12，F14，F15，F16，F19，F20，F22 未达显著差异（p > 0.05），研究假设无法获得支持，则不用进行事后比较。而 F1 = 5.503，p1 = 0.000 < 0.05；F2 = 3.945，p2 = 0.004 < 0.05；F6 = 2.687，p6 = 0.031 < 0.05；F7 = 2.492，p7 = 0.042 < 0.05；F8 = 3.671，p8 = 0.006 < 0.05；F9 = 2.438，p9 = 0.046 < 0.05；F11 = 5.777，p11 = 0.000 < 0.05；F13 = 4.290，p13 = 0.002 < 0.05；F17 = 3.474，p17 = 0.008 < 0.05；F18 = 2.677，p18 = 0.031 < 0.05；F21 = 2.535，p21 = 0.039 < 0.05 达到显著水平，表示 t1，t2，t6，t7，t8，t9，t11，t13，t17，t18，t21 组不同职称教师在教学想象运用方面有显著差异存在，研究假设获得支持，至于是哪些配对组别间的差异达到显著，须进行事后比较可知。

第四步，Scheffe 事后比较结果，差异值达 0.05 的显著水平，题项 t1，"三级"组和"一级"组，两个群体平均值差异值为 1.019 *，"三级"组和"无"职称组，两个群体平均值差异值为 0.876 *，表示题项 t1，"三级"组职称的教师运用教学想象方面显著高于"一级"和"无"职称组教师群体。题项 t2，"三级"组和"无"职称组，两个群体平均值差异值为 1.150 *，表示题项 t2，"三级"组职称的教师运用教学想象方面显著高于"无"职称组教师群体。题项 t8，"副高"组和"二级"组，两个群体平均值差异值为 1.051 *，表示题项 t8，"副高"组职称的教师运用教学想象方面显著高于"二级"职称组教师群体。题项 t11，"三级"组和"一级"组，两个群体平均值差异值为 1.069 *，"三级"组和"二级"组，两个群体平均值差异值为 1.000 *，"三级"组和"无"职称组，两个群体平均值差异值为 1.443 *，表示题项 t11，"三级"组职称的教师运用教学想象方面显著高于"一级"组、"二级"组和"无"职称组教师群体。题项 t13，"三级"组和"一级"

组，两个群体平均值差异值为0.918∗，"三级"组和"二级"组，两个群体平均值差异值为0.827∗，"三级"组和"无"职称组，两个群体平均值差异值为1.160∗，表示题项t13，"三级"组职称的教师运用教学想象方面显著高于"一级"组、"二级"组和"无"职称组教师群体。题项t17，"副高"组和"二级"组，两个群体平均值差异值为0.705∗，表示题项t17，"副高"组职称的教师运用教学想象方面显著高于"二级"组职称教师群体。题项t18，"一级"组和"二级"组，两个群体平均值差异值为0.251∗，表示题项t18，"一级"组职称的教师运用教学想象方面显著高于"二级"组和"无"职称组教师群体。

在方差同质性检验中，t2，t3，t6，t11，t12，t19的方差不符合方差同质性的假定，因而在事后比较中，可以选择Tamhane'sT2检验法、Dunnett'sT3检验法、Games-Howell检验法、Dunnett'sC检验法，而不用进行数据的转换。但是由于t3，t4，t5，t10，t12，t14，t15，t16，t19，t20，t22未达显著差异（$p > 0.05$），研究假设无法获得支持，不用进行事后比较。所以，后续只需对t2，t6，t11题项进行事后比较。题项t2，采用Tamhane'sT2检验法、Dunnett'sT3检验法、Games-Howell检验法与Dunnett'sC检验法结果相同，均为"三级"组职称群体显著高于"无"职称组群体。题项t6，采用Tamhane'sT2检验法、Dunnett'sT3检验法、Games-Howell检验法与Dunnett'sC检验法结果相同，均未发现有任何两组的事后比较的差异结果达到显著。题项t11，采用Tamhane'sT2检验法、Dunnett'sT3检验法、Games-Howell检验法与Dunnett'sC检验法结果相同，均为，"三级"组职称群体显著高于"一级"组、"二级"组和"无"职称组群体。

因此，教师的职称在教学想象运用方面存在显著差异，"三级"组职称的教师运用教学想象方面显著高于"副高"组、"一级"组、"二级"组和"无"职称组的群体。

（六）教师类型

教师类型自变量为二分类别变量，所以，考察教师类型对教学想象运用是否有显著影响时选择独立样本t检验。首先进行总样本的教师类型检验；其次，各个维度分别进行教师类型检验；最后，每道题的教师类型检验。

首先，总体样本教师类型检验时，经SPSS21.0软件操作得出，优秀教师、骨干教师或教学能手教师的平均数（$M = 86.48$）略高于普通教师平均数

（M=83.58），但是两个组别平均数间高低的差异必须经过 t 检验才能明确其差异值间是否达到显著。表 4－45 是总体样本加总后的 t 检验结果，经 Levene 法，F=0.620，P=0.431>0.05，未达到 0.05 的显著水平，因而 t 检验数据要看第一行中的数值，t=2.896，自由度 df=502，p=0.004<0.05，达到 0.05 的显著水平，平均数的差异值为 2.895，表示教师类型在教学想象运用现状方面有显著差异存在。

表 4－45　　　　　　　独立样本检验表（置信度 95%，α=0.05）

		方差方程的 Levene 检验		均值方程的 t 检验						
		F	Sig.	t	自由度	Sig.（双侧）	均值差值	标准误差值	下限	上限
总分	假设方差相等	.620	.431	2.896	502	.004	2.895	.99950	.930	4.858
	假设方差不相等			2.745	173.066	.007	2.895	1.05451	.813	4.976

其次，各个维度教师类型差异检验，据 SPSS21.0 可知，维度 1，优秀教师、骨干教师或教学能手教师的平均数（M=11.62）略高于普通教师平均数（M=11.46），经 Levene 法，F=9.604，P=0.002<0.05，达到 0.05 的显著水平，而 t=0.350，自由度 df=167.061，p=0.727>0.05，未达到 0.05 的显著水平，平均数的差异值为 0.163，表示教师类型对教学想象运用方面没有显著的差异存在。

维度 2，优秀教师、骨干教师或教学能手的平均数（M=32.63）略高于普通教师平均数（M=31.32），经 Levene 法，F=0.878，P=0.349>0.05，未达到 0.05 的显著水平，因而 t 检验数据要看第一行中的数值，t=2.930，自由度 df=502，p=0.004<0.05，达到 0.05 的显著水平，表示教师类型在教学想象运用方面有显著差异存在，优秀教师、骨干教师或教学能手显著高于普通教师。

维度 3，优秀教师、骨干教师或教学能手的平均数（M=42.23）高于普通教师的平均数（M=40.80），经 Levene 法，F=1.155，P=0.283>0.05，未达到 0.05 的显著水平，而 t=2.540，自由度 df=502，p=0.011<0.05，达到 0.05 的显著水平，平均数的差异值为 1.424，表示教师类型在教学想象运用方面有显

著性差异存在，优秀教师、骨干教师或教学能手显著高于普通教师。

最后，每道题的教师类型差异检验结果显示，优秀教师、骨干教师或教学能手教师的平均数与普通教师的平均数的差异在 0.03 和 0.33 之间，二者基本上持平。经 Levene 法，相应的 t 值，自由度以及 P 值均有呈现。其中，t1，t2，t4，t5，t8，t10，t11，t13，t15，t16，t17，t18，t19 数据分析结果说明教师类型对教学想象运用无显著影响。对于题项 t3，t6，t7，t9，t12，t14，t20，t21，t22，其中，题项 t3，$F_3 = 1.913$，$P = 0.167 > 0.05$，未达到 0.05 的显著水平，因而 t 检验数据要看第一行中的数值，$t_3 = 2.072$，自由度 $df_3 = 502$，$p_3 = 0.039 < 0.05$，达到 0.05 的显著水平，表示教师类型对教学想象运用有显著差异存在。题项 t6，$F_6 = 2.768$，$P = 0.097 > 0.05$，未达到 0.05 的显著水平，而 $t_6 = 2.382$，自由度 $df_6 = 502$，$p_6 = 0.018 < 0.05$，达到 0.05 的显著水平，平均数的差异值等于 0.215，表示教师类型对教学想象运用有显著差异存在。题项 t9，$F_9 = 1.067$，$P = 0.302 > 0.05$，未达到 0.05 的显著水平，而 $t_9 = 2.199$，自由度 $df_9 = 502$，$p_9 = 0.028 < 0.05$，达到 0.05 的显著水平，平均数的差异值等于 0.158，表示教师类型对教学想象运用有显著差异存在。题项 t12 经 Levene 法，$F_{12} = 8.030$，$P = 0.005 < 0.05$，达到 0.05 的显著水平，因而 t 检验数据要看第二行中的数值，$t_{12} = 2.100$，自由度 $df_{12} = 161.833$，$p_{12} = 0.037 < 0.05$，达到 0.05 的显著水平，平均数的差异值等于 0.170，表示教师类型对教学想象运用有显著差异存在。题项 t14 经 Levene 法，$F_{14} = 4.717$，$P = 0.030 < 0.05$，达到 0.05 的显著水平，而 $t_{14} = 2.364$，自由度 $df_{14} = 190.601$，$p_{14} = 0.019 < 0.05$，达到 0.05 的显著水平，平均数的差异值等于 0.224，表示教师类型对教学想象运用有显著差异存在。题项 t20，F_{20} 统计量等于 3.384，$P = 0.066 > 0.05$，达到 0.05 的显著水平，而 $t_{20} = 2.403$，自由度 $df_{20} = 502$，$p_{20} = 0.017 < 0.05$，达到 0.05 的显著水平，平均数的差异值等于 0.168，表示教师类型对教学想象运用有显著差异存在。题项 t21 经 Levene 法，$F_{21} = 0.004$，$P = 0.951 > 0.05$，未达到 0.05 的显著水平，而 $t_{21} = 2.774$，自由度 $df_{21} = 502$，$p_{21} = 0.006 < 0.05$，达到 0.05 的显著水平，平均数的差异值等于 0.194，表示教师类型对教学想象运用有显著差异存在。题项 t22 经 Levene 法，$F_{22} = 5.138$，$P = 0.024 < 0.05$，达到 0.05 的显著水平，而 $t_{22} = 2.262$，自由度 $df_{22} = 173.686$，$p_{22} = 0.025 < 0.05$，达到 0.05 的显著水平，平均数的差异值等于 0.212，表示教师类型对教学想象运用有显著差异存在。题

项 t3、t6、t7 和 t9 属于问卷设计维度 2 中的题目,考察的是教学设计过程中想象的运用情况,题项 t12,t14,t20,t21 和 t22 属于问卷设计维度 3 中的题目,考察的是教学实施过程中想象的运用情况,总体上,教师类型对教学想象运用方面有显著差异,教师类型按照各个维度检验以及逐题检验结果均一致,维度 1 不存在显著性差异。总体样本检验、维度 2 和维度 3 结果显示有显著差异存在。在独立样本 t 检验中,维度 2 和维度 3 在分组变量在检验变量的平均数差异达到显著性差异后,进一步求出维度 2 效果值,SPSS 得出,效果值 0.020 < 0.06,维度 3 的效果值为 0.013 < 0.06,表示分组变量与检验变量间为一种低度关联强度,表明该题项的教师类型差异整体上影响不大。

因此,教师类型显著性差异分析,结果均显示,教师类型在教学想象运用方面有显著性差异存在,优秀教师、骨干教师或教学能手显著高于普通教师。

(七)学校地理位置

学校地理位置自变量为二分类别变量,所以,考察学校地理位置对教学想象运用是否有显著影响时选择独立样本 t 检验。首先进行总样本的检验;其次,各个维度分别进行学校地理位置检验;最后,每道题的学校地理位置检验。

首先,总体样本学校地理位置检验时,经 SPSS21.0 软件操作得出,城市(含县、市)教师的平均数(M = 84.45)略高于农村(含乡、镇)教师平均数(M = 83.46)。表 4 - 46 是总体样本加总后的 t 检验结果,经 Levene 法检验结果,F = 0.042,P = 0.837 > 0.05,未达到 0.05 的显著水平,因而 t 检验数据要看第一行中的数值,t = 0.999,自由度 df = 503,p = 0.318 > 0.05,未达到 0.05 的显著水平,平均数的差异值为 0.997,表示学校地理位置在教学想象运用现状方面无显著差异存在。

表 4 - 46 独立样本检验表(置信度 95%,$\alpha = 0.05$)

		方差方程的 Levene 检验		均值方程的 t 检验						
		F	Sig.	t	自由度	Sig.(双侧)	均值差值	标准误差值	下限	上限
总分	假设方差相等	.042	.837	.999	503	.318	.99715	.998	-.963	2.958
	假设方差不相等			1.002	194.504	.318	.99715	.995	-.966	2.960

其次，各个维度学校地理位置差异检验，据 SPSS21.0 可知，维度 1，城市（含县、市）教师的平均数（M = 10.75）低于农村（含乡、镇）教师平均数（M = 13.92），据 Levene 法，F = 0.077，P = 0.781 > 0.05，未达到 0.05 的显著水平，因而 t 检验数据要看第一行中的数值，t = -7.894，自由度 df = 503，p = 0.000 < 0.05，达到 0.05 的显著水平，表示学校地理位置对教学想象运用方面有显著的差异存在。

维度 2 中，城市（含县、市）教师的平均数（M = 32.01）略高于农村（含乡、镇）教师平均数（M = 30.27），据 Levene 法，F = 0.591，P = 0.442 > 0.05，未达到 0.05 的显著水平，而 t = 3.965，自由度 df = 503，p = 0.000 < 0.05，达到 0.05 的显著水平，表示学校地理位置在教学想象运用方面有显著差异存在。

维度 3，城市（含县、市）教师的平均数（M = 41.69）略高于农村（含乡、镇）教师平均数（M = 39.26），据 Levene 法，F = 0.352，P = 0.553 > 0.05，未达到 0.05 的显著水平，而 t = 4.430，自由度 df = 503，p = 0.000 < 0.05，达到 0.05 的显著水平，表示学校地理位置在教学想象运用方面有显著性差异存在。

最后，每道题的学校地理位置差异检验结果显示，城市（含县、市）教师的平均数与农村（含乡、镇）教师的平均数的差异在 0.14 和 0.87 之间，二者基本上持平。经 Levene 法，相应的 t 值，自由度以及 P 值均有呈现。其中，t6，t8 数据分析结果说明学校地理位置对教学想象运用无显著影响。对于题项 t1，t2，t3，t4，t5，t7，t9，t10，t11，t12，t13，t14，t15，t16，t17，t18，t19，t20，t21，t22，其中，题项 t1 经 Levene 法，F_1 = 5.195，P = 0.023 < 0.05，达到 0.05 的显著水平，因而 t 检验数据要看第二行中的数值，t_1 = -4.540，自由度 df_1 = -4.540，p_1 = 0.000 < 0.05，达到 0.05 的显著水平，平均数的差异值等于 -0.511，表示学校地理位置对教学想象运用有显著差异存在。题项 t2 据 Levene 法，F_2 = 2.367，P = 0.125 > 0.05，未达到 0.05 的显著水平，而 t_2 = -6.170，自由度 df_2 = 503，p_2 = 0.000 < 0.05，达到 0.05 的显著水平，表示学校地理位置对教学想象运用有显著差异存在。题项 t3 据 Levene 法，F_3 = 1.375，P = 0.241 > 0.05，未达到 0.05 的显著水平，而 t_3 = 2.349，自由度 df_3 = 503，p_3 = 0.019 < 0.05，达到 0.05 的显著水平，表示学校地理位置对教学想象运用有显著差异存在。题项 t4 据 Levene 法，F_4 =

1.134，P=0.287＞0.05，未达到0.05的显著水平，而 $t_4=2.091$，自由度 $df_4=503$，$p_4=0.037<0.05$，平均数的差异值等于0.184，表示学校地理位置对教学想象运用有显著差异存在。题项t5经Levene法，$F_5=1.605$，P=0.206＞0.05，未达到0.05的显著水平，因而t检验数据要看第一行中的数值，$t_5=4.310$，自由度 $df_5=503$，$p_5=0.041<0.05$，达到0.05的显著水平，表示学校地理位置对教学想象运用有显著差异存在。题项t7据Levene法，$F_7=1.708$，P=0.192＞0.05，未达到0.05的显著水平，而 $t_7=2.101$，自由度 $df_7=503$，$p_7=0.036<0.05$，达到0.05的显著水平，表示学校地理位置对教学想象运用有显著差异存在。题项t9经Levene法，$F_9=0.963$，P=0.327＞0.05，未达到0.05的显著水平，而 $t_9=3.341$，自由度 $df_3=503$，$p_3=0.001<0.05$，达到0.05的显著水平，平均数的差异值等于0.236，表示学校地理位置对教学想象运用有显著差异存在。题项t10经Levene法，$F_{10}=3.278$，P=0.071＞0.05，未达到0.05的显著水平，而 $t_{10}=2.480$，自由度 $df_{10}=503$，$p_{10}=0.013<0.05$，达到0.05的显著水平，表示学校地理位置对教学想象运用有显著差异存在。题项t11经Levene法，$F_{11}=1.263$，P=0.262＞0.05，未达到0.05的显著水平，而 $t_{11}=-6.887$，自由度 $df_{11}=502$，$p_{11}=0.000<0.05$，达到0.05的显著水平，表示学校地理位置对教学想象运用有显著差异存在。题项t12经Levene法，F_{12}统计量等于8.327，P=0.004＜0.05，达到0.05的显著水平，而 $t_{12}=1.980$，自由度 $df_{12}=205.829$，$p_{12}=0.049<0.05$，达到0.05的显著水平，表示学校地理位置对教学想象运用有显著差异存在。题项t13据Levene法，$F_{13}=4.025$，P=0.045＜0.05，达到0.05的显著水平，而 $t_{13}=-6.264$，自由度 $df_{13}=180.296$，$p_{13}=0.000<0.05$，达到0.05的显著水平，表示学校地理位置对教学想象运用有显著差异存在。题项t14据Levene法，$F_{14}=4.048$，P=0.045＜0.05，达到0.05的显著水平，而 $t_{14}=3.318$，自由度 $df_{14}=189.230$，$p_{14}=0.001<0.05$，达到0.05的显著水平，表示学校地理位置对教学想象运用有显著差异存在。题项t15经Levene法，$F_{15}=6.076$，P=0.014＜0.05，达到0.05的显著水平，而 $t_{15}=2.663$，自由度 $df_{15}=196.369$，$p_{15}=0.008<0.05$，达到0.05的显著水平，表示学校地理位置对教学想象运用有显著差异存在。题项t16经Levene法，$F_{16}=1.729$，P=0.189＞0.05，未达到0.05的显著水平，而 $t_{16}=3.911$，自由度 $df_{16}=503$，$p_{16}=0.000<0.05$，达到0.05的显著水平，表示学校地理位置

对教学想象运用有显著差异存在。题项 t17 经 Levene 法，$F_{17} = 0.226$，$P = 0.634 > 0.05$，未达到 0.05 的显著水平而 $t_{17} = 2.651$，自由度 $df_{17} = 503$，$p_{15} = 0.008 < 0.05$，达到 0.05 的显著水平，表示学校地理位置对教学想象运用有显著差异存在。题项 t18 据 Levene 法，$F_{18} = 0.284$，$P = 0.594 > 0.05$，未达到 0.05 的显著水平，而 $t_{18} = 3.452$，自由度 $df_{18} = 503$，$p_{15} = 0.001 < 0.05$，达到 0.05 的显著水平，表示学校地理位置对教学想象运用有显著差异存在。题项 t19 据 Levene 法，$F_{19} = 5.875$，$P = 0.016 < 0.05$，达到 0.05 的显著水平，而 $t_{19} = 4.023$，自由度 $df_{19} = 180.520$，$p_{19} = 0.000 < 0.05$，达到 0.05 的显著水平，表示学校地理位置对教学想象运用有显著差异存在。题项 t20 据 Levene 法，$F_{20} = 9.477$，$P = 0.002 < 0.05$，达到 0.05 的显著水平，而 $t_{20} = 3.978$，自由度 $df_{20} = 193.123$，$p_{20} = 0.045 < 0.05$，达到 0.05 的显著水平，表示学校地理位置对教学想象运用有显著差异存在。题项 t21 据 Levene 法，$F_{21} = 2.766$，$P = 0.097 > 0.05$，未达到 0.05 的显著水平，而 $t_{21} = 2.024$，自由度 $df_{21} = 503$，$p_{21} = 0.043 < 0.05$，达到 0.05 的显著水平，表示学校地理位置对教学想象运用有显著差异存在。题项 t22 经 Levene 法，$F_{22} = 1.434$，$P = 0.232 > 0.05$，未达到 0.05 的显著水平而 $t_{22} = 2.080$，自由度 $df_{22} = 503$，$p_{22} = 0.038 < 0.05$，达到 0.05 的显著水平，表示学校地理位置对教学想象运用有显著差异存在。

总体上，学校地理位置对教学想象运用方面有显著差异，按照各个维度检验以及逐题检验结果均有显著差异存在。维度 1 结果显示城市（含县、市）教师显著低于农村（含乡、镇）教师，维度 2 和维度 3 结果显示是城市（含县、市）教师显著高于农村（含乡、镇）教师。

（八）任教学段

任教学段在问卷设计中属于分组变量水平数值在三个以上的，应该采用单因子方差分析。所以，考察任教学段差异对教学想象运用是否有显著性影响时亦选择单因子方差分析。首先进行总样本的任教学段差异检验；其次，各个维度分别进行任教学段差异性检验；最后，每道题的任教学段差异检验。

首先，进行总样本的任教学段差异检验，结果显示，全部的有效观察值为 505 位，总平均数为 84.22，标准差为 9.489，平均数的估计标准误为 0.422，均值的 95% 置信区间为（83.39，85.05），说明该组样本平均数与总平均数间的差异未达 0.05 的显著水平。

表 4-47 为方差同质性检验结果，$F = 1.981$，$p = 0.139 > 0.05$，未达到

0.05 的显著水平，表示该样本方差差异均值未达显著，即未违反方差同质性假定。

表 4 – 47　　　　　任教学段总体样本方差同质性检验表

Levene 统计量	df1	df2	显著性
1.981	2	502	.139

表 4 – 48 为方差分析摘要表，整体检验的 F 值为 2.697，p = 0.068 > 0.05，未达到显著水平，表示不同学段在教学想象运用方面没有显著差异存在，研究假设未获得支持，无须进行事后比较可知。

表 4 – 48　　　　　任教学段总体样本单因素方差分析摘要表

	平方和	df	均方	F	显著性
组间	482.432	2	241.216	2.697	.068
组内	44900.728	502	89.444		
总数	45383.160	504			

其次，各个维度分别进行任教学段差异性检验。维度 1，任教学段全部的有效观察值为 505 位，平均数为 11.49，标准差为 4.046，平均数的估计标准误为 0.180，均值的 95% 置信区间为（11.14，11.85），说明该组样本平均数与总平均数间的差异未达 0.05 的显著水平。

据 SPSS 得出，方差同质性检验结果，$F = 5.661$，$p = 0.004 < 0.05$，达到 0.05 的显著水平，表示该样本方差差异均值达显著，亦即违反方差同质性假定。

据 SPSS 得出，方差分析摘要表，整体检验的 F 值为 5.657，$p = 0.004 < 0.05$，达到显著水平，表示不同任教学段在教学想象运用方面有显著差异存在，研究假设获得支持，至于是哪些配对组别间的差异达到显著，须进行事后比较可知。

据 Scheffe 事后比较结果，表中数据差异值达 0.05 的显著水平，为"初中（7—9）"组和"小学低年级（1—3）"组，两个群体平均值差异值为 1.606*；说明"初中（7—9）"组学段运用教学想象方面显著高于"小学低年级（1—3）"组群体。

维度2，结果显示，全部的有效观察值为505位，平均数为31.61，标准差为4.238，平均数的估计标准误为0.189，均值的95%置信区间为（31.24，31.98），说明该组样本平均数与总平均数间的差异未达0.05的显著水平。

据SPSS得出，方差同质性检验结果，$F = 0.935$，$p = 0.393 > 0.05$，未达到0.05的显著水平，表示该样本方差差异均值未达显著，亦即未违反方差同质性假定。

据SPSS得出，方差分析摘要表，整体检验的F值为4.565，$p = 0.011 < 0.05$，达到显著水平，表示不同学段在教学想象运用方面有显著差异存在，研究假设获得支持，至于是哪些配对组别间的差异达到显著，须进行事后比较可知。

据Scheffe事后比较，表中数据差异值达0.05的显著水平，为"小学中高年级（4—6）"组和"初中（7—9）"组，两个群体平均值差异值为1.395*；说明"小学中高年级（4—6）"组学段运用教学想象方面显著高于"初中（7—9）"组的群体。

维度3，据SPSS显示全部的有效观察值为505位，平均数为41.12，标准差为5.306，平均数的估计标准误为0.236，均值的95%置信区间为（40.66，41.59），说明该组样本平均数与总平均数间的差异未达0.05的显著水平。

据SPSS得出，方差同质性检验结果，$F = 1.767$，$p = 0.172 > 0.05$，未达到0.05的显著水平，表示该样本方差差异均值未达显著，亦即未违反方差同质性假定。

据SPSS得出，方差分析摘要表，整体检验的F值为4.323，$p = 0.014 < 0.05$，达到显著水平，表示不同学段在教学想象运用方面有显著差异存在，研究假设获得支持，至于是哪些配对组别间的差异达到显著，须进行事后比较。

据Scheffe事后比较，表中数据差异值达0.05的显著水平，为"小学中高年级（4—6）"组和"初中（7—9）"组，两个群体平均值差异值为1.704*；说明"小学中高年级（4—6）"组学段运用教学想象方面显著高于"独立初中"组的群体。

最后，逐题分析任教学段差异。第一步，分析各个题项描述性统计量，各题项全部的有效观察值为505位，t1至t22题的平均数分别为3.08，2.75，4.18，3.74，4.10，3.90，3.97，3.40，4.14，4.18，2.87，4.22，2.79，

3.71，4.12，4.19，4.12，4.08，4.01，4.22，4.31，4.14，说明该组样本平均数与总平均数间的差异未达0.05的显著水平。

第二步，方差同质性检验，结果显示F值在0.024和4.648之间，而t1，t3，t4，t5，t6，t8，t9，t10，t11，t12，t13，t15，t16，t17，t18，t19，t20，t21，t22题项中P值均>0.05，表示该样本方差差异均值未达显著，亦即未违反方差同质性假定。但p2=0.032<0.05，p7=0.010<0.05，p14=0.044<0.05说明t2，t7，t14达到0.05的显著水平，表示该群体的方差不具有同质性，这时需要注意，事后比较时选择适合方差异质的事后比较的四种方法之一。

第三步，方差分析摘要表，整体检验的F值分别为F4，F6，F8，F10，F11，F12，F13，F14，F15，F17，F19，F22均未达显著差异（p>0.05），研究假设无法获得支持，则不用进行事后比较。而F1=4.256，p1=0.015<0.05；F2=5.170，p2=0.006<0.05；F3=3.469，p3=0.032<0.05；F5=7.266，p5=0.001<0.05；F7=3.403，p7=0.034<0.05；F9=3.586，p9=0.028<0.05；F16=4.535，p16=0.011<0.05；F18=6.526，p18=0.002<0.05；F20=4.685，p20=0.010<0.05；F21=5.276，p21=0.005<0.05；达到显著水平，表示t1，t2，t3，t5，t7，t9，t16，t18，t20，t21组不同学段在教学想象运用方面有显著差异存在，研究假设获得支持，至于是哪些配对组别间的差异达到显著，须进行事后比较可知。

第四步，Scheffe事后比较结果，差异值达0.05的显著水平，题项t1，"初中（7—9）"组和"小学低年级（1—3）"组，两个群体平均值差异值为0.379*，"初中（7—9）"组和"小学中高年级（4—6）"组，两个群体平均值差异值为0.321*，表示题项t1，"初中（7—9）"组学段运用教学想象方面显著高于"小学低年级（1—3）"组和"小学中高年级（4—6）"组群体。题项t2，"初中（7—9）"组和"小学低年级（1—3）"组，两个群体平均值差异值为0.527*，表示题项t2，"初中（7—9）"组学段运用教学想象方面显著高于"小学低年级（1—3）"组群体。题项t3，"小学中高年级（4—6）"组和"初中（7—9）"组，两个群体平均值差异值为0.254*，表示题项t3，"小学中高年级（4—6）"组学段运用教学想象方面显著高于"初中（7—9）"组群体。题项t5，"小学中高年级（4—6）"组和"初中（7—9）"组，两个群体平均值差异值为0.298*，表示题项t5，"小学中高年级（4—6）"组学段运用教学想象方面显著高于"初中（7—9）"组群体。题项t7，"小学低年级（1—3）"组和"初中（7—9）"组，两个群体平均值差异值为0.260*，表示题项t7，"小学低年级（1—3）"组学段运用教学想象方面显著高于"初中（7—9）"组群体。题项t9，"小学中高年级（4—6）"组和"初中（7—9）"组，两个群体平均值差异值为0.186*，表示题项t9，"小学中高年级（4—6）"组学段运用教学想象方面显著高于"初中（7—9）"组群体。题项t16，"小学中高年级（4—6）"组和"初中（7—9）"组，两个群体平均值差异值为0.211*，表示题项t16，"小学中高年级（4—6）"组学段运用教学想象方面显著高于"初中（7—9）"组群体。题项t18，"小学低年级（1—3）"组和"初中（7—9）"组，两个群体平均值差异值为0.273*，"小学中高年级（4—6）"组和"初中（7—9）"组，两个群体平均值差异值为0.298*，表示题项t18，"小学低年级（1—3）"组和"小学中高年级（4—6）"组运用教学想象方面显著高于"初中（7—9）"组群体。题项t20，"小学中高年级（4—6）"组和"初中（7—9）"组，两个群体平均值差异值为0.217*，表示题项t20，"小学中高年级（4—6）"组运用教学想象方面显著高于"初中（7—9）"组群体。题项t21，"小学中高年级（4—6）"组和"初中（7—9）"组，两个群体平均值差异值为0.225*，表示题项t21，"小学中高年级（4—6）"组运用教学想象方面显著高于"初中（7—9）"组群体。

在方差同质性检验中，t2，t7，t14的方差不符合方差同质性的假定，因而在事后比较中，可以选择SPSS提供的Tamhane'sT2检验法、Dunnett'sT3检验法、Games-Howell检验法、Dunnett'sC检验法而不用进行数据的转换。但是由于t4，t6，t8，t10，t11，t12，t13，t14，t15，t17，t19，t22未达显著差异（$p > 0.05$），研究假设无法获得支持，不用进行事后比较。所以，后续只需对t2，t7题项进行事后比较。题项t2，采用Tamhane'sT2检验法、Dunnett'sT3检验法、Games-Howell检验法与Dunnett'sC检验法结果相同，均为"初中（7—9）"职称群体显著高于"小学低年级（1—3）"组群体。题项t7，采用Tamhane'sT2检验法、Dunnett'sT3检验法、Games-Howell检验法与Dunnett'sC检验法结果相同，均为，"小学低年级（1—3）"组群体显著高于"初中（7—9）"组群体。

因此，任教学段在教学想象运用方面存在显著差异，结果显示在教学想象运用的态度、意识方面"初中（7—9）"组要好于"小学低年级（1—3）"

组,在教学设计、教学实施过程中运用想象时,"小学中高年级(4—6)"组学段运用教学想象方面显著高于"初中(7—9)"组群体。

(九)任教学科

任教学科在问卷设计中属于分组变量水平数值在三个以上的,依变量为连续变量,应该采用单因子方差分析。所以,考察任教学科差异对教学想象运用是否有显著性影响时亦选择单因子方差分析。首先进行总样本的任教学科差异检验;其次,各个维度分别进行学科差异性检验;最后,每道题的任教学科差异检验。

首先,进行总样本的任教学科差异检验,结果显示,全部的有效观察值为 505 位,总平均数为 84.22,标准差为 9.489,平均数的估计标准误为 0.422,均值的 95% 置信区间为(83.39,85.05),说明该组样本平均数与总平均数间的差异未达 0.05 的显著水平。

表 4-49 为方差同质性检验结果,$F = 0.997$,$p = 0.438 > 0.05$,未达到 0.05 的显著水平,表示该样本方差差异均值未达显著,即未违反方差同质性假定。

表 4-49   总体样本方差同质性检验表

Levene 统计量	df1	df2	显著性
0.997	8	496	.438

表 4-50 为方差分析摘要表,整体检验的 F 值为 1.315,$p = 0.233 > 0.05$,未达到显著水平,因此,须接受虚无假设,拒绝对立假设,表示不同学科在教学想象运用方面无显著差异存在,研究假设未获得支持,无须进行事后比较可知。

表 4-50   总体样本单因素方差分析摘要表

	平方和	df	均方	F	显著性
组间	942.524	8	117.815	1.315	.233
组内	44440.637	496	89.598		
总数	45383.161	504			

其次，各个维度分别进行任教学科差异性检验。维度1，任教学科全部的有效观察值为505位，平均数为11.49，标准差为4.046，平均数的估计标准误为0.180，均值的95%置信区间为（11.14，11.85），说明该组样本平均数与总平均数间的差异未达0.05的显著水平。

据SPSS得出，方差同质性检验结果，$F = 2.573$，$p = 0.009 < 0.05$，达到0.05的显著水平，表示该样本方差差异均值达显著，亦即违反方差同质性假定。

据SPSS得出，方差分析摘要表，整体检验的F值为1.296，$p = 0.243 > 0.05$，未达到显著水平，表示不同学科在教学想象运用方面无显著差异存在，研究假设未获得支持，无须进行事后比较。

维度2，结果显示，全部的有效观察值为505位，平均数为31.61，标准差为4.238，平均数的估计标准误为0.189，均值的95%置信区间为（31.24，31.98），说明该组样本平均数与总平均数间的差异未达0.05的显著水平。

据SPSS得出，方差同质性检验结果，$F = 1.714$，$p = 0.093 > 0.05$，未达到0.05的显著水平，表示该样本方差差异均值未达显著，亦即未违反方差同质性假定。

据SPSS得出，方差分析摘要表，整体检验的F值为0.878，$p = 0.535 > 0.05$，未达到显著水平，表示不同学科在教学想象运用方面无显著差异存在，研究假设未获得支持，无须进行事后比较可知。

维度3据SPSS结果显示，全部的有效观察值为505位，平均数为41.12，标准差为5.306，平均数的估计标准误为0.236，均值的95%置信区间为（40.66，41.59），说明该组样本平均数与总平均数间的差异未达0.05的显著水平。

据SPSS得出，方差同质性检验结果，$F = 1.276$，$p = 0.254 > 0.05$，未达到0.05的显著水平，表示该样本方差差异均值未达显著，亦即未违反方差同质性假定。

据SPSS得出，方差分析摘要表，整体检验的F值为1.742，$p = 0.856 > 0.05$，未达到显著水平，表示不同学科在教学想象运用方面没有显著差异存在，研究假设未获得支持，无须进行事后比较。

最后，逐题分析任教学科差异。第一步，分析各个题项描述性统计量，各题项全部的有效观察值为505位，t1至t22题的平均数分别为3.08，2.75，

4.18，3.74，4.10，3.90，3.97，3.40，4.14，4.18，2.87，4.22，2.79，3.71，4.12，4.19，4.12，4.08，4.01，4.22，4.31，4.14，说明该组样本平均数与总平均数间的差异未达0.05的显著水平。

第二步，方差同质性检验，结果显示F值在0.387和3.885之间，而p值，t1，t2，t3，t5，t6，t7，t8，t9，t10，t11，t12，t13，t14，t15，t16，t17，t18，t19，t20，t21，t22题项中P值均>0.05，说明其未达到0.05的显著水平，表示该样本方差差异均值未达显著，亦即未违反方差同质性假定。但p4=0.000<0.05，说明t4达到0.05的显著水平，表示该群体的方差不具有同质性，这时需要注意事后比较时选择适合方差异质的事后比较的四种方法之一。

第三步，方差分析摘要表，整体检验的F值分别为F1，F2，F3，F4，F5，F6，F7，F9，F10，F11，F12，F13，F14，F15，F16，F17，F18，F20，F21，均未达显著差异（p>0.05），研究假设无法获得支持，则不用进行事后比较。而F8=2.936，p8=0.003<0.05；F19=2.110，p19=0.033<0.05；F22=2.015，p22=0.043<0.05，达到显著水平，表示t8，t19，t22组不同学科在教学想象运用方面有显著差异存在，研究假设获得支持，至于是哪些配对组别间的差异达到显著，须进行事后比较可知。

第四步，Scheffe事后比较结果，差异值达0.05的显著水平，题项t8，"英语"组和"数学"组，两个群体平均值差异值为0.629*，表示题项t8，"英语"组学科的教师运用教学想象方面显著高于"数学"学科。题项t19和题项t22，均未见任何学科的教师运用教学想象方面显著高于其他学科群体。

在方差同质性检验中，t4的方差不符合方差同质性的假定，因而在事后比较中，可以选择Tamhane'sT2检验法、Dunnett'sT3检验法、Games-Howell检验法、Dunnett'sC检验法，而不用进行数据的转换。但是由于t1，t2，t3，t4，t5，t6，t7，t9，t10，t11，t12，t13，t14，t15，t16，t17，t18，t20，t21，未达显著差异（p>0.05），须接受虚无假设，拒绝对立假设，研究假设无法获得支持，不用进行事后比较。所以，后续无须对t4题项进行事后比较。

因此，不同学科在教学想象运用方面无显著差异存在，总体样本分析、按维度分析时，结果均没有显著影响。

第四节　调查研究的结果与讨论

关于教学想象运用的现状调查主要采取问卷调查，辅以课堂观察法和访谈法，问卷由 10 个基本信息加 30 个题目构成，问卷基于相关研究资料并请教相关专家讨论编制而成，经过前期问卷处理最终保留 22 个题目及基本信息部分，收回有效样本 505 份。本研究运用 SPSS21.0 对问卷整体进行分析、按各个维度分析以及逐题分析得出结果和讨论如下。

一　性别维度的研究结果与讨论

通过运用 SPSS21.0 软件对男女教师性别显著性差异进行分析，总体分析和各个维度分析的结果均显示男女教师在教学想象运用方面无性别的显著差异。但是在将题项逐个进行分析时发现 t4 有性别显著性差异，且进一步检测、分析其效果值发现性别分组变量与检验变量间为一种低度关联强度，这一结果意味着性别差异在该题项虽然差异达到了显著水平，但效果值小，说明可能并不存在实际意义上的差异。翻阅问卷发现 t4 题项为"我的想象力较为丰富，能富有想象地从事教学"，该题项考察的是教师对于自身想象能力的认知，同时也说明在想象能力方面，男女教师的自信心不同。究其原因，有两个方面。第一，可能由于男女认知方式的差异，造成男教师普遍认为自己想象水平较高。在心理学中，"认知方式主要有场依存性和场独立性，它是人格差异的一个重要维度，是人们在认知过程中所表现出来的个别差异，具有场依存性认知方式者，对客观事物的知觉倾向于以外在参照作为信息加工的依据；具有场独立性认知方式者，更多的是利用自己内在的理解与判断，倾向于在抽象、分析的水平上对外来信息进行加工"[①]。大量研究表明，"认知方式的影响可以遍及心理活动的全部领域，它不仅表现在认知过程中，也反映到人的社会性活动和个性心理特征方面"[②]，如记忆、思维、想象、需要、动机、兴趣等认知过程与个性心理。个体认知方式在价值上无好坏之分，它是

[①] 梁宁建、殷芳：《学生的认知风格与教师的教学策略之间关系的研究》，《心理科学》1998 年第 2 期。

[②] 张厚粲、孟庆茂、郑日昌：《关于认知方式的实验研究——场依存性特征对学习和图形后效的影响》，《心理学报》1981 年第 3 期。

个体对不同环境适应的结果,男女教师对环境适应性不同,必然在认知方式上存在着明显的差异。1962年,威特金等人发现,"在棒框测验中,成年男子比成年女子表现出更强的场独立性。许多研究认为,在西方社会和其他文化背景下,男性的角色表现得比女性的角色更独立。张厚粲、郑日昌等人研究发现与国外的结论一致,随着年龄而增长,男性比女性更具场独立性"[①]。因此,男女教师认知方式的差异可能是造成该题项出现显著性差异的一个原因。第二,可能是男女自信心差异的影响。这一原因主要是传统男尊女卑思想观念的影响,男性普遍被认为比女性拥有更高的地位,是家中的顶梁柱,是社会的主流力量,男性更自信、乐观,认为自己的能力强于女性,所以,女性往往是弱势群体。根据国内外的大量研究和学校工作实践,我们也可以发现,女生普遍不如男生自信,女性常常低估自己的能力。教材及各类的读物中一些人物形象也在间接地宣传"男性中心"和"女不如男"的偏见。在我国小学语文统编教材中可以看到明显的性别偏见,故事性课文及插图中男性数量显著多于女性。课文中的男女形象有明显的性别偏见,男性被塑造为知识渊博、能力高超、独立自主、志向远大、智勇兼备、顽强进取;而女性则被塑造为无知低能、目光短浅、温和软弱,常常是同情与保护的对象。教材中所传达的这种性别偏见对中小学生"女不如男"的观念的形成,起到潜移默化的作用,使女生产生自卑感,从而严重影响了女生的学业成功与心理健康发展。这些渗透"男性中心"和"女不如男"意识的人物形象,如果被女生接纳认可,就自然而然地磨灭了她们作为女性的自信心。[②] 可见,如果从出生就接受传统思想观念的影响,进入学校潜移默化的受学校教育中"男性中心"和"女不如男"影响,必然使其成年后对自己的能力不自信。这也许是女性教师在自身"想象力"方面与男性教师产生显著性差异的另一个原因。

二 年龄维度的研究结果与讨论

教师的年龄在教学想象运用方面存在显著差异,结果显示,"50岁以上"组教师运用教学想象方面显著高于"21—30岁"组教师和"31—40岁"组

[①] 戴慧群:《两种情境下认知风格对风险决策的影响》,硕士学位论文,江西师范大学,2009年,第11页。

[②] 参见强海燕《自信心的性别差异与女性教育》,《教育评论》1999年第2期。

群体。总体样本和按维度分析时，结果基本一致，但维度1的计算结果显示没有达到显著性差异。究其原因在于教育体制与教育政策。当前"一考定终身"的教育背景下无论是年龄长的教师抑或是年轻教师均无法挣脱教育体制与教育政策的钳制，所以，教师无一例外单调地传授知识，而非提高能力。在进行课堂观察时这一点也得到证实，几乎所有的教师在正式进入新课前的"复习巩固"阶段均是在强调某某同学昨天的练习题错了几个，哪个知识点没有记住，教师往往特别强调"这个知识点一定要记住，这是考试经常会考的内容，就算大家不懂也要死死记住，考试的时候绝对不能再丢分"。因此，在相同体制与政策之下年龄大的教师与年轻教师无一例外，二者没有显著性差异。

维度2与维度3结果一致，"50岁以上"组教师运用教学想象方面显著高于"21—30岁"组教师和"31—40岁"组群体。结合逐题分析时，发现，t6，t8属于问卷设计中维度2的题项，t12，t18，t21，t22属于维度3中的题项，均未超出维度2与维度3，而维度2考察的是教学想象能力，具体指教学设计的过程中运用教学想象的情况，维度3考察的是教学想象水平，具体是指教学实施的过程中运用想象的情况，说明在教学设计与实施过程中对想象的运用情况而言，年龄大的教师显著高于年轻教师。其原因是教师年龄促成了教师各方面的成熟。相比较，年龄在50岁以上属于各方面经验均非常丰富的群体，起码从事教学活动要在20和30年之间，饱尝人生的酸甜苦辣，心智更成熟，也更能正确地定位自己，长期的教学生涯使得教师积累了丰富的教学经验，能从容应对各种教学情况。在经过反复的教学实践过程中必然能领悟出想象在辅助教学时所起到的重要作用，事实上，部分教学内容缺了教学想象的参与无法进行，尽管教师们对教学想象知之甚少，但却离不开教学想象。诸如，一些优美的诗词赏析以及历史事件的讲解，离开想象是无法完成教学活动的，教师不可能将学生带到诗人、词人或者是历史人物面前去亲生体验、感受诗词，只能通过语言的描述、图片的展示等引发学生产生想象，从而体验当时的情景，促进其理解。而这些教学活动的处理年龄大的教师更有经验，因此，年龄大的教师在设计、实施教学活动运用想象的情况要显著高于年轻教师。

三　教龄维度的研究结果与讨论

教师的教龄在教学想象运用方面存在显著差异，总体样本分析和按维度分析时，结果基本一致，"30年以上"组教龄教师运用教学想象方面显著高于教龄"5年以下"组教师和"6—10年"组群体。维度1的计算结果没有达到显著性差异，无须进行事后比较，从问卷设计来看，维度1主要考察的是教学想象意识、态度以及对教学想象问题的了解等，其无显著差异可能的原因是，在"唯分数论"的教学风气笼罩之下，无论是教龄长的教师还是刚步入教学岗位的教师均逃不出中考、高考这一指挥棒，所以，很多教师不太支持运用教学想象，他们担心运用教学想象会影响学生的成绩，这一点在访谈的时候也均得到证实，教师们最关心的是会不会影响学生的成绩。几乎所有的教师均对学生想象力的培养有所了解，教师认为学生想象力很重要，但是没有时间、精力和条件去培育，对教学想象表示从未听说过，因此，维度1结果显示教师年龄无显著差异也在情理之中。

对于违反方差异质性的题项t3，t6，t8，t12，t22，其中，t3，t6，t8属于问卷设计中维度2的题项，t12，t22属于维度3中的题项，维度2考察的是教学想象能力，是教学设计的过程中运用教学想象的能力，维度3考察的是教学想象水平，是教学实施的过程运用想象的水平，也就是说教龄长的老师虽然没有教学想象意识，不懂得如何运用教学想象，但是在教学想象力方面随着其教龄的增长，教师运用教学想象的情况越来越好。其原因可能是，随着教师教龄的增长，教学经验的不断累积，教师能游刃有余地从事教学活动，且课余时间有精力思考教学问题，这也是教师专业发展的必然过程，教龄稍微长的教师，相比新手教师的心智和技术更成熟，教学经验更丰富，人际关系更稳固，适应教学环境能力更强，所以，教师应对各种教学实践活动较为从容。而新手教师处于教学生涯的成长期，人际交往能力相对弱，自我认识能力相对差，适应教学环境的能力相对弱，新手教师总会担心同事以及学生对自己的教学会产生不满。因此，教师将更多的精力放在如何将课教好，让周围的人满意，而对于将教学教得更有艺术、更富有想象力，让周围的人佩服，目前他们还做不到。这可能就是导致维度2与维度3出现显著性差异结果的原因。

四 学历维度的研究结果与讨论

学历维度的数据分析包含三个部分，首先是第一学历的分析，其次是现有学历的分析，最后是学历变化的分析。教师的第一学历在教学想象运用方面存在显著差异，结果显示，"大专"组学历的教师运用教学想象方面显著高于"中专"组、"大学本科"组和"硕士研究生"组学历的群体。学历总体样本分析、学历逐题分析时结果与学历维度分析结果一致。对于违反方差异质性的题项 t2，t5，t12，t19，其中，t2 属于问卷设计中维度 1 的题项，考察的是教师运用教育想象的意识，t5 属于问卷设计中维度 2 的题项，考察的是教学想象能力也就是教学设计的过程中运用想象的能力，t12，t19 属于维度 3 中的题项，考察的是教学想象水平，即教学实施的过程运用想象的水平，也就是说学历高的教师虽然有教学想象意识，但是在教学想象运用方面较弱，在教学过程中较少运用想象，而学历为"中专""大专"的教师，尽管没有教学想象意识，却随着教学经验的逐渐增长对教学想象的运用方面更游刃有余，尤其是维度分析显示"大专"学历教师教学想象运用情况显著高于其他学历的教师。"中专"与"大专"学历教师由于特殊的时代背景造就了二者的特殊性，20 世纪的"中专"与"大专"学历均可进入教师队伍，随着教育体制、政策及教育改革的进行，教育被赋予更高的要求，教师队伍的素养也逐渐提升，相比较而言"大专"学历教师，其理论与实践相结合的素养更高，"中专"学历教师从教时间较久，由于教学经验以及时代背景的影响，教师教学实践能力最强，随着学历水平的提升，"大学本科"教师的理论素养逐渐提升，但是实践能力未提升，"硕士研究生"学历教师的理论素养最高，但是实践能力相对最差，然而，教学想象的激发、建构需要理论与实践适切地结合在一起，单纯理论素养的提升并不能提升教学想象力，因此，在教学想象力方面的数据分析结果并没有随着教师学历的增长而有所提升。

教师现有学历在教学想象运用方面存在显著差异，结果显示，"大专"组学历的教师运用教学想象方面显著高于"大学本科"组和"硕士研究生"组学历群体。总体样本分析，按维度分析及逐题分析基本一致，但维度 1 结果是无显著性差异，其原因与第一学历一致。维度 2 与维度 3 结果一致，"大专"组学历显著高于其他学历组群体。对于违反方差异质性的题项 t21，属于问卷设计中维度 3 中的题项，考察的是教学想象水平，即教学实施的过程运用想象的水平，也就是说学历高的教师虽然有教学想象意识，但是运用教学想象方面存在不足，由于教师本身的素养使其在教学过程中较少运用想象，而学历为"大专"的教师教学理论与实践能力最强，尽管缺乏教学想象意识，却随着教学经验的逐渐增长潜移默化地在运用教学想象。在教学想象力方面的数据分析结果并没有随着教师学历的增长而有所提升,这与教师第一学历的分析结果极为吻合。因此,教师的现有学历在教学想象运用方面存在显著差异,"大专"组学历的教师运用教学想象方面显著高于"大学本科"组和"硕士研究生"组学历群体。

第一学历与现有学历之间还存在教师学历变化的问题,因此,新建一个变量之后,分析学历变化显著性差异,结果显示,学历有无变化教师在教学想象运用方面有显著差异存在。其中,维度3结果无显著变化,后续算出效果值后发现教师学历变化在教学想象运用方面呈低相关联强度,这一结果意味着学历变化差异在该题项虽然达到了显著水平,但效果值小,说明可能并不存在实际意义上的差异。维度2考察的是教学想象能力,也就是在教学设计过程中运用想象的情况。可见,学历变化只是对教学设计过程中运用想象情况有一定的影响,这与前面第一学历、现有学历对教学想象运用情况的分析结果是一致的。学历低的教师运用教学想象的情况反而好于学历高的教师,其主要的原因是,学历低的教师多数为老教师,年龄、教龄在20—30年,这个年龄段的教师在当时的时代背景中,尽管学历为中专或大专也可以进入中小学阶段担任教师。且20世纪80年代的"中专"和现在的"中专"意义完全不同,班里唯有优秀的学生才会考取"中专"进入教师队伍。当前随着国家对教师队伍学历水平的要求不断提高,中小学教师学历普遍均为"大学本科"甚至"硕士研究生"。"中专"或"大专"学历的教师几乎无法进入中小学教师队伍,所以,这与数据分析结果吻合,教师学历高低、学历变化对教学想象运用情况影响较低,年龄大的教师由于教学经验的丰富、教学水平的提升自然在运用教学想象方面更好,而学历较高的教师,诸如"大学本科"与"硕士研究生"由于踏入教师队伍时间较短,尽管有着较强的教学想象意识,但是教学想象能力却较低。

五 职称维度的研究结果与讨论

教师的职称在教学想象运用方面存在显著差异,按维度分析时,维度2和维度3均没有显著影响。只有维度1结果显示,"三级"组职称的教师运用教学想象方面显著高于"副高"组、"一级"组、"二级"组和"无"职称组的群体。职称总体样本分析,结果显示,未发现有任何两组事后比较的差异达显著。逐题分析结果与按维度分析结果一致,对于违反方差异质性的题项

t6 未发现有任何两组事后比较的差异达显著，t2 和 t11 有显著性差异，而题项 t2 和 t11 均属于问卷设计中维度 1 中的题项，考察的是教师对运用想象的了解、认识及态度情况，结果显示，"三级"组职称教师群体显著高于"一级"组、"二级"组和"无"职称组群体。从实际情况来看，"三级"组职称教师一般是刚步入教学岗位 3—5 年，属于新手教师，也就是说，教师在学校学习了新的教学理念与新的教学知识技能，从而认识到教学想象的重要性，因此，较容易支持、理解并悦纳教学想象，还会在自己的课堂中尝试运用想象设计、实施教学。因此，新手教师将理论与实践结合的愿望更迫切，而职称高的教师从事教学工作年限较久，教学理念较陈旧，缺乏教学想象意识，也不愿意冒险尝试新的教学理念，就像有老师提到的"我教了一辈子学，也没学习过教育学，教学水平照样很高，教学能力很强"。职称较高的教师往往有一种教学实践方面的自信心，一种本能的优越感，认为自己拥有丰富的教学经验，而且是自己反复尝试总结出来的，因此，职称高的教师多数不愿意再去尝试新事物。这与前面数据分析结果一致，职称为"三级"的教师在维度 1 对于教学想象意识、态度方面显著高于其他职称的教师。

六 教师类型维度的研究结果与讨论

通过运用 SPSS21.0 软件对教师类型显著性差异进行分析，结果均显示，教师类型在教学想象运用方面有显著差异存在，优秀教师、骨干教师或教学能手显著高于普通教师。维度 1 没有显著性差异存在，维度 2 和维度 3 有显著性差异存在。后续继续算出效果值发现教师类型在教学想象运用方面呈低相关联强度，这一结果意味着教师类型差异在该题项虽然差异达到了显著水平，但效果值小，说明可能对教师运用想象情况影响不大。翻阅问卷发现，维度 2 题项考察的是教学想象能力，即教学设计过程中运用想象的情况，维度 3 考察的是教学想象水平，即教学实施过程中想象的运用水平，可见，教师类型只是对教学设计与教学实施过程中运用想象情况有一定的影响。"优秀教师、骨干教师或教学能手"是对教师教学工作的肯定，唯有综合素养较高、各方面表现优异的教师才会获得该项荣誉，而教师的综合素养中必然包括教学素养，想象力是标识教师教学水平、教学能力的重要指标，构建富有想象的教学对教师素养提出较高的要求，需要教师本身具备较强的驾驭课堂的能力，能从容应对教学中的各种情况，唯其如此，才能保证课堂完成基本的教学任务而又富有想象力。相比较而言，普通教师能完成教学任务，保证达成教学目标即可，至于将课上得更出彩则较难达成。这就是优秀教师、骨干教师或教学能手显著高于普通教师的可能性原因。而维度1对于教学想象的认识、了解及支持度方面，优秀教师和普通教师无区别，这表示所有教师都有权利追求优质课堂。

七 学校地理位置维度的研究结果与讨论

总体上，学校地理位置对教学想象运用方面有显著差异，按照各个维度检验以及逐题检验结果均一致均有显著差异存在。维度1结果显示，城市（含县、市）教师显著低于农村（含乡、镇）教师，维度2和维度3结果显示，城市（含县、市）教师显著高于农村（含乡、镇）教师。由于维度1、维度2和维度3结果显示有显著差异存在，因此，需要后续继续算出其效果值。在独立样本t检验中，维度1、维度2和维度3的分组变量在检验变量的平均数差异达到显著性差异后，进一步求出维度1效果值，SPSS得出，"Eta方"列数值为效果值$0.110 > 0.06$，表示分组变量与检验变量间为一种中度关联强度；维度2的效果值为$0.030 < 0.06$，表示分组变量与检验变量间为一种低度关联强度；维度3的效果值为$0.038 < 0.06$，表示分组变量与检验变量间为一种低度关联强度，基于问卷设计的维度，表明学校地理位置对教学想象运用的意识、态度方面影响一般，对教学设计、教学实施过程中运用想象的影响较低。

结合访谈资料发现，有教师提到"农村的孩子学习压力比城市的孩子小多了，家长给予的成绩方面的期望值也小，多数家长忙于打工挣钱无暇顾及孩子的学习成绩"。所以，农村教师上课时压力也小，可以富有想象、适当按照自己的教学理念教学，但由于农村教学硬件设备比较困乏，所以，很难构建富有想象的课堂，例如，Z老师就提到"我想给学生提供想象的空间，建构想象的课堂，但是没有那个条件，很多东西，我在课堂上说了，他们都很蒙，根本都不知道，举个例子，学习《济南的冬天》，提到济南著名的'趵突泉'，可是他们连'趵突泉'都没听过，你说怎么去想象，所以，对于构建想象课堂也存在一定的困难，但是如果在城市孩子的课堂上，你提到趵突泉，很多同学都亲自去看过、玩过，这样就比较容易继续建构想象……"然而，在访谈城市的老师时，他们却提道："家长对孩子的学习特别关心，具体来说是非常在意孩子的学习成绩。作为教师根本没有时间来建构想象的课堂,也不敢去建构,怕影响孩子的成绩,家长对孩子成绩的期望值太高了,总是盯着成绩说事,只要将成绩提上去了,一切都好说,所以,我们每天都是题海战术……"因此,城市学校在教学想象意识和对待教学想象的态度方面不如农村学校,而在具体的教学设计、实施过程中想象运用情况城市学校却优于农村学校,这与前面提到的原因一致,尽管教师们不认可在课堂上构建教学想象,但为了促进学生对知识点的理解,使教学顺利实施,有时候不得不使用想象。依此,学校地理位置在教学想象运用方面有一定影响。

八 任教学段维度的研究结果与讨论

任教学段在教学想象运用方面存在显著差异,总体样本分析,结果显示未发现有任何两组事后比较的差异达显著。按维度分析时,维度 2 和维度 3 结果均是"小学中高年级(4—6)"组学段运用教学想象方面显著高于"初中(7—9)"组群体。说明在教学设计、教学实施过程中运用想象时,"小学中高年级(4—6)"组用得更多,效果稍好于"初中(7—9)"组群体。维度 1 结果显示,"初中(7—9)"组运用教学想象显著高于"小学低年级(1—3)"组,说明在教学想象运用的态度、意识方面"初中(7—9)"组要好于"小学低年级(1—3)"组,逐题分析时,结果与按维度结果一致。究其原因,随着学生年级的升高,学习内容更加抽象、难懂,离学生生活实际更远了,更多的知识超越学生生活经验,这就不得不借助想象来辅助理解,因此,教学设计、教学实施过程中,"小学中高年级(4—6)"用得更多,但是到了"初中(7—9)"时学生对于许多内容的理解、接受度已经进步多了,所以,有些教学内容,教师无须刻意引导,学生就知道用想象,诸如小学四年级有一篇课文《田园诗情》的赏析,对于四年级的学生,教师要认真细致地为同学们呈现、讲解,还要辅助图片、视频引导学生欣赏田园风光,初中的学生遇到类似的课文,教师讲解的重点就不在于借助想象让学生身临其境了,而要重点理解课文结构内容,这就导致初中(7—9)用的教学想象少于小学中高年级(4—6),久而久之,初中(7—9)课堂教学想象意识变淡,使得教师有意识建构一种富有想象的课堂,因为教师深知想象力的重要性,所以,他们具有较强的教学想象意识,对教学想象的态度也是非常支持的,这是众多教师在访谈中提到的共性。而年龄越小的孩子想象力越丰富,可能教师不需要刻意构建想象的课堂，课堂就会被孩子们丰富的想象力占满，有时候，教师为了完成已有的教学目标，不得不压制孩子们的想象本能，以顺利完成教学任务，也就使得"小学低年级（1—3）"的教学想象意识显著低于初中（7—9）年级。

九　任教学科维度的研究结果与讨论

不同学科在教学想象运用方面无显著差异存在，总体样本分析、按维度分析时，结果均没有显著影响。唯有个别题项在运用方差分析后显示有一定的影响，但是在事后分析过程中均未见显著影响。这一结果与文献分析及课堂观察的结果相吻合，想象存在于各种学科中，每一门学科均离不开想象辅助教学。想象是建立知识联结的方式，也是增强学科理解力的渠道。通过想象，知识探究才真正与人发生关系。从研究对象来看，教育活动本身就建立在对人性的想象上才得以传承，没有想象的教育很难拥有真正的灵魂。不论何种学科都需要建立起属于自身的意识和认知体系。只有学科有了想象力之后，其知识形态才更加贴近人的需要。如果没有想象，知识不可能产生探究的动机。正是人的想象力造就了今天纷繁复杂的知识学科，一些学科带来的想象力使我们能更加清晰地观察并感受这个世界。[1] 可见，事实上，想象存在于一切学科之中，而任何学科的学习均离不开想象辅助教学，不同学科之间没有显著影响。想象是种创造性思维。想象也是一种形象思维，它总是给你带来丰富的、多彩的未到场的事物。[2] 这就要求教师能正视这一问题，用想象思维去看待任何学科，在任何教学活动中尽可能挖掘想象以更好地促进教学，提高教学质量。

第五节　教学想象运用现状的调查结论

通过前期对教学想象的运用现状进行问卷调查，运用 SPSS21.0 对收集到的数据进行整理、统计、分析并辅助课堂观察、深度访谈等方式，获取了关于教学想象运用现状的第一手资料，基于已有的第一手研究资料并结合前期

---

[1] 参见李海龙《高等教育学的常识、传统与想象》，《高等教育研究》2017 年第 10 期。
[2] 参见成尚荣《教育需要想象》，《江苏教育》2018 年第 66 期。

文献分析，对教学想象运用现状的调查做出判断。

一 对于教学想象的认识与理解存在局限与偏见

通过调查发现，教师对于教学想象非常陌生，90%以上教师均没听说过教学还需要想象力，但是教师对想象力有着自己的理解，尤其对于学生想象力的培养较为支持，对教师想象力的培养问题持怀疑态度。在访谈与调查过程中，几乎所有的教师在面对"教师也需要激发培养想象力，教学更需要建构想象力"的问题时都会反问："我一大把年纪了，还有想象力吗？还有培养想象力的潜力？说培养学生的想象力，我还愿意相信，教师年龄大了，没有必要了。"可见，不少教师认为，只有学生才有想象力，也只有学生才有培育想象力的潜力，这是基于年龄差异方面对想象力产生的偏见。而对于问卷"题项1，我认为学生的想象力主要表现在艺术领域中"，44%的老师选择基本符合、非常符合，18%的老师选择不确定，38%的老师选择不太符合、非常不符合，说明有44%的老师对想象的理解存在误区。当问到"您觉得哪些因素影响了您对学生想象力的培养？请列举一下"，多数教师表示："不知道，不太清楚，如果猜猜的话，'眼界''能力''性格'……"基于此，结合前面数据分析及课堂观察，可知，教师对教学想象的认识与理解或多或少存在偏差。

二 教学中无意识运用想象的情况较普遍

深入一线观察教师课堂上运用想象的情况时，发现不少教师在运用想象辅助教学，但是自己却全然不知，当与教师交流时教师本人也表示自己并不知道这就是用想象教学，这一点在后续的问卷调查数据统计分析中也较明显地体现出来，显然，这属于无意识运用想象的教学行为。多数教师在访谈过程中矢口否认自己曾用想象教学。事实上，由于担心想象会影响学生的学习成绩，所以，对教学想象持消极态度，不支持也不反对。很少有教师有意识地实施教学想象，一小部分教师表示非常支持运用想象实施教学，但是由于教学条件有限，自己能力有限，因此，没法实施教学想象。笔者在课堂观察之后，一般会接着访谈授课教师，多数老师几乎每节课都在用想象，但当笔者继续追问该教师为什么这样设计教学时，例如，Z老师回答，"如果不这样学生无法理解教学内容"，当笔者告知"这就是在用想象教学"时，Z教师很惊讶地回答："啊，我那是为了让学生便于理解，为了让学生记住知识点，不然考试考到的时候学生不会",也就是说,教师承认想象之于教学的重要性,但是却无意识地运用。

三 基于教学内容被动运用想象的行为属常态

在与教师交流的过程中,笔者发现,教师不愿意实施教学想象的原因主要是担心这种教学方式会影响学生的学习成绩。有的老师在交流的过程中会直接说迫于中考、高考压力除了题海战术,别无他法,除非改革高考,让大家没有压力。有的老师会以条件有限为理由,间接与笔者表达自己的"无奈"。当深入课堂观察教学过程又会发现教师为了让学生理解教学内容,设计了许多想象情境。例如,L老师讲"图形的旋转"一课时,L老师首先用语言讲述了"把一个平面图形绕着平面内某一点O转动一个角度,叫作图形的旋转",引导学生思考一个图旋转到另一个图的过程,接着用笔画出两个图形,一个是实线图,一个虚线图,虚线图形就是旋转后的,根据图形,老师边讲解边引导学生在头脑中构建这样一种旋转的动态图。当让学生做练习题时,仍然有许多同学很茫然,不理解。这时老师借助多媒体演示了图形旋转的动态过程。整个教学过程中,L老师强调最多的就是"请同学们一定要在头脑中构建一个图形,我们课本上的图均是静态图,但是同学们脑子里的图必须是动态的、立体的……"事实上,老师为了完成教学内容、达成教学目标,一直在用想象辅助教学,因为对于空间几何,不借助想象是无法让学生理解并掌握教学内容的。

四 教学想象过程中想象的空间有限

问卷调查研究结果显示,教师留给学生想象的空间极为有限,多数教师怕耽误教学进度,影响教学目标的完成。例如,题项2"如果学生回答错了,我会直接告诉他们答案,以节约时间",回答基本符合、非常符合的老师竟然占到37%,还有10%的老师表示不确定。题项3"当学生屡次不明白我所讲授的内容时,我会引导学生思考,而不会直接告诉学生正确的答案",仍有6.2%的教师表示不太符合、非常不符合,7.9%的老师表示不确定。在访谈时,有老师表示,"由于两个题项设计的教学理念较为明确、直接地紧扣当下主流教学理念,因此,在回答题项的时候还是有顾虑的,尽管自己选择了题目的应然答案。实际上,在课堂上,很少留给学生太多的思考时间,因为班额大，学生多，如果每个人 2 分钟的思考时间，这节课就成了思考课了，所以，为了赶教学进度，多数情况下，不给学生思考的机会"。笔者深入课堂观察时，每到一个班级首先都数一数学生数量，多的时候班级达 86 人左右，少的也要 46 人左右，如此大的班额，根本无法给学生想象的空间，所以，教师课堂上留给学生想象的空间有限。

五　教学想象方法有待探寻

通过调查发现，教师们几乎没有使用过什么方法来实施教学想象，由于多数教师属于无意识的状态下实施教学想象，所以，教师们也未曾考虑过要用什么方法运用想象实施教学。当问到"您在教学中使用哪些方法来培养学生的想象力"时，多数教师一脸茫然地回答："没有什么方法啊，从未用过什么方法。"也有少数教师表示就直接告诉学生：想象一下，假如，你是作者，后面的故事你会怎么写？……但是并没有说怎么想象，任凭学生瞎想、乱想甚至幻想，教师不再有下文，教师普遍是盲目地实施教学，有时候也会担心适得其反，因此，老师们说，"能不用的时候尽量不用，因为不会用，害怕误人了弟，实在没办法的时候才会用"。也有部分老师表示，会借助多媒体辅助学生想象，提供一些图片、视频引起学生的想象。这一点在前面的问卷调查数据分析结果中也已很明显地体现出来，教师教学想象方法有待规范并改善。

六　教学想象力偏低，未进入深度教学想象

在访谈的过程中，经常有老师表示"教师想象力低，学生想象力也较低，所以，教学想象力能不低吗？"一节农村学校的美术课上，H 老师说"这些孩子想象力太差了，每次教学我都准备得很好，通过一些图片、视频的讲解，并掺杂一些专业的美术知识教给学生，最后让学生跟着自己的感觉走，发挥自己的想象力去画一幅画，但是，每次交上来作业，都让我很失望，学生们画的画不是在我提供的素材里，就是在课本上找的，很少有同学会自己想象着画，我再三叮嘱，发挥想象，不要画得和素材一样，然后，学生就不会画了，学生想象力太差了，不会思考，没有自己的想法，其实老师想象力也很差……"通过课堂观察发现，多数老师没有从提升学生能力的角度实施教学想象而是基于教学内容，为了促进学生的理解，秉持一种较为功利的目的，因此，属于浅层次想象，未能进入深度想象。

第六节　教学想象运用现状调查研究的反思

至此，整个调查研究进入反思阶段，任何对调查研究的反思均具有其存在的必要性，一方面，客观展现调查研究过程中的不足以及一些无法规避掉的局限。另一方，提升研究者的调查研究素养，通过反思调查研究过程中的经验、教训可以提高调查研究水平。

一　问卷编制问题

本研究选择自编问卷，在问卷编制过程中，尽管笔者咨询了一些专家学者，基于他们的建议尽最大努力修正问卷，但仍然存在无法规避的局限，例如，所咨询的专家学者多数是专门研究想象或是专门从事教育教学研究的专家，尽管有些专家在教育想象领域颇有建树，但是对教学想象的了解却较少。因此，整个问卷编制不可避免存在主观性。尤其是笔者在问卷编制过程中，对问卷维度的犹豫不定，又再三思量，既考虑课堂教学的结构又考虑想象本身的特点，在维度确定方面着实经过十分困难的抉择过程。问卷基本信息部分，鉴于个人量化研究能力有限，笔者难以取舍个人信息部分，最终，设置的个人基本信息过多，这给后续的数据分析带来困难，例如，问卷中基本信息部分"学校类型"，但是在后续数据分析与统计的时候，发现"学校类型"与教学想象关系不大，因此，数据分析部分舍弃了该题项，没有对其进行分析。

二　样本收集与统计

数据收集与统计包含研究的抽样、问卷发放、问卷回收、数据整理、数据统计等问题。综合考虑各种原因，鉴于个人财力、人际关系等有限，本研究对样本的选择尽可能做到具有代表性，尽管抽样时考虑了多方面因素，诸如地域、教师性别、教龄、年龄及学校地理位置等因素，最终决定采取随机抽样的方法，但同时也遵循了方便原则，在江苏选择了南京，在山东选择了临沂，这就不可避免存在局限性。此外，男女比例失调，本研究在问卷设计时有"性别"这一题项，但调查取样时是以学校为单位，而当前中小学学校中教师群体存在严重的男女教师性别比例失调，所以，无法做到男女样本平衡。在问卷发放与回收时，部分问卷采取集中讲解、当场发放、接着收回的方式，由于多数中小学教师教学任务极为繁忙，还有一部分是分散发放，甚至是请某校领导代为发放，尽管在发放前笔者会对代发人员进行培训，但是不可能避免存在局限，如某领导收回的个别问卷只做了正面，反面题目空白，还有问卷不认真作答等都增加了问卷的废卷率，增加了数据分析的偏差。在数据整理与统计方面也走了许多弯路，用了比较烦琐的方式去整理统计数据，从而给研究带来许多麻烦。

三 数据分析与结果呈现

由于教学想象问题本身存在复杂性，因此，对教学想象调查研究结果的分析归因亦存在困难，不可避免带有研究者个人的主观性，也有时代背景的影响，甚至有些问题就是客观存在的，或已然成为常识。例如，对"任教学科"的归因，"任教学科"分析结果显示不存在显著差异，这也是笔者早已预测到的结果，但是如若追问教学想象没有学科差异的具体原因，这就存在极大的困难，因为，想象犹如空气一般，无时不在，想象本身就是联结知识与思维活动的关键，它普遍存在于各门学科之中，却很难厘清原因。

四 研究者本身的局限

由于本人第一次从事量化研究，缺乏量化研究的经验，研究素养有限，因此，从问卷设计、编制到问卷信效度检测再到正式问卷的统计分析与处理，整个研究过程都是一个极大的挑战，尽管笔者在研究过程中咨询了较多专家、学者及好友，还有心理学院的一些专门从事量化研究的朋友，但是每个人对量化研究均有自己的看法，所以，笔者一方面取其精华，同时还要批判地接受、吸收并内化，在这一过程中不可避免会出现一些漏洞，诸如，问卷题目设置问题是否全部涵盖了教学想象问题，基本信息部分的设置问题过多，等等。

第五章 教学想象空间的拓宽

任何教学理论问题的深入研究均是为实践服务，教学问题终将需要回归实践，走进课堂。如若仅在理论层面探讨教学问题，会使其显得空洞泛化，只在实践中检验落实，会使其缺乏厚重感。教学想象问题同样如此，教学想象理论的探讨是为教学想象实践服务的，因此，对教学想象实践应用的探讨则成为必需的问题，而教学想象实践首先要解决的是教学想象空间的拓宽，实际上这也就是探讨教学想象的策略。正如奥斯本所说，"想象是人类的基本属性之一，我们应该像对待改善生活条件的资源那样，重视发展我们的想象力，人人都有想象能力，尽管这种想象能力强弱不均，而我们所要研究的是能否通过适当的训练使这种想象能力得到发展"[①]。想象的训练与提升是教学永恒的主题，由前面对教学想象进行的现状调查可发现教学想象空间有限。具体地讲，教学想象意识淡薄，教学想象能力一般，教学想象水平较低，在教学中运用想象辅助教学过程中始终处于浅层次状态，未能进入深度教学想象。

对教学想象空间的拓宽，首先，需依据现状调查进行理论分析；其次，依托教学想象的具体建构过程，分析、阐释可供参考的策略；最后，提出可供操作的、训练的相对具体的对略。如若仅从操作层面提供一些具体的策略，难免使教学想象变得僵化、死板、缺乏生气，因此，笔者竭力在文中凸显教学想象的弹性，在策略部分多数是提供选择抑或是给出激发教学想象的某些线索，而非仅阐释一种可以照着做的固定方法。换言之，教学想象空间的拓宽，总体方向依据调查研究的三个维度展开，各维度之下的具体阐释又夹杂理论与实践的阐释、宏观与微观的论述，这样既呈现教学过程中想象的不同程度，展现其层次性，又不乏教学想象实施的张力，同时亦涵盖教学想象的弹性，以还原教学想象本身的灵活性。

---

① ［美］奥斯本：《创造性想象》，盖莲香、王明利译，广东人民出版社1987年版，第1页。

第一节　积极悦纳教学想象，觉醒教学想象意识

教学想象意识是建构、激发教学想象的前提，是提升教学想象力的关键，更是改变教学思维方式的基本诉求。意识看不见摸不着，但却能直接影响我们的行动，引导我们继续从事某种探究活动。教学想象意识涵盖个体对教学想象的认识、了解及对待教学想象的态度，是对教学想象基本方向的牵引。具备教学想象意识会积极主动地在课堂中构建富有想象的教学活动，形成一种教学想象思维。通过强化教学想象意识来变革教学观念，使教学由静态变为动态，由确定变成不确定，给教学留有发展的空间，使教学有所创生。基于调查研究数据分析可知，教学想象意识属于问卷调查维度1，在对该维度进行均值分析时，其总均值为2.87，低于问卷总体均值，也是三个维度中最低的，说明教师对构建富有想象的课堂教学持消极态度。据访谈结果也可发现，教师对教学想象认识不足。而当下的教学活动又受考试影响较深，教学围绕考试分数进行，教学内容指向知识传授，使教学成为一种静态活动。在与教师访谈交流中，教师们纷纷表示"为了中、高考，学生不得不死记硬背一些基础知识，教学活动也只能围绕考试进行，任何人都不敢轻视考试，学生整天刷题，机械呆板，叫苦连天，教师整日研究考试规律，也是非常枯燥乏味……教师除了提高学生成绩，哪还会激发教学想象力"。可见，要使教学富有想象力首先要树立教学想象意识。让教师从内心接纳、认可教学想象，在意识的指引下富有想象地从事教学活动。

一　走出教学想象的误区

通过课堂观察与深度访谈可知，"教学想象"一直被一线教师误解，被视为课堂上可有可无的"奢侈品"。在深入一线调查时，笔者在同教师协商要去听课的时候，时不时会有教师提醒我，"我现在只能上常规课，因为你没有提前告诉我，如果提前说的话，我会好好准备一下，上一节精彩的课，或许你会有收获"。经过与教师进行深入交流才知，所谓的"常规课"就是教师正常上课，要完成教学任务，让学生掌握考试常考的知识点，而与之对应的就是"表演课"，一些新的教学理念，"以学生为中心""以提升学生的综合素养为主"等，还有一些较理想的教学方式，如"互动式""探究式""合作式"等

均会被融入"表演课",当然也包括"启发学生的想象力"。多数教师认为,"教学最重要的是'见效果',也就是要'出成绩',学生的学习成绩才是最重要的,至于教学想象,与以往流行的教学理念一样,是可遇而不可求的高级'知识粮食',只有在'表演课'上才会被用到"。可见,教师对教学想象的误解较深,认为教学想象只是一时流行的新教育理念,所以,对其持消极支持的态度,不反对、不支持,也不使用,如果有听课的领导,那就上一节"表演课",用一用时髦的教育理念。待听课、检查结束后,很快就恢复"常规课"模式,继续致力于提升学生的学习成绩。

就此,对于教学想象意识的强化必须要让教师正确地认识、深入了解教学想象,走出教学想象的误区。基于调查现状可知,刚入职5年内的新手教师对教学想象的态度稍好于入职十年左右的教师,而入职20—30年的老教师主观上最为反对、排斥教学想象,但是教学实践中,入职5年内的新手教师却很少使用教学想象,入职十年左右的教师偶尔使用教学想象,入职20—30年的老教师尽管最为反对运用教学想象,却使用频率最高,运用水平也相对较高,但是很少进入深度教学想象,多数处于浅层次的教学想象状态。其中,重要的原因可能是与教师丰富的教学经验有关。随着教师教龄的增长,教师对教学的把握也更游刃有余,因此,其关注点就放在"如何教好课"上。而新手教师的关注点更多地在职业适应上,教师会担心学生或同事不满意自己的教学活动,所以,少有多余的精力去关注其他方面。在这一意义上,如果引导老教师有意识地去运用教学想象,凭借其已有的教学经验,必然会使教学进入想象的"深水区"。可见,正确认识教学想象是加强教学想象意识的关键,唯有教师主观上认可了教学想象才会在客观上努力去落实教学想象,从而在不断的教学实践中提升教学想象水平。

走出教学想象的误区,首先,应使教师意识到构建富有想象的课堂教学并不会使学生的学习成绩下降,反而会不断提高学生的学习成绩,提升学生的核心素养。只有当教师完全放下对成绩的担忧后才会积极悦纳并尝试在教学中运用想象。还需说明的是,由于教师对学生的学习成绩过于重视,因此,仅凭国外一份研究报告可能不足以让教师们信服,这就需要将理论与实践相结合,提供理论支撑的同时引导教师在实践中验证结果。其次,需使教师将眼光放远,着眼于学生的未来发展,而非紧盯眼前的学习成绩。从学生的未来发展考虑,富有想象的教学对学生发现问题、解决问题的启发以及思维方式的养成均是一种重要的引领作用。影响的不只是一代学生,更是几代人的素质。最后,基于当前的时代背景,大数据时代,人工智能飞速发展,对于任何事物的发现,我们唯有先想到才能去尝试落实,才会有新事物的产生,因此,从大处着眼,也是为了人类发展的共同体,对于学生想象力的培养有赖于教学想象的构建。唯有在充满想象的课堂上,才会有教师和学生想象力的提升。

二 主动接纳教学想象

想象之于教学的作用、意义与价值无可厚非,离开想象,教学也无法开展,因此,教师应积极学习,主动接纳教学想象。在与教师交流中,某学校四年级L老师直接说:"我不知道怎么富有想象地教学,也没有用过想象,光课本上的基础知识都没有时间教,都教不会学生,看看错的这些题目,都是基础知识,就是记不住,考试的时候怎么可能会做呢,我们根本没有精力用想象去教学,如果说培养学生的想象力,我觉得学生年龄有点大了,都四、五年级了,思维都固化了,想象力应该从小培养比较好吧。像我作为老教师,也没有太多精力去接受新鲜事物了,新的教学方法,我也不太适应,更重要的是不知道什么效果,所以,还是用老方法好。"教师的言语中不仅表现出排斥教学想象的意思,还有对教学想象的理解偏差,普遍教师认为,"想象力只有幼儿才有。在幼儿园或一、二年级的时候,学生课业负担轻,有精力培养想象力,四、五年级的学生有升学任务,思维也相对固化了,培养想象力有难度……"这种对教学想象的排斥深深根植于大多数教师的教育理念中,导致教师从内心深处不愿意接受教学想象。就此,主动接纳教学想象是强化教学想象意识的关键。

鉴于此,主动接纳教学想象首先应做到从思想上认同教学想象、接受教学想象,要强化"富有想象的教学是改善课堂教学质量的关键"这一观点的紧迫性、针对性和有效性。因为,如果没有想象,不可能产生探究知识的动机。人类社会认知成熟的前提是通过知识进行有效的想象,在一切科学进行证实或证伪之前,没有知识想象的雏形很难去展开实践。想象是建立知识联结的方式,也是增强学科理解力的渠道。通过想象,知识探究才真正与人发生关系。从研究对象来看,教育活动本身就建立在对人性的想象上才得以传承,没有想象的教育很难拥有真正的灵魂。[①] 可见,想象对于教学具有重要的

---

① 参见李海龙《高等教育学的常识、传统与想象》,《高等教育研究》2017 年第 10 期。

作用。充分认识到教学想象的重要作用，才能主观上接受教学想象。其次，从教师的日常教学活动中找到教师亲自运用想象辅助教学的例子加以分析、引导，使教师从内心认同想象之于教学的积极作用，以此使得教师放下芥蒂，接受教学想象。最后，利用"名师教学公开课"以及身边的优秀教师的优质课作为榜样，引导教师学习其富有想象的教学设计，以激发教学想象意识，使其从内心接受教学想象。

三　积极实施教学想象

将教学想象运用到教学实践中是教学想象问题发展的旨归，具体是指灵活、富有创造性地设计、实施教学活动，用想象辅助教学实践活动。因此，积极运用教学想象也是加强教学想象意识的关键。如若仅是让教师正确地认识、了解且接受教学想象，可能也只是短暂的教学想象现象，在一段时间之后又会恢复"常规课"模式。因而，唯有引导教师积极运用教学想象，并且在运用想象实施教学过程中有所收获，真正体验到想象之于教学活动本身的补充、预见、代替及调节作用，之于学生综合素养的提升以及之于教师个人发展的重要作用，教师才会积极悦纳教学想象，并建立起较明确的教学想象意识。如前所述，教学想象本身没有逻辑性，但是激发构建教学想象的过程还是需要遵循一定的逻辑，教学想象最重要的不是仅仅满足于教学目的抑或是作为一种技术手段，其最重要的是将教学想象作为一种思维方式，在不断地实施教学想象过程中能养成一种教学想象习惯，最终走向一种教学智慧。而教学智慧的达成唯有靠教师亲自将想象落实到教学中，并亲身体验过，才会有"高级教学想象"的产生。此外，教学想象的终极目标决定了必须建立较强的教学想象意识才能实现教学的深度想象，为了教学而想象的教学想象必然只是置教学想象于浅表层面，根本无法达成深层次的想象。

在与一线教师深入交流时，有一些教师比较主张、支持运用想象来实施教学，在课堂上也用得比较多，但是当笔者问到他们有没有什么实施教学想象的方法时，教师们纷纷表示"没有方法，就是很盲目地在用，让学生多思考、多想象"，笔者这时候往往继续追问："您让学生怎么思考？怎么想象？"例如，Z老师说："我就让学生瞎想，天马行空地乱想，因为，我觉得我们平时想象，不都是乱想吗？头脑风暴呗，反正总会有好的主意被想出来……"事实上，在访谈的过程中，多数教师表示在盲目地运用想象实施教学，几乎没有教师可以提出很好的方法来激发教学想象。这似乎是一个很难回答的问题，因为，想象本身就很抽象，属于心理活动，将其定位到教学层面，尽管属于教学实践活动，但是也很难用语言表达清楚，更不容易说明白。还需注意的是，积极运用教学想象也要注意"度"，莫要让想象占据了整个教学活动的主位，始终要明确一个事实——教学想象只是为了辅助完成教学活动而存在。刻意地滥用想象只会造成为"想象"而"想象"，会使其失去应有的意义，也会给教学带来负面影响。

第二节　巧妙设计教学环节，提高教学想象力

教学设计是教学活动开始前对整个教学活动的设想，是教学活动的关键环节。"设计"与"想象"属于同质词，均具有预设性，不同的是"想象"还包含生成性，而设计主要依靠想象进行。《现代汉语词典》对"设计"的解释是，"在正式做某项工作之前，根据一定的目的要求，预先制定方法、图样等"。而对于教学设计的理解，当代著名教学设计理论家迪克（W. Dick）和凯里（L. Carey）认为，"教学设计是设计、开发、实施和评价教学的系统化过程"[①]。国内学者乌美娜认为，"教学设计是运用系统方法分析教学问题和确定教学目标，建立解决教学问题的策略方案、试行解决方案、评价试行结果和对方案进行修改的过程"[②]。依此，教学设计包含了教学目标、教学重难点、教学方法、教学步骤、时间分配与教学评价等过程，然而，如若运用想象设计教学各环节则需要教学做出一些改变。正如李森教授所说："传统教学是一种本质探究的'工厂'，教学方法寻求最优化的流水线操作，学生掌握知识的程度和获得的分数成为衡量教师教学水平的标准与教学实践效果的'产品'，教师的教与学生的学成为一种简单的知识'授—受'关系，教学异化为教师中心和去学生化的活动。"[③] 想象具有开放性、不确定性等特点，在设计教学时需提供多种可能性以供选择。

储朝晖认为，"想象是创造和思想的起点，有了想象就会打开创造和思想

[①] 转引自徐英俊《曲艺教学设计：原理与技术》，教育科学出版社2011年版，第4页。
[②] 乌美娜：《教学设计》，高等教育出版社1994年版，第11页。
[③] 李森、石健壮：《教学思维变革三题》，《大学教育科学》2010年第5期。

的大门,就能为教育拓展更大的空间、更丰富的内容和方法,就可用思想滋润化解各种教育改进的阻力"①。通过调查研究发现,当前课堂教学中真正运用想象实施教学的情况较少,多数教师为完成教学任务而没有时间借助想象以促进学生理解、掌握教学内容,而还有一部分教师不知道自己经常借助想象辅助完成教学,只是无意识、盲目地实施教学想象,教师对教学想象知之甚少,导致教师无法科学地引导教学想象,这就必然会带来许多负面的影响,就此,课堂上"瞎想""乱想"等现象时有发生,而提高教学想象能力成为亟待解决的问题。基于此,本研究借鉴朱迪思·朗格提出的两种想象构建方式:"维持一个参照点和探索可能性视域"②。如果目的是理解概念或获取信息,那么获取意义过程中的取向就是维持一个参照点;反之,普查的取向采取开放式搜索,则选择搜索可能性视域。探讨构建想象的两种方式可为我们富有想象地实施教学提供启示,选择何种构建方式要视教学想象的具体情况而定。同时,朱迪思·朗格又将想象发生的心理过程概括为五个方面:第一,从材料开始;第二,拓展对材料的理解;第三,从材料中学习;第四,批判地思考材料;第五,超越材料。③ 这为本研究富有想象地设计教学提供了借鉴。依此,本研究借鉴这五个途径作为富有想象的设计教学的参考,以供其选择,这种富有弹性的方式也符合教学想象的特点。希冀通过教学案例的分析立体展示教学想象的实践过程。一方面,使教学想象理论在实践的衬托下变得更加具有指导力,增加了理论的厚重感;另一方面,为教学想象实践的落地提供了参考的依据。在想象构建的课堂上,学生首先基于已有的材料构建自己的想象,随后通过对大量已有材料的研究学习,参与并运用多种启发、讨论式的活动,通过教师适时引导以及学生的新旧知识点的同化顺应过程,学生迅速超越了原有想象。在此基础上再与他们交流互动,产生新的观点启发了新的思考,从而进入新的探究过程,学生根据收集到的材料做出判断与解释,整个课堂是一个积极主动、激发个性、注重学生认知的场所,这一过程中学生自己也承担着拓展自己知识、深化自身理解的责任,学生可以参与

---

① 储朝晖:《教育改进的想象与实证》,《光明日报》2015年5月12日第14版。
② [美]朱迪思·朗格:《想象知识:在各学科内培养语言能力》,刘婷婷译,上海教育出版社2015年版,第31—32页。
③ 参见[美]朱迪思·朗格《想象知识:在各学科内培养语言能力》,刘婷婷译,上海教育出版社2015年版,第24页。

讨论与思考真正享受探索知识的乐趣。但是，这一过程需要学生注意倾听他人的意见与想法。鉴于前期对教学想象运用现状的调查结果，不同学科在教学想象运用方面无显著差异存在，总体样本分析与按维度分析时，结果均没有显著影响，这一结果与文献分析及课堂观察的结果相吻合，想象存在于各种学科中，每一门学科的教学均离不开想象辅助。因此，在选择案例时本研究采取随机的方式，以部编版小学语文三年级上册《总也倒不了的老屋》为例。

  老屋已经活了一百多岁了，它的窗户变成了黑窟窿，门板也破了洞，它很久很久没人住了。
  "好了，我到了倒下的时候了！"它自言自语着，准备往旁边倒去。
  "等等，老屋！"一个小小的声音在它门前响起，"再过一个晚上，行吗？今天晚上有暴风雨，我找不到一个安心睡觉的地方"。
  老屋低下头，把老花的眼睛使劲往前凑："哦，是小猫啊。好吧，我就再站一个晚上。"
  第二天，天晴了，小猫从门上的破洞跳了出来："喵喵，谢谢！"
  老屋说："再见！好了，我到了倒下的时候了！"
  "等等，老屋！"一个小小的声音在它门前响起，"再过二十一天，行吗？主人想拿走我的蛋，可是我想孵小鸡，我找不到一个安心孵蛋的地方"。
  老屋低头看看，墙壁吱吱呀呀响："哦，是老母鸡啊。好吧，我就再站二十一天。"
  二十一天后，老母鸡从破窗户里走了出来，九只小鸡从门板下面叽叽叫着钻了出来："叽叽，谢谢！"
  老屋说："再见！好了，我到了倒下的时候了！"
  "等等，老屋！"一个小极了的声音在它门前响起，不注意根本听不到，"请再站一会儿吧，我肚子好饿好饿，外面的树被砍光了，我找不到一个安心织网抓虫的地方"。
  老屋低头看看，眼睛眯成一条缝："哦，是小蜘蛛啊。好吧，我就再站一会儿。"
  小蜘蛛飞快地爬进屋子，在屋檐上织了一张又大又漂亮的网。偶尔有虫子撞到了网上，小蜘蛛马上爬过去把虫子吃掉。

"小蜘蛛，你吃饱了吗？"老屋问。

"没有，没有。"小蜘蛛一边忙着补网，一边回答，"老屋老屋，我给你讲个故事吧！"

老屋想，这倒很有意思。于是它就开始听小蜘蛛讲故事。

小蜘蛛的故事一直没讲完，因此，老屋到现在还站在那儿，边晒太阳，边听小蜘蛛讲故事。

一 基于已有学习资料，形成最初的想象

在教学中设计较多的实践活动，引导学生扩大研究话题的知识面，尽可能帮助学生收集材料，让学生积极参与讨论，从想象构建的不同阶段思考学习内容，以帮助学生建立起最初的想象。鼓励学生积极参与讨论，为学生创造提问、阐释、论证观点的机会，也鼓励他们对他人观点表达支持或提出异议，并说明原因。随着信息的丰富，这些讨论变得越发具有实质性和持久性。

这一阶段主要是形成一个最初想象。而教学中已有的学习材料就是教科书，通过初识课文题目，学生开始在大脑中描绘一幅关于"老屋"的图景。学生基于已有的背景知识、生活常识及学习所得的知识经验，通读《总也倒不了的老屋》一文，进入一个最初想象阶段。故事语言生动、情节有趣，字里行间能充分感受到老屋的爱心和善良的品质。这时教师通过以下几个问题[①]引导学生想象，学生想象的同时教师也在构建想象。

1. 你认为这篇课文主要讲了什么？
2. 你认为从中能学到什么知识？
3. 如何将这篇课文与你之前所了解的"老屋"关联起来？
4. 你认为什么时候会建立起这种关联？在什么条件下会发生？
5. 你认为如何把你所了解的"老屋"与我们正在学习的内容联系起来？
6. 还有其他问题吗？请举例说明。

上述 6 个问题均是围绕课文本身而提出的，对这些问题的探讨也就是在

---

① 该部分（第五章）所提出的此类问题，均是参考《想象知识：在各学科内培养语言能力》（［美］朱迪思·朗格著，刘婷婷译，上海教育出版社 2015 年版）第 25—27 页所提出的问题，笔者结合所选案例对其做了相应的修改。

阐述对《总也倒不了的老屋》一文的理解。基于学生对这些问题的回答，教师可了解学生对课文的理解情况，也有助于教师针对学生的需求设计相应的教学方案，从而帮助学生清晰、深刻地思考。其中第2、3个问题的回答便可以检验学生在学习本课文之前对于"老屋"的整体印象，学生是比较熟悉甚至住过"老屋"，还是根本没有见过"老屋"，不知道"老屋"到底"老"到什么程度？对于很熟悉"老屋"甚至都住过"老屋"的学生就比较容易理解，老屋由于年代已久已经撑不住了因此随时会倒下；而对于没有见过"老屋"的学生，则首先需要解决的问题就是"老屋为什么要倒？为什么一直喊着倒下？"

通过对课文主题的总结、归纳，引导学生以此为参照点探索与之相关联的其他"老屋"，这一问题的提出可引发学生的想象。由课文中的"老屋"学生想到了什么？"老屋"总也不倒的原因是什么？每个同学知识经验里都曾有过"老屋"，他们脑海里的"老屋"与课文中的"老屋"的区别与联系是什么？等等，一系列的相关问题均会闪现。随着对这些问题的解答，学生对课文有了总体的感知，至此，一个初步的想象被建立起来了。这一过程中，我们试图通过各种观点、问题、预测、思考与判断来填补不断变化的想象空间，其间基于已有信息与新信息的关联进行反思，并由此构建新知识。而想象正是通过提出不同的问题来加深、拓宽我们的理解，聚焦中心，引导我们获取知识。

二 加深对现有学习资料的理解，拓宽想象

马克思认为："人们自己创造自己的历史，但是他们并不是随心所欲地创造，并不是在他们自己选定的条件下创造，而是在直接碰到的、既定的、从过去承继下来条件下创造。"① 同样，想象并非凭空产生，它是建立在一定经验基础之上的，缺乏经验的凭空想象也是很难实现的。教学想象亦如此，它具有历史的既定性，不是随心所欲的毫无章法的想象，而是需要以先前的知识经验为中介引领教学想象实现超越与积累。教学想象不是隔岸观虎斗，而是要教师真正参与到"斗争"之中，凭借自己的经验促进理想与现实的沟通。然而，经验是依靠长期积淀而生成的，经验具有无限开放性，在教学与师生

---

① 《马克思恩格斯选集》第1卷，人民出版社2012年版，第669页。

的交互"斗争"中，可获得最富生命力的教学生成体验。教师应构建多方面的情境以使它们能唤起学生身上期望的经验，又要使经验多样化，这样才能尽可能为全班每一个学生提供有意义的经验。这一阶段，主要是拓展对材料的理解，需要用到已积累的知识经验，通过阅读文本，把其中相关的细节串联起来，比如，老屋本来打算倒下的，又遇到了哪些动物让其改变主意没有倒下。以获取到的这些信息为基础建立起一个更加紧密且连贯的想象。新意义是建立在原有意义之上的，因此，要获取新意义，必须积累相关的知识经验，使之发展成为更加丰富的理解。为提高学生的理解能力，教师可尝试提出以下几类问题以供选择：

1. 通过学习这一课文，在哪些方面补充了你的已有知识？/通过学习课文你认为哪些知识是你不知道的？
2. 通过学习这篇课文的内容你认为什么最重要？为什么？
3. 这篇课文中作者希望你以什么特别的方式思考其主题？
4. 我们可以通过哪些不同的视角来分析该主题？讨论并提供相应证据。
5. 对我们所讨论的观点进行小结。
6. 课文中描写的老屋帮助小动物的事件如何与我们现在生活的社会环境、地理环境相结合？
7. 通过学习这篇课文使你记起了过去或现在发生的什么事？它们之间有什么关联？/你是如何想起来的？
8. 根据你已学习的知识，除了上述所提问题之外，还有什么是我们可以从课文中学习的？

上述 8 个问题均是依据课文本意来提出的，目的是加深学生对课文的理解，通过有选择性地回答这些问题，学生对课文的理解深化了许多，而教师也可通过学生的回答情况继续进行下一步的教学。由于每个学生的知识经验、理解能力以及社会背景不同，因此，其对课文的理解与思考方式也不同，但每个人均是基于已有材料建构出自己的想象。对这些问题的思考一方面可以加深学生的理解，使学生真正走进教学；另一方面，由于学生个体的不同，通过观察学生对问题的回答情况也可以给教师以提示，教师了解学生的总体情况之后才能进一步实施教学。其中第 1 个题目的探讨便是检验学生学习背景与知识经验水平的题目，知识经验丰富的学生自然知道得比较多，知识经验匮乏的学生对老屋知道得则相对较少，有些学生可能根本就没见过老屋，所以，对于老屋没有什么概念，这就需要先利用教师提供的信息构建起对老屋的初步印象，教师要运用丰富的语言描写，适当的时候还要辅助图片，详细地给学生介绍老屋，然后再将其与自己所处的社会环境联系起来分析。然而有些见过老屋的学生则可以自己运用已有的知识图式进一步展开想象，同样，这类学生对于后面问题的回答也相对容易一些，尤其是对于第6题的讨论，学生可以直接切入主题，将其与自身的社会环境融合在一起，发挥想象进行探讨。对待不同情况的学生，教师应有选择地提问，使得每个学生都能在自身已有知识经验的基础上建构不同的想象，并不断拓宽想象。

三 开启讨论，从材料中学习，挖掘、丰富想象

讨论是师生思维碰撞的关键时刻，在讨论的过程中最容易激起师生产生新的想法，通过对文本的讨论与学习，增加学生的知识经验，深化学生对文本的理解，同时聚焦问题，深化学生的想象。在讨论、思考与学习的过程中，个体的想象一直在发生改变，不断得到丰富，当一些信息变得更加清晰时便能很好地填补已有想象中的具体细节，使得想象越来越"丰满"。这一阶段是想象飞速发展的时期，学生离开建构中的想象，并开始审视一切由其通过学习所带来的新观点、产生的新想法，或者由于已有知识经验与新学习内容的相互作用导致其改变已有的旧观点。这一过程中他们已经意识到了自己对课文的理解正在发生变化。以下是激发这一过程的几个问题。

1. 正在学习的课文内容如何使你对助人为乐产生不同的想法？
2. 通过学习本文使你重新思考与这一主题相关的知识了吗？
3. 从课文学习中你能学到一些有关助人为乐的经验或教训吗？请展开讨论。
4. 从这一话题中，你学到了哪些新的知识？
5. 通过学习课文，如何改变你对助人为乐的看法？

以上5个问题均高于课文基本内容，从课文外围思考课文的中心思想，对此问题的探讨有助于进一步挖掘、丰富已建立的想象。围绕这5个问题来进一步学习、讨论课文内容，学生对上述问题的回答可加深对课文的理解，能扩大视野，基于学生学习的不同情况，对该问题的理解也不同，教师应有选择地让学生回答，学生回答问题的深度不同，从材料中所学到的知识也不同，因此，要分别构建不同深度的想象。对于第1题的回答，有关于"老屋"

信息背景的学生就很容易想到老屋助人为乐的优点，而缺乏背景知识的学生则需要先构建起老屋的相关信息，才能联想到助人为乐。同样，第2题和第3题的讨论，如若脑海中关于"老屋"的信息十分充足，那么很容易就会提炼出助人为乐的品质，学生讨论的重点便在于助人为乐这个事情上。诸如，什么时候该助人为乐？怎么助人为乐？助人为乐需要注意什么？我们生活的阅历中有多少助人为乐的行为？我们是如何助人为乐的？如何习得这种优秀品质？随后也就很自然地在讨论过程中过渡到第4题和第5题，无须教师的点拨、引导。大部分孩子都有过助人为乐的经历，但是可能有些孩子不知道自己帮助别人的行为是一种优秀品质，也不乏同学很少帮助别人，有些孩子作为独生子女一直都是在父母家人的庇护下成长，缺乏主动帮助别人的意识。所以，这时候要视具体情况而定，如出现这种现象，教师需要适时引导，同时帮助学生养成助人为乐的习惯。讨论过程中，学生由于自身知识经验的不同，讨论的深浅会有所区别，这就要求教师有区别、有选择地适当加以引导，需要注意的是，教师不仅需要通过问题引导学生的思维方向，还需要在适当的时候补充学生所缺乏的知识经验。教师的引导是学生深化、丰富想象的关键。

四　批判性地思考材料，建构想象

这一阶段中，学生已经建立起想象，通过离开已构建的想象，客观地评价事件、问题及其影响，以期在此基础上建立想象。学生会考虑老屋助人为乐的原因及其造成的影响，尝试回答问题并探讨解决的方法。他们也会将老屋助人为乐的事情与其他事情做比较，比如，他们的爸爸、妈妈、同学或者自己遇到类似的问题是如何解决的？通过比较提出评价的标准，助人为乐是好事还是坏事？什么时候该助人为乐？什么时候不该助人为乐？助人为乐是不是需要有限度？等等，一系列的问题均需要讨论。他们还可评价文本是否存在偏见，文本的可信度等。还会考虑无原则的助人为乐是否合适，不同角度的思考可促进想象的丰富和衍化。以下是培养学生批评性思维能力的几个问题。

1. 根据老屋助人为乐事件发生的年代，分析并解释这一行为。如果这些事情发生在其他时代可能会有什么不同？请解释说明。

2. 文中哪些地方的表述存在偏见？讨论一下为什么。

3. 分析并评论老屋面对小猫、老母鸡以及蜘蛛的要求，是如何处理的？请提供证据。

4. 如果这件事发生在你或你同学身上，有很多同学请你帮忙，你会如何处理？请对此进行分析判断。提供相应的事件并进行比较对照。

5. 综述全文的主要观点，用一个图来表示它们之间的联系。

通过前面若干问题的讨论思考，学生对学习材料已经理解得相对较为透彻，并且已经接受、认可"老屋"的做法，在一定程度上可以说，大家对"老屋"的做法持赏识甚至佩服的态度，这时就需要教师引导学生要辩证地看问题，批评地思考问题。首先，将该问题放到特殊的时代背景下分析问题本身，思考这一行为本身的对与错或者是否合适。这也就是问题1所提到的内容，目的是引导学生辩证地看问题。其次，基于课文内容，引导学生分析老屋面对小猫、老母鸡以及蜘蛛的要求时，它是如何做的，这也就是问题2和问题3要讨论的内容。问题5则从课文发生的事件转移到自己或身边的人，使同学能换位思考，以自己作为当事人重新讨论，也就是说："让同学们想象一下，假如你是'老屋'，面对小猫、老母鸡以及蜘蛛的要求，你会怎么做？你会像老屋一样满足它们的任何要求？还是会厌烦，不按它们的要求做？"使学生面对此类问题时能从自身角度思考，抽离已有的想象，重新建立新的想象，说出"老屋"的亲身感受，这样更能使学生理解老屋的做法。这一过程中还需注意，学生由于学习背景、社会背景的不同，对于事情本身的思考深度有较大的区别，有些是学生可以直接理解的，而有些内容学生还无法通过感同身受理解事情，这就需要教师及时补充、丰富学生的知识，引导学生理解文本。最后，在讨论之余对观点进行总结，引导学生须理性地看待任何事情，即便是做好事助人为乐也要张弛有度，要做到具体问题具体分析。

五 超越已有学习材料，进入深度想象

超越材料是指思维要超越一般意义，站在较高的位置来思考该问题，并非基于材料的本体意义，而是要放眼过去与未来，将该问题放在一个大的社会环境中思考，使问题得到升华。期望通过这一阶段的思考能有所创生，而不是仅仅预测一些可能发生的事情。创生是想象最重要的终极目标，也是较难以实现的，想象的过程不一定会生成新的知识，唯有深度想象才会有生成的可能性。浮在表面的想象只能是进入想象的情境，游离于想象内外，而超越材料即为进入深度想象的关键。在这一阶段中，教师应引导学生放下对课文《总也倒不了的老屋》所产生的较为浅显的想法，利用对该课文产生重要

影响的一些观点和议题,来帮助文本建构新意义,或从另一个角度考虑新的议题,可以通过如下问题来超越对已有文本的理解。

1. 如何利用我们正在讨论的老屋助人为乐的观点,围绕学科领域中的核心概念展开一次大范围的对话?

2. 如何利用我们正在讨论的观点,围绕社会变化形式展开一场大范围的对话?或者思考已经学过的其他课程或社会上发生的重要事件,进行对比。升华主题。

3. 讨论本节课的议题或老屋助人为乐的行为在历史中的地位和对未来的启示。

4. 如何将我们课堂上所学的知识运用于思考分析当今社会上所发生的一些类似的事情?

这一阶段的主要任务是引导学生将学习的内容转化为自身知识,课堂上随着讨论、思考的持续进行,学生理解程度逐渐加深,这一过程需要有教师的引导,教师应明白,学生的讨论需要放到大的社会背景下,而不仅仅是就问题本身进行讨论,教师基于学生的理解程度设计教学方法,学生在教师引导下逐渐学会运用学科的方法来思考、表达自己的想法。同时,学生在与其他同学合作、讨论的过程中促进了自己与其他同学知识的增长。需要注意的是这一阶段学生的思考方式应该是开放式搜索,也就是朱迪·朗格提出的探索可能性视域,具体是指在普查信息过程中通常没有一个固定的搜寻物,我们需要收集材料,并由此过程引导学生获得新的意义。在我们普查过程中,需要仔细甄别新观点,利用所有知识、经历与可联想的事物,在我们大脑中描绘出一幅所有意象的全景图。① 教师发挥着积极作用,帮助学生探索他们感兴趣的话题,让他们看到自己观点的有趣性和重要性,在探索的过程中不要忽略了课文的主旨,同时也要注意给学生指出其中需要重新检查的问题,以帮助学生聚焦问题的中心。上述问题中,前面 3 个问题均是旨在引导学生将课文主题事件放到大的历史背景、社会背景中讨论,希望学生能将眼光放远,立体地看待事情,第 4 个问题则是引导学生能学到此,且能由此及彼,习得方法上的技能,能通过对该问题的分析,将其用于分析其他类似的事情,这

---

① 参见[美]朱迪思·朗格《想象知识:在各学科内培养语言能力》,刘婷婷译,上海教育出版社 2015 年版,第 32 页。

就是想象最关键的部分,不能仅停留在传递知识、习得知识,而是要生成知识。学生在讨论中产生的疑问、形成的观点以及对问题的解答均是教学活动的焦点,教师在教学活动中应随时了解学生掌握知识的情况、讨论的进度、学生思考问题的方法等,以便随时给予指导,尤其要注意学生已有的知识,学生的知识经验是建构想象的关键。唯其如此,学生才能在探索可能性视域中慢慢聚焦问题中心,生成自己的想象,以使想象进入更深的阶段。

第三节 优化教学想象过程,提升教学想象水平

前面对想象融入教学过程做了详细的理论阐释与实践的构想,尤其是在教学实践中,从如何构建最初的想象,到学习现有资料产生次生想象,再到深入讨论,挖掘丰富想象,继而进行批判性思考,到抽离想象以达成最终的深度想象。每个阶段均会加深教学想象的程度,使其此时的想象程度深于彼时。需要注意的是,各阶段对教学想象的建构、深化还涉及一些理论问题:如何设置问题、如何关联知识、如何拓展材料、如何深化理解,这四个问题是构建教学想象过程中不可回避而又十分重要的理论问题,在前面只是基于教学实践,依托案例分析教学想象逐步在实践中深化的过程,并没有越过案例对其进行理论阐述,因此,在最后一部分需要对其进行理论建构,以提出可供参考、操作的对策。

一 设置不同层次的问题,引导教学构建想象

在教学过程中构建想象是一个持续的过程,即使教学过程结束了,关于教学内容的想象也依然存在,同时教学想象也是一个不断丰富的过程,从构建最初的想象开始,随着学习的不断深化,想象的程度也逐渐加深,教学想象越来越丰富。然而,教学想象的逐渐丰富要依靠问题的引导,通过教师提出不同层次、不同类型的问题拓展学生的思维,使教学想象逐渐深化。可见,问题的设置在构建教学想象中起着关键作用,实际上,问题的设置也是较为困难的环节,若想构建丰富的教学想象,问题的设置也需循序渐进,由浅入深,这样的话,教师不仅要关注教学内容,而且要关心学生的思考方式,同时还要清楚地了解学生所拥有的知识经验,这些均是教师设置问题的基础。依此,教师才能帮助学生运用正在学习的内容去探索新知识,与此同时才能

反思、批评自身对学习内容已建立起的观点或相关概念，以帮助学生形成更深刻、更恰当的理解。

教师在设计教学时会不断思考教学过程，并根据学生的发展需求以及学生已有的知识基础决定复习巩固哪些已学知识，如何开展新知识的学习并考虑采取什么技巧或方法学习。当教师所采取的教学方法有助于所有的学生包括成绩不好的学生思考且与他们的观点相吻合时，所有学生均被带入所学内容之中，并开始建构他们自己的理解，随着教师的指令，他们开始阅读、写作、讨论、思考，学习相关内容，习得常规步骤及规则，在此过程中他们不断拓展自身的理解以形成相关观点或产生新的观点，为了厘清问题和其他的观点，教师通过问题引导，使得他们从多视角研究本学科领域内的相关话题，对于不知道怎么开始思考或中途停下来的学生，教师采取提问的方式引导他们重新进入想象的构建过程。在此过程中还会有一些观点与他们自己的观点不相符合，这时就需要他们提供相应的证据去分析、质疑解释甚至被动接受观点，同时也要学习尝试不同的方法，拓展思路并将内容延伸至课堂之外，使教学内容得到升华。

问题的设置贯彻教学想象构建的始终，因此，要注意设置适切的问题。首先，教学中所设问题需基于学生已有的知识经验，是学生运用已有知识通过思考可以解决的。也就是说，问题必须游离于学生的"最近发展区"，学生通过努力就可以尝试做出回答，并获得成功的体验或者其注意力能被问题吸引，如若超出学生发展区太多，太难理解的问题均无法吸引学生，会影响学生继续深入思考。其次，教学中所设问题需考虑学生发展的不同程度，"因材施问"，而不是任意抛给学生相同的问题。学生由于其学习背景的不同，理解能力的不同步，其分析问题、解决问题的能力必定不同，因此，对于有些较难的问题，理解能力强的学生可以很轻松地解决，而理解能力差的学生即使付出很大的努力，可能也无法解决。所以，教师需观察、了解学生对问题的理解掌握程度以便抛出不同层次的问题，使不同学习程度的学生均能借助问题的引导，在自己的理解层面上继续深入下去。最后，教学所设问题提出时应注意时机。教师不可贸然抛出问题，而是要在学生表现出求知欲、思考欲时提出问题。如果在学生思考的时候提出问题，不仅容易打断学生思维还会影响学生的思路，从而干涉学生构建想象；如果在学生思维断裂后提出问题会给学生思考带来困难，学生思维已经断开，仅凭一个问题很难及时连接思路，因此，最合理的时机应该是学生表现出较强的求知欲望时设置问题。

二 寻找新旧知识间的连接点，缔造知识间的关联

想象最本质的特点在于联想，是由一事物联想到另一事物的过程，然而由一事物到另一事物之间的连接点对于想象的构建具有关键的作用。因此，寻找知识间的连接点也是想象构建的基础。发生于教学中的想象，其连接点存在于教学内容之中，教学内容的学习也是环环相扣。如果学生某些知识学习掌握得较好，其中的概念、原理可迁移到更大的相关问题之中，而教师需向学生展示这些连接点，从而让学生学会自己寻找连接点，自己主动建构并预见知识间可能存在的某种关联。教师可引导学生利用已有的知识基础，同正在学习的新知识建立某种联系，这种联系可以同化也可顺应新知识，关键是要建立某种关联辅助其学习知识。此外，学生不能仅仅是简单的学会知识、完成学习任务，还需要在知识的纵向、横向上拓展，在纵向上，学生需要思考如何将他们正在学习的知识与他们已经学习的知识及将来可能要学习的知识建构某种关联；在横向上，学生需要将他们正在学习的知识与日常生活、与该学科领域的焦点甚至同社会上的重大事件相关联，这些关联能帮助他们超越教学内容核心观点的限制，使其站在较高的角度重新思考问题。如若这种关联建立的适切则会使其犹如一种黏合剂一般将学生完全吸引使其专心构建、创生新的知识，否则，只是一个连接知识之间的点而已，无法继续深入想象。

教学中建立某种关联还与学生的思考问题方式有关，因此，教师可引导学生首先在较大范围内探索可能性的思考视域，这一过程中学生的思维采取开放式的搜索，在自己的知识系统中搜索可能的结合点，然后根据教学内容慢慢聚焦问题，建立最终的关联。在学生搜索信息的过程中，教师需要适时给予指导，帮助学生从各种信息来源中捕捉关键的信息，并教给他们搜索信息、辨别信息的方式。学生在众多信息中将某些信息建立起连接关系，这种探索知识的乐趣将他们的注意力深深吸引住，使得学生从开始的被动接受学习指令到后来成为专注的学习主体，这一教学过程中想象起着重要的作用，同时也使想象得到训练。教学运用想象关联过去、现在与未来，对于已经学习过的知识通过想象可以建立一定的连接关系，对于现在知识的学习也需要想象作为辅助，而对于将来知识的生成、预测则更需要想象连接过去与现在以便更好地把握、预测未来。对于某种知识的学习不应只是学会，如若这样

只是一种知识的传授,不能算是教学,更为关键的是生成新知识,唯有通过已学习的知识借助想象能推至未知并从中能获得新知才是教学的真谛。

三 精心组织实质且持久的教学内容以供讨论

教学内容的讨论有助于想象的深化与升华,课堂中实质且持久的讨论为想象的构建提供了一个极佳的环境。如若使想象在教学过程中顺利实施,需精心组织实质且持久的讨论,然而,这种讨论对话的组织却十分困难。国外学者内斯迪特(Nystrand,1997)曾指出,"他所研究的初中课堂讨论既非实质性也非持久性。一般这些讨论不会超过15分钟且经常转变重心,学生的评论只能稍微触及同伴的观点,但还没来得及深入探讨。相反,在实质且持久的讨论中,学生互相倾听观点、彼此互动交流;通过赞成、反对、以他人观点为基础、回顾本文、引入其他信息来源等途径,学生对讨论的话题已经有了比较周全的思考"[①]。课堂教学内容的讨论是教学中经常出现的环节,但是真正实质且持久的教学讨论却极少。因此,讨论教学的实效性也难以凸显。教学想象对于讨论的要求却是极为严格的,要求实质性的讨论且需要持久,学生在彼此倾听、交流、回应的过程中互相推动理解向前发展。这一过程加强了学生之间的互动性,学生通过反思、分析、批判以更深入的交流一个问题、一种观点甚至是一个假设,通过慢慢聚焦以获得更为清晰的了解。小组之间互相交流观点,学生在此过程中同化或顺应自己的观点,同时不断修正自己的认识,也是一个探索知识加深想象的过程。

还需指出的是,首先,在学生讨论交流过程中,教师起着点拨、引导的关键作用,教师不仅可以帮助学生探索观点还会适当引导学生聚焦观点,使学生充分认识到自己观点、想法的重要性,引导学生学会取舍、学会检验自己的想法。同时,教师也将一些思考问题的方法教给学生。当学生需要帮助或指点的时候,教师可以先参与到学生的讨论之中,顺势引导学生,让学生通过教师的提醒获得最终的结果。其次,教师还需注意,当学生讨论得激烈的时候,教师不要打扰,否则不仅会打断学生的思路还会影响学生的思维表达欲,而当学生讨论出现间断时,教师要进行引导、提醒,帮助学生拓展讨

---

① Nystrand, "Dialogic Instruction: When recitation becomes conversation", In M. NY strand ed., *Opening dialogue*, New York: Teachers College Press, 1997, pp. 29.

论的思路，教师要多鼓励以激发学生积极参与讨论，对于说话过多、表达欲过强的学生，教师也要适时地引导学生学会倾听，彼此尊重，学会合作，充分利用团队合作讨论的力量深化想象。最后，讨论的实质且持久意味着所讨论的教学内容是学生知识体系内的，与学生已有的知识结构建立了较好的连接关系，教师要在讨论开始时帮助学生建立连接，在讨论的过程中教师还需认真观察，在讨论的关键时刻能给予引导，使讨论有深度，并向周围辐射以保证讨论的实质性与持久性。浮在表面的讨论往往仅有热闹缺乏实质内容，短暂的讨论也是因为讨论没有方向感，或者学生的专注力、兴趣不够。依此，讨论过程中教师的引导起着关键的作用。

四 教学生"做的方法"与"想的方法"

通过调查发现，教师表示，"几乎没有使用过什么方法来实施教学想象"。可能由于多数教师属于无意识的状态下运用教学想象，所以，教师也未曾考虑过要用什么方法实施教学想象。可见，教学想象方法的问题值得探讨。然而鉴于"想象"问题比较内隐、抽象，很难用语言表达清楚，理论上属于心理过程，在教学过程中融入想象要将心理过程转换为实践过程，也就是说教学想象既包括思维活动又包括实践活动，这就需要教给学生"做的方法"与"想的方法"，其中，"做的方法"主要是指教学想象的实施过程需要遵循一定的原则、规范，有一定的程序或步骤，学生在教学任务开始前要先列出任务清单，做好准备工作，并制定出教学任务评估方法。学生借助想象完成教学任务时要遵循相应的程序、步骤。但是对于特殊任务，教师首先要帮助学生区分教学任务的难易程度，然后引导学生在面对全新的又有难度的任务时，学生应该怎么做才能最终完成教学任务。其间学生还需要学会如何判断自己是否按照老师的要求完成了任务，最终，还需要学生及时反思自己在完成任务过程中的不足与经验，并检查最终的学习成果是否能体现他们所学到的知识。

"想的方法"是回答问题时该如何思考，当学生不会思考时，教师应着眼于思路和方向启发学生以帮助学生思考。对于学生来说应该关注什么及如何思考、思考什么，他们常常不知如何下手，也就无法开展想象，教师只能通过引导教给学生"想的方法"，而无法运用语言直接告诉学生怎么想。依此，教师可以根据具体的内容引导学生思考与之相关的内容，提供若干路径，并提出较为开放的问题辅助，让学生沿着教师所指路径以问题为依托来思考。教师也可以运用阅读、写作、图片等辅助教学引导学生，促进理解，帮助学生提炼观点，与新的观点建立关联，学生学着做、学着想的过程中慢慢摸索，使其思维走得更远。此外，整个教学活动过程中，教师还要注意让全体学生均参与其中，由于每个人的学习经历、知识基础不同，教师在设计教学活动的时候要区别对待，尽可能使每个学生都有机会动脑思考，教师要提供多种选择，让学生基于自己的知识基础主动地参与学习。在整个教学想象构建的课堂中，教师的辅助、引导作用极为重要，教师需要精心组织课程、设计多种教学方案，尤其是设计好如何教给学生"想的方法"，其中，生生、师生之间的交流对话对于学生思路的拓展起着重要的作用，这就需要学生能学会彼此分享观点，学会提出自己的疑问，而且还能正确表达自己的观点，当别人的观点不完整时能及时补充，在理解他人的同时完善自己。在教学中融入想象，给教学一种较为开放、自由的空间，师生可以自由发挥想象创生教学，由于教学想象较抽象复杂，因此，还需要教师教会学生"做的方法"与"想的方法"，才能使其更好地建构想象，才能使教学想象走得更远。

第六章 教学想象深度的拓展：教学想象艺术

教学想象的激发与建构不应只是在理论层面予以澄清，还需要一系列可供参考的思路以保障落实。在研究初始，笔者曾预计努力寻找激发教学想象的策略，但到了研究的最后，笔者发现，如若单纯将教学想象视为一种显性的实体和静态的知识，则会限制教学想象的空间，也会让教学想象丧失灵动与魅力。事实上，想象本身就富有弹性，给人预留了许多可发挥的空间去理解、体验，因此，我们应遵循"想象"的特点，在努力拓宽教学想象空间的同时，还应尝试对教学想象进行深度拓展，将教学想象作为一种教学艺术加以升华与超越，就不失为对教学想象更高层次的理解。

第一节 教学想象艺术提出的必要性

对教学想象的理解不应只是基于方法、策略层面，还应走出方法、策略的圈子，着眼于更高处，要提升教学想象的品位。基于前期的调查研究结果可知，教学想象在教学实施过程中更多的处于浅层次，通常是为完成教学任务而不得不刻意为之。根据教学想象的基本逻辑来看，教学想象尚处于"满足教学目的"或"作为技术手段"的阶段，如若使其成为一种教学思维方式甚至表现出高超的教学智慧，则需从艺术的高度实施教学想象，亦即"教学想象艺术"。本研究认为，教学想象艺术是指教师通过语言描述引学生入境，诱发学生产生丰富的联想，在学生富有创意的思维活动中展现教学独特的艺术魅力，以提高教学艺术效果和水平的活动。想象之于教学的重要性无须赘述，可以说，离开想象教学无法实施。因此，教学不仅要运用想象而且要探究用什么方法来实施想象，这就需要按照科学规律来落实教学想象，如同工程师建设要设计一样。教学活动本身就是在创造，教学是一门艺术，而教学想象更富有创造性，教学想象属于有特殊要求的艺术。教学想象要求教师以一定的知识经验为基础，具备高超精湛的教学技艺、技能，这一过程没有程式可套，属于极富创造性的工作。就此，提升教学想象的品位显得尤为重要。

一 基于教学想象的本质

"想象"本身给人一种无限的空间。想象的过程无确定的方式、方法，只能通过引导，通常以问题为依托使思维不断扩散，以生成更多的可能，由低级想象走向高级想象以达成深度想象。教学想象具有弹性，如若仅停留在方法、策略的讨论上难免会限制教学的想象深度。此外，教学想象具有无限的延展性，表现为教学中构建想象时会一环扣一环地无限延伸下去，这一过程中需要教师适时引导，教师要基于学生对问题讨论的情况考虑如何引导学生更深入思考，在适当的时候还要及时丰富学生的知识经验，对于知识经验较充足的学生，则需要通过问题引导学生的思维。教学想象的本质特征决定了其需要艺术性的处理方式。从终极的目的来说，艺术的作用是培养知、情、意全面和谐发展的人。艺术的最高目的就是使人的知识、感情和意志和谐地发展，使人们的感觉和情感成为合乎理性的，使理性、道德的认识成为体现在感觉和情感中的东西。[①] 艺术性地实施教学想象对于深度教学想象而言是必不可少的，教学想象的落脚点为教学实践活动，但是其本质又属于思维活动，必须要落实在实践活动中，而由思维到实践活动没有通用的方式、方法，只能尽可能做到艺术性的处理。

二 教学想象主体的不确定性

教学活动是人参与的实践活动，教学的对象是人，正因为有了人的参与，教学充满不确定性，包括教师、学生以及教学环境等的不确定因素。学生处于不断发展之中，每个学生的知识经验、社会背景不同，尽管年龄相仿，教学内容相同，但是其接受能力不同。况且教学中的重要主体——教师，也具有较大的不确定性，由于教师个体知识经验、教学风格存在差异，教师也具有不确定性。教学想象主体的不确定性必然对教学想象提出更高的要求，因此，将想象运用在教学实践活动中，便存在许多未知性。教学想象需要运用艺术性的手段来引导，艺术主要是借助语言、动作、线条、色彩、音响等手

---

① 参见上海音乐学院马列主义教研室编著《艺术中的哲学》，福建人民出版社1983年版，第292页。

段来反映现实生活,表达作者的思想感情。一般而言,根据运用手段和表现方式的不同,可将艺术分为四类:语言艺术,主要是文学,它以语言为工具来塑造形象;造型艺术,运用线条、色彩等手段塑造可以直接感触的视觉形象,如绘画和雕刻;表演艺术,通过人的演唱、演奏和表演,运用声音、节奏和旋律或人体动作来塑造形象,如音乐、舞蹈;综合艺术,综合运用了各种艺术手段和材料来塑造形象,如戏剧、电源。① 艺术手段的基本要素包含了语言、动作、线条、音响、色彩、图像等,教学同样离不开这些要素。著名的教学论专家赞科夫曾说:"艺术对于学生的教育包含着多么巨大的力量啊!而这种力量却常常没有加以充分利用或者利用得很不好,传统教学法的很明显的毛病,就是没有向学生展示出艺术的、也只有艺术才具有的那些宝藏。"② 可见,运用艺术性的手段引导教学想象对于教学想象品位的提升具有重要的作用。

三 教学想象内容的模糊性

教学活动开始前尽管教师会设计教学过程,但是由于教学主体以及教学情境的不确定性,致使教学想象内容较模糊。教学想象往往随着思维的变化而变化,而思维的变化过程随个体的知识经验及理解能力不同而表现为不确定性,因此,很难给教学固定某个内容去想象,只能通过问题引导想象的方向或可想象的主题,使个体随意发挥。但是想象又不是毫无主题的漫天瞎想,况且这里的想象是存在于教学活动中的,是为教学而想象,这就需要给想象圈定一个中心,以便想象不会偏离教学主题,同时又不会受到拘束。恰如学者李如密教授所言,"教学内容,无论是社会科学学科,还是自然科学学科,都是真、善、美的统一,包含丰富的审美因素,具有明显的或潜在的艺术性。学校教学课程中,音乐、美术两科的教学内容直接就是艺术的内容,这自不待说;社会科学学科中的语文、历史、地理诸科所含艺术性内容,也早为人们所认识。其实,自然科学学科中也含有审美因素,常给人以强烈的艺术感受。科学美学的研究成果,可以帮助人们了解和欣赏科学认识中的美"③。学者赵鑫珊认为,"每一个数学公式从其实质(境界)来说,都是诗"④。教学

---

① 参见顾永芝《艺术概论》,江苏古籍出版社1989年版,第272页。
② [苏]赞科夫:《和教师的谈话》,杜殿坤译,教育科学出版社1980年版,第122页。
③ 李如密:《教学艺术论》,人民教育出版社2011年版,第71页。
④ 赵鑫珊:《科学·艺术·哲学断想》,生活·读书·新知三联书店1985年版,第55页。

内容中所包含的艺术性以及审美性因素，可以让师生在教学中开展艺术性的交流，发挥艺术性的想象。依此，我们可以从艺术性的角度切入，不失为缓解教学想象内容模糊性提供良方。在这一意义上，教学想象艺术的提出对提升教学想象水平具有重要意义。

第二节　教学想象艺术存在的前提条件

教学想象艺术的提出旨在提升教学想象力，使想象能更好地融入教学中，是生成知识的过程，希冀从艺术性上拔高教学想象的品位。因此，着眼于教学想象艺术是教学想象发展的终极目标，更是当前教育教学发展中刻不容缓的重要任务。想象在教学中被忽略甚至遗忘，最根本的原因是当前教学对于学生学习成绩的超高期望，成绩的驱动力过高以致教学忽视了学生的全面发展，出现扭曲、偏移的现象。故此，构建富有想象的课堂教学，并且不断提升教学想象水平刻不容缓。然而，教学想象艺术是高于教学想象一般水平的、对教学想象的特殊期待，因此，其存在必然有一定的前提条件。

一　转变教学思维

转变教学思维是提高教学想象力的首要环节。观念影响思维，思维决定行为，有什么样的思维就会产生什么样的教学实践活动，思维的转变对于教师的教学实践活动具有理论指导意义。对于教学想象而言，是在教学中运用想象思维实施教学实践活动，它兼具预设与生成性，需有特殊的思维方式与之匹配。一般意义上，适用于一切学科的思维方式可以称为"常规思维"，诸如"创造性思维"与"批判性思维"是每个学科均需要的，同样，教学想象需要养成一种教学想象思维，教学想象艺术的提出要以教学想象思维为前提。由前面调查研究可知，教学想象运用在学科上无显著性差异存在，也就是说，任何学科的开展均离不开想象，它需要转变传统的预成性或生成性思维。

谈及教学思维，还需弄清楚什么是思维方式，思维方式是较为复杂的概念，对此，已有许多学者做出了不同的阐释，本研究比较赞同的观点是"将思维方式作为一种认识定势和认识运行模式的总和，即认为思维方式是人的认识定势和认识运行模式的总和"①。思维方式在教学中的运用，主要阐释了教学思维方式。郭方玲等认为，它"是教师一般思维方式在教学问题上的投射，是教师在长期的教学过程中形成的对教学本质、教学现象以及教学实践等基本问题的一种稳定、持久的认知方式或认识模式"②。需要注意的是，教学思维方式既可以是一种促进的力量，因为一定形态的教学思维方式可以极大地简化教学程序、提升教学效率；也可能是一种阻碍的力量，因为同样的教学思维方式也可能演变为教学变革的阻力，制约教学创新。③ 在教学中一旦养成一种稳固的思维方式，所有的教学活动均是在已有的思维模式下进行的，诸如教学设计、教学组织、教学目标、教学实施过程以及教学评价等问题均囿于已有的思维方式之下，传统的教学思维方式是以分数为指挥棒的预成性思维，以传授知识为己任，尽管一些学者大力提倡，教学需从预成性思维转化为生成性思维④，但是如若不转变思维方式，生成性思维只能沦为一种"换汤不换药"的教学理念，又犹如"昙花一现"，最终只能在"表演课"或"比赛课"上实施，而无法进入"常规课"。因此，思维方式的转变是必需的，唯有养成教学想象思维才能艺术性地实施教学想象。

鉴于前期对教学想象特点的分析可知，教学想象具有形象性、情境性、问题性、延展性、启发性及不确定性。教学想象的诸多特点决定了其与传统教学大相径庭。教学想象倾向于开放、自由的教学环境，基于师生、生生的互动，以师生已有的知识经验为基础，以"问题"为导向完成教学过程。它留给教学许多可发挥、可生成的空白，它既不能提前预设并制定好，也不能单纯依赖生成，因此，教学想象的落实所需要的思维方式既不是预成性思维也不是生成性思维，而是兼具预设与生成，是一种具有动态性的、灵活性的思维方式。教学想象并非致力于传授知识，而是以能力提升为主要方向，并竭力使教学有所创生。教学想象作为一种重要的教学实践活动，唯有在教学中深入贯彻落实并不断实践、训练才有可能使其成为一种思维方式，也就是在教学中构建一种教学想象思维。

---

① 姚传旺主编：《真理问题纵横谈》（下），中共中央党校出版社 1995 年，第 8 页。
② 郭方玲、吉标：《教学思维方式解读》，《天津市教科院学报》2006 年第 4 期。
③ 参见邱关军《从离身到具身：当代教学思维方式的转型》，《教育理论与实践》2013 第 1 期。
④ 参见罗祖兵《从"预成"到"生成"：教学思维方式的必然选择》，《课程·教材·教法》2008 年第 2 期。

教学想象思维的培养与教学知识、技能的训练或者是教学经验的积累不同，教学想象思维的实施需要以教学知识技能为基础，同时，教学想象思维的训练与发展又高于且难于教学知识、技能的掌握。因为教学想象思维的过程往往更为隐性、复杂、灵活且高端。教学想象以师生互动为主，以问题为导向，具有更大的不确定性和发散性，原因是师生已有的知识经验基础不确定，所生成的问题亦具有不确定性，从而导致其经历一系列的变数和多重选择的可能性。就此，本研究认为，教学想象思维的养成需经历一个积累知识经验、加强练习提升技能、不断使用以养成习惯的过程。如同知识技能的学习一样，教学想象思维也需要不断积累知识经验，因为任何想象均是基于一定的知识经验的思考，并非凭空瞎想，这就需要教师和学生不断学习。正如克努兹·伊列雷斯所言："如若学生已经积累了一定的知识经验，教师则应该引导其适当进行同化学习，当学生在同化学习中遇到'高原现象'时，教师应鼓励他们进行顺应学习，当学生已经熟悉几种学习特点和灵活应用时，就应该促进他们向转换学习或超越学习转变，并灵活地运用它们。"[①] 总之，积累知识经验的目的在于能熟练运用已知的教学专业知识、技能、方法、观念和经验去解决一些未知的、复杂的、不确定的问题。仅积累知识经验不够，还需加强练习以提升教学想象力，通过练习形成技能，并且在实践中发展教学想象力，达成教学想象思维才能阐释其教学想象艺术问题。尽管在课堂教学中运用想象的频率很高，但是进行特殊、有意识训练的情况却不多。借助特殊的方法可以很好地训练想象力。这就需要不断地运用想象以养成想象习惯并在不断训练的过程中有所生成。当师生进行一段时间想象思维的训练后，便可以独立运用想象思考、解决教学问题，这一过程不仅会使想象更加深化还会使教学有所创生。

二 解构教学惯习

教学惯习是指教师长时间从事教学工作，容易习得某些固定的教学信念、教学风格或教学模式等，教学信念或教学风格保证了教师熟练地应对基本的教学工作。这些在教学中养成的教学行为被法国社会学家皮埃尔·布迪厄称为"惯习"，它与"场域"紧密相关。每个教师在教学"场域"中都会形成

---

① ［丹］克努兹·伊列雷斯：《我们如何学习——全视角学习理论》，孙玫璐译，教育科学出版社2010年版，第52页。

一套自我的经验系统,其日常的教学行为均源自该经验系统,这就是"教学惯习"。具体地说,"教学惯习是教师在长期的工作、生活和实践当中,在当时当地的背景下逐渐形成而固化的一种行为倾向系统,它主要来自教师对外部教学的理解从而形成的一种内化的结构,对各自的教育实践行为起着主导的作用"①;"惯习本身有一种惰性,它使个体被一种呆板僵化的行为模式束缚而浑然不知,沉浸在惯习带来的便利快捷里的教师会失去专业发展的动力和创新的欲望"②。教学惯习会阻碍教学的发展,仔细考量这些教学惯习,就会发现教学惯习内含连教师自己也不曾察觉到的某种固定的教学理念,这一理念阻碍着教学中一些先进教育理念的融入,甚至制约着教师的专业发展。教师一旦养成一种教学惯习便对其形成依赖,潜意识地以既有的教学惯习应对任何教学变革,从而使教师养成无意识地反对、拒绝、排斥一切与既有教学惯习不相符合的教学观念。可见,教学惯习是教学想象的一个阻碍,如若艺术性地实施教学想象,需解构教学惯习,教学惯习也是从宏观角度阐释的,它的解构是教学想象艺术存在的前提。同时,必须清醒地认识到解构教学习惯也是较为艰难的过程。主要原因在于已有的教学惯习往往带给教师一种精神上的"安全感",使教师从容地应对各种教学变化。吉登斯认为,社会日常生活的展开并不是一个自然而然的过程,它是由许多因素协同作用的结果。其中,每个社会成员本体的安全感(on to logical security)是他们参与社会互动过程的基本条件之一。③ 教师基于丰富的教学经验产生的安全感使教师沉溺于其中,不愿意冒险尝试新的教学方法或教学理念。久而久之,已有的教学习惯逐渐内化为自身教学行动的惯习。

教学惯习的养成是长期的,它的解构并非易事,需要经历一个长期过程,要先转变教学习惯才能解构教学惯习。首先,教学习惯的转变需要教师的自我觉醒。通常状况下,教师总是习惯于按照以往的经验从事教学活动,而且教师对自己的教学活动较为满意,所以,基本上不会怀疑自己的教学,时间长了就会形成一种自动化行为,有时甚至不去思考,习惯性就按以往的教学流程,而当教师清醒地意识到自己教学中出现问题时,才会对自己的教学产

---

① 许昌良:《教师教学惯习转变的理性思考及其实现》,《天津市教科院学报》2013 年第 8 期。
② 王慧:《学校场域中的教师课堂行为》,《当代教育科学》2008 年第 3 期。
③ 参见包亚明主编《现代性与空间的生产》,上海教育出版社 2003 年版。

生不满,从而主动去改变教学习惯,升华自我。其次,教学习惯的转变需要教师的自我反思。苏格拉底认为,"一个未经省察的生活是不值得人过的生活"①。如果教师总是安于现状,对自己的教学活动相当满意,那么就不会怀疑自己的教学,时间久了便会养成教学习惯,教学本身就属于一种反思的艺术,反思就是人对自己所从事的事情的一种回顾、思考。正是在这种回顾过程中,及时发现自己的不足,并由此形成正确的自我意识,并逐渐清醒地认识自我,当教师不断进行自我反思,甚至对自己的教学活动质疑时,教师才会进步,才会改变教学惯习。最后,教学惯习的解构同样需要学校、社会及家长的支持。学校应为教师提供反思、创新教学实践活动的氛围,如,举行各种讲课比赛、推门听课、同事互评课等活动,让教师们在榜样示范中不断反思自己的教学活动以便做出改进。社会与家长也应该着眼于孩子的长远发展,以一颗平常心对待孩子的考试成绩,不要唯分数论成功。唯其如此,教师才能放心、大胆地在轻松自由的状态下解构教学惯习,接受新的教学理念,使教学有所创生,从而艺术性地落实教学想象。

三 注意教学倾听

教学倾听是师生之间在言语交流过程中接收语言信息、通过思维活动达成一定的认知、理解等的过程。它通常伴随着提问、讲授、讨论、辩论等有声言语活动出现,是浅隐地存在于这些可听的言语行为背后的行为。② 教学倾听是师生之间交流沟通的重要方式,教师认真、耐心的倾听有助于学生深入的思考。伽达默尔认为,"听把话语同领会、理解和可理解性的联系摆得清清楚楚了。如果我们听得不'对',我们就没懂,就没'领会'"③。也就是说,"没有理解的纯粹倾听是不存在的,然而,显而易见,也不存在某种没有倾听的理解"④。倾听、思考、理解与想象是紧密联系在一起的。"'思'就像是一条幽静的森林小径,人们置身其中,这条小径似乎才能够显露出来,但是,人的漫步轨迹取决于这条小径,当人们行进在这条路途上时,思想就必须努

---

① [古希腊]柏拉图:《苏格拉底的申辩》,吴飞译,华夏出版社2007年版,第131页。
② 参见宋立华《教学倾听研究》,中国社会科学出版社2016年版,第54页。
③ [德]伽达默尔:《真理与方法》,上海译文出版社2004年版,第218页。
④ [德]伽达默尔:《本体诠释学》第2辑,潘德荣、成中英等译,北京大学出版社2002年版,第17页。

力地推开杂树,紧跟着这条小径,从而展现出林中空地。这条路其实就是人被存在领上的路。"① "思考、想象"负责对听到的各种信息进行辨别、选择、分析并做出判断,以达成理解甚至生成新的信息。"倾听"能促成"理解",尽管教师的倾听是以无声的方式反馈学生的思考行为,但是这也是一种隐形的鼓励与肯定,当学生发现教师在认真地倾听自己对问题的阐释时,学生意识到自己的观点得到教师的认可,会更加自信,思维也会更加活跃,必然有助于其想象力的发挥。然而,当前课堂仍旧是教师表演的舞台,是以"教"为核心的教学行为的聚焦。②亟待建立倾听着的课堂。

建立"倾听着"的课堂教学,首先应该注意提升倾听主体的综合素养,倾听者要树立正确的倾听观念,具有较强的倾听意识,还要有倾听技巧,也就是说,倾听主体要会听。提升倾听者素养的切入点在于不断提高其道德修养及对学生对教师工作的热爱。其次,要养成倾听的习惯。课堂上教师不要总是以自己说为主,而是要让学生多说,教师多听,要学会沉默。加拿大现象学家范梅南(Max van Manen)认为,"在良好的谈话中,沉默与说话同样重要。机智知道沉默的力量,也知道何时保持沉默"③。沉默显示了你在全心全意地听学生说话,是一种倾听的表现。最后,要创设倾听的氛围。师生在课堂中要善于创设一种倾听的氛围,不仅教师自己要学会倾听,同时也要引导学生善于倾听,如此学生还可养成良好的听课习惯,教师也能给学生思考、想象的空间。对此,注意教学倾听,建立"倾听着"的课堂教学成为提高教学想象力的必不可少的任务。有学者认为,教学倾听艺术是课堂中存在的教学艺术形式。④ 因此,教学想象艺术以教学倾听为前提。

四 学会教学等待

"教学等待是指教师在课堂教学中做出的短暂'停留',以便给学生充足的思考和活动的时间。"⑤ 教学等待在促进学生发展的同时也契合了当前课堂

---

① [德]海德格尔:《海德格尔式的现代神学》,刘小枫译,华夏出版社2008年版,第146页。
② 参见宋立华《教学倾听研究》,中国社会科学出版社2016年版,第4页。
③ Van Manen, M., The Tact of Teaching, New York: The State University of New York Press, 1991, p. 177.
④ 参见李如密、宋立华《教学倾听艺术探微》,《课程·教材·教法》2009年第11期。
⑤ 刘婷婷:《教学等待的价值及实践诉求》,《教学与管理》2018年第4期。

教学变革的趋势。等待是一种教学智慧，也是在给教学留有想象的时间，在教学中的"等待"会有意想不到的收获。等待也是一种教学艺术，等待并不会浪费教学时间，反而会提升教学效果。"静待花开"是一种教学理想，教学在高速度、快节奏的影响之下呈现出过"满"的状态，因而缺少了"等待"。有专家指出，"教育是一种慢的艺术，是一种等待的艺术"①。反观当前的课堂教学，当学生在回答问题时，教师并没有表现出耐心的等待，而是急于提示，甚至直接告诉学生答案，这种高效率、高节奏的教学，主要是为完成教学任务，同时也抹杀了教学想象力。有学者指出，"这种教学乃是受功利主义的教育传统和技术理性的教育价值观支配的，在技术理性的笼罩下，'效率'与'控制'伴随教育过程的始终"②。学者李海林在考察美国中小学的课堂后发现，"美国的老师总是在等学生。这是一种很奇特的感觉，老师不一定是真地在时间上、事情上停下来等，而是一种'等'的状态，更准确地说，是老师对学生总是处于一种期待的状态中"③。教学在等待的过程中，能促进学生更深入地思考，打开学生想象的闸门。正如有研究指出，"教师在提问后或等待学生答案的时间越长，学生做出的回答可能就更加具有复杂性、分析性或创造性"④。日本学者佐藤学认为，"教育实践是一种文化，而文化变革越是缓慢，才越能得到确实的成果"⑤。因此，教学需要适度的等待。

教学在"等待"的过程中，学生的学习状态是积极主动的，神情是专注的，思维是相当活跃的，表面看起来平静的课堂实际上充满着思维的碰撞，学生的学习由未知到已知，学习经验不断地深化着，教学时不时有新的生成，说明教学一直在想象中。需要注意的是，在教学中要注意适时等待，才能给予教学适时的想象，这就需要教师一方面要把握好教学节奏，在恰当的时机进行等待。当学生表现出具有思考欲望和思考倾向时，教师要适当等待；当学生有能力回答或表现出回答的潜力时，教师要适度等待。另一方面，教师

---

① 郭元祥：《教师的20项修炼》，华东师范大学出版社2007年版，第81页。
② 罗祖兵、周省非：《后现代教学观视阈下的问题意识及其培养策略》，《教育导刊》2017年第4期。
③ 李海林：《"使动"的课堂——美国教师课堂行为特征分析》，《上海教育》2014年第29期。
④ ［美］舒尔曼：《实践智慧：论教学、学习与学会教学》，王艳玲、王凯、毛齐明、屠莉娅译，华东师范大学出版社2013年版，第12页。
⑤ ［日］佐藤学：《静悄悄的革命——课堂改变，学校就会改变》，李季湄译，教育科学出版社2014年版，第8页。

要预测教学中可能的等待。在教学开始前，对于教学中应该有的等待，教师要做到心中有数；对于教学中可能有的教学等待，教师要依据教学情境选择是否需要教学等待。此外，教师要学会如何等待。不仅要灵活把握等待的时机，更重要的是要拿捏好等待的时间，过长或过短的教学等待均难以起到应有的教学效果，也就是说要艺术性地等待教学，给教学想象留出充足的空间以促成教学想象艺术。

五　恰当运用教学评价

教学评价的最根本的目的是改进，通过评价促进学生的发展。然而，当下教学评价主要围绕考试成绩，突出表现为形式单一、内容狭窄、技术落后，呈现结果单调，指向学生全面发展的功能被遮蔽、淡化。原因是当下的教学评价不能从情感上真正触动学生，学生看了试卷上冷冰冰的分数早已麻木，甚至出现"自暴自弃"任其发展的倾向。事实上，真正高效的教学评价应该是富有想象力，带有感情色彩、真正触动学生内心，使学生自觉做出改进的评价方式。例如，"一位老师布置学生写作文，其中一个学生只写了300字左右，不仅书写潦草，且有许多错别字，但是有一个地方写得很有新意。按照惯例，这样的文章打60分就可以，但是若这样学生肯定不会有什么触动。于是，老师给他打了这样一个分数：95—20—15，并且在每个分数下面都进行了解释：95分——内容新颖，有创造精神；20分——字数不足500字；15分——书写太潦草。虽然仍是60分，但由于对分数进行了艺术的处理，对学生的鼓励不小，第二次作文大有进步，得了90分"[①]。同样是60分，教师发挥想象通过艺术化的教学处理，使得学生看到了"曙光"，本来自己是可以得90分的就是因为"字数不够、书写潦草"被扣掉了很多分，而这两个原因通过努力是可以改进的，这样的评价定会让学生信心百倍地主动做出改正。古巴和林肯（E. G. Guba and Y. S. Lincoln）认为完整的评价应该包括描述和判断两个部分。他们将评价看作在量或质的描述的基础上，进行价值判断的活动。[②] 教师对学生做出评价不应仅是判断，还要描述清楚，这样才能让学生有所思、有所改。

新时代的到来、信息化社会的凸显、数字化课堂的呼唤均要求教学评价

---

① 李如密：《教学美的价值及其创造》，广东高等教育出版社2007年版，第248页。
② 参见 Guba, E. G. & Lincoln, Y. S., *Effective evaluation*, San Francisco: Jossey-Bass, 1983, p. 39。

形式蕴含感情、富有想象，而不仅是丢给学生一个毫无生气的分数。教师应立足教学评价的基本旨趣，为改进教学而评价，为检查知识而命题，为学生发展而测试，恪守评价的基本属性当属评价的常态。殷切希望教师们能真诚地面对教育，负责地面对学生，恰当地运用教学评价，使评价真正触动学生。基于此，笔者认为，富有想象的实施教学评价是解决相应困境的出路。

首先，提供教学评价的方法作为评价的着眼点。教学评价的方法是指让教师了解教学评价的操作流程。教学评价的方法对于教师如何正确选择教学评价方法、理解和解释评价结果是十分重要的，它是影响教学评价有效性的关键。因此，需要教师系统学习教学评价所提供的方法指导。教师作为教学评价的实施者，教师的教学评价主要针对学生，教师在评价时要重点考虑评价对象。面对同样的评价结果，教师如何解释、分析、归因会直接影响到其自身教学评价价值观的形成，还会影响学生对自己评价结果的归因方式，积极的归因方式有助于学生的发展进步，学生面对自己的成绩能对照自己以往的学习情况，发现自己的不足，不断地提升自己，更好地认识自己；消极的归因方式让学生无所适从，自暴自弃，会挫败、打击学生的学习积极性。对教学评价结果的解释方法有多种，如分数解释法、等级解释法、诊断描述解释法等。评价解释方式的选择要视具体评价内容和方式而定。事实上，教师掌握正确的评价方式能够培养自身把握评价方向的能力，并逐步养成对教学评价的积极态度。

其次，拓宽教学评价的知识作为评价的连接点。教学评价的知识是让教师理解教学评价的概念、目的以及评价与测量的区别与联系等问题。要让教师明白教学评价是依据评价目标而制定的评价标准，并运用评价手段对教学活动的过程及结果进行的价值判断。教学评价的目的旨在发挥评价的促进作用，即通过评价诊断学生的学习情况从而获得教学的反馈。与教学评价相似的概念是教学测量，教学评价是对学生的学习过程及教师的教学过程进行价值判断。而教学测量是对教学过程做出的量化描述，教学评价是对教学测量的价值判断。马克思认为，"最蹩脚的建筑师从一开始就比最灵巧的蜜蜂高明的地方，是他在用蜂蜡建筑蜂房以前，已经在自己的头脑中把它建成了。劳动过程结束时得到的结果，在这个过程开始时就已经在劳动者的表象中存在着，即已经观念地存在着"[①]。教师只有不断学习教学评价的知识，才能积累

---

① 《马克思恩格斯全集》第23卷，人民出版社1972年版，第202页。

教学评价的经验。教学评价使教师明白，教学评价是手段，促进学生的发展才是真正的目的。这就需要教师着力拓宽教学评价的知识，清楚教学评价的标准及权重，掌握教学评价的实施规则及要求，遵守教学评价中的"能"与"不能"，切不可误用"评价"。

最后，优化教学评价的态度作为评价的生长点。教学评价的态度是指帮助学生建立对教学评价的"深厚友好情感"，将评价作为"朋友"，而不是敌对的态度，要理性地悦纳评价。教师对教学评价正确的态度影响教学评价的效果。倘若教师对教学评价持厌烦、敷衍的态度，往往会出现"教师评价放学生一马，学生评价睁一只眼闭一只眼，师生评价互相合作，共同欺骗"的现象。这就需要教师应让学生面对评价结果时要能看到可努力、可发挥的空间，而不是厌烦、敌对的心理对待评价结果，这也标志着其成长与成熟。在一定程度上，对学生的教学评价也是对教师教学工作的价值判断，因此，教师要积极对待教学评价，并且创生一种积极的评价氛围来感染、影响学生。教师获得正确的教学评价认知时，教学评价的态度能使教师形成积极主动的评价态度，并将此作为其专业成长的动力。就此，教师在进行评价时应发挥教学想象艺术使评价真正促进学生的发展。

第三节 实施教学想象艺术应遵循的原则

尽管想象本身无拘无束、自由自在，极富创造性，它没有固定的方法可供套用，但是在教学中融入想象却会受各种情境和条件的影响，需要教师因时、因境、因人灵活地从众多可采用的想象艺术策略中选择最佳方式，并非"信手拈来"。其原因为有两个方面。一方面，场所的特殊性。想象的发生场所是教学中，教学具有其本身的目标和任务，它承担着教书育人、培养学生的任务，因此，教学想象的重心不可偏移。另一方面，教学想象主体的特殊性。教学想象的主体——人，也就是教师和学生具有不确定性。尤其是学生，处于发展之中，因此，教学想象会"受制"于教师跟学生。鉴于此，富有想象地实施教学并非易事，若要巧妙地运用教学想象艺术，取得较好的教学效果，则需要教师摒弃单调机械，自觉遵守教学想象艺术的实施原则，将想象艺术巧妙地与教学内容融合在一起，以提高教学的效能与创意。

一 保持好奇的原则

好奇是想象产生的前提也是想象的关键,正是由于好奇才会引发人无限的想象。因此,保持好奇是教学想象的关键。在教学过程中,教师要想办法使学生产生好奇之心,有主动探索事物的欲望,唯其如此才能保持教学富有想象力。例如,"英国著名解剖学家麦克劳德读小学时因对狗的内脏产生好奇,便和几个小伙伴偷偷套住一只狗,宰杀后把内脏拿出来一件件观察,谁知这只狗是校长的爱犬"。校长得知后罚他画一幅狗的骨骼和一幅血液循环图。麦克劳德深知自己的错误,画得十分认真,在画的过程中,他解剖狗的知识派上了用场,同时也深感自己知识的不足。事后校长认为他画得很好。正是这一"杀狗事件"激发了麦克劳德对解剖学的学习兴趣。在这里,我们不能不佩服这位校长,在学生严重触犯了他私人的利益后,仍能用这样宽容的方式教育学生,细心地呵护学生的好奇心。[①] 实际上,正是由于校长的宽容、大度,用心保护了学生的好奇心,才成就了一个著名的解剖学家。教学中保护学生的好奇心同时也是在激发学生的想象力,唯有好奇才能引发其对知识的进一步探究。

教学想象艺术需要好奇心作为牵引,以引发师生对新知识的探索。著名教育专家于永正认为,"激发兴趣,激发学生的求知欲和上进心的最好办法是让他们不断获得学习上的成功,体验成功的快乐,尝到胜利的喜悦,兴趣是学习的产物,来自于取得成功的满足"[②]。对于学习成绩不好的学生让其体验成功的喜悦、激发其好奇心尤为重要。这就需要教师适当点拨,巧妙利用学生的"闪光点"引发学生对学习的好奇,从而引发想象。

二 交往互动的原则

教学想象艺术强调教学过程是教与学艺术性的交往、互动活动,在教学实践活动中师生双方发挥想象互相交流、互相沟通以达成教学相长。教学想象的过程以联想为主线,这种联想基于一定的媒介,由一事物联想到另一事

---

① 参见罗四兰《培养好奇心,促进主动探究学习——以小学语文教材为例》,《基础教育研究》2010年第8期。

② 刘小明主编:《小学课堂差异教学策略的研究》,暨南大学出版社2012年版,第94页。

物,或者由一件事联想到另一件事。其中,媒介可以是语言的提示、图片的呈现,也可以是视频甚至某个不经意的动作提醒等。这一媒介主要依赖教师,教师运用这些媒介诱发学生产生想象。也可以是同伴互相引发想象,当然,多数是在教师的引导下产生想象,因为教学有重心,每节课均有相应的教学任务,这需要教师来把控,以至于不让教学偏移目标。因此,在教学中,师生互动很关键,教学想象艺术要求教师与学生坚持互动,师生互相启发,"道而佛牵,强而佛抑,开而佛达",在启发引导学生的同时要注意让学生独立思考,自己去找寻事物之间的连接点,自己联想、自己想象。也就是说,师生在互动的过程中共同推动想象的演进,教师要注意因势利导,这里的"势"是指事情发展所表现的趋势。教师让学生联想、想象的过程中,必然会出现很多奇思妙想,由于学生年龄小、性格活泼好动、调皮捣蛋,因此,难免会有学生整出一些"恶作剧",这时其他学生的注意力会全部被吸引过来,整个课堂会乱糟糟,这时对于课堂呈现的偶发事件,教师要顺势而为,以此为契机深化和拓展学生的思考。如若教师采取简单粗暴的强制手段必定会因为学生的逆反心理,加剧学生"恶作剧"的上演率,有时候还会激化矛盾,阻碍学生的想象。而如果教师能敏感地捕捉到其积极意义,化弊为利,则会因势利导地将学生重新拉进想象的轨道中,不仅激发了学生的想象力,还会因此使学生反思自己,并从中受到深刻的教育。在这一意义上,师生互动时要注意方式方法,要围绕教学目标。

例如,"一节哲学复习课上,教师正在讲解着,但见前排一位学生正低头认真作画。教师稍作停顿,走近一看,发现这位学生在画一幅漫画,而漫画的主角正是老师自己"。教师一怔,随即稳定了一下情绪,经同意,将那位学生的"画作"向全班学生展示,而后顺势提问:"同学们,他画得像不像老师啊?"一石激起千层浪,"像!"学生齐声答。教师接着问:"大家能否用哲学观点来回答为什么画得像?"经过片刻的思考,一些学生跃跃欲试,亮出了自己的观点。

生1:"坚持了一切从实际出发,考虑到了老师脸部的真实面貌。"

生2:"坚持按客观规律办事,绘画时遵循了绘画的技巧和规律。"

生3:"抓住了老师面部的个性特征,体现了矛盾的特殊性原理。"

教师趁热打铁,接着又问:"大家能不能用哲学的眼光评价一下这位同学上政治课画画这一现象?"学生来了精神,课堂又掀波澜,一番思考和讨论后,大家纷纷作答。

生4:"主观能动性是人特有的,这位同学之所以画得好,就在于发挥了主观能动性,应该予以肯定,因为只有充分发挥主观能动性,我们才能在认识世界和改造世界的过程中有所作为。"

生5:"凡事要坚持适度的原则,对绘画的喜爱没有错,但要一分为二,把握适度原则。"教师:"刚才大家运用哲学知识表达了对这种现象的认识,表明哲学不是玄学,它就在我们身边,我们都相信这位同学会遵循学习规律,注重全面发展。"①

其实有时候课堂上的恶作剧不一定都是恶意的,有的恶作剧如果教师能顺势引导将其与教学内容相结合就是难得的生成性资源,就能使其为教学服务。

在该教学片段中,师生互动推动教学想象的演进,面对课堂上的恶作剧教师并没有视而不见,也没有生气地对搞恶作剧学生当头棒喝,而是采用了转换的策略,通过诱导,巧妙地结合教学内容,富有想象地调整教学思路,反而利用恶作剧演绎了课堂精彩,从而加深了学生对当堂课中所学的哲学知识的理解。可见,教师运用教学想象艺术,不仅能使学生在课堂上敢于思考、乐于思考还使学生善于思考,更能挖掘学生的潜能,释放教学想象的潜质,以问题为契机调动学生的积极性,激发教学的想象力,充分体现学生在学习过程中的主体作用,让学生真正享受到探索知识的乐趣,这体现为巧妙的师生互动原则。

三 发散性原则

想象本身具有开放性、发散性,在教学中融入想象的目的是使教学充满创造性,给教学以无限的可能性,使其极具生命活力,师生围绕教学内容发挥想象使思维辐射面不断扩大,通过师生的思维碰撞扩展思维。因此,养成一种发散性思维对于教学想象尤为重要,发散也是教学想象的本质属性,单一、程序性的思维方式本身就限制了想象的空间,会使教学走向机械化、自

---

① 王献章:《课堂恶作剧的有效处理及预防》,《教学与管理》2012年第31期。

动化，师生在课堂上犹如流水线上的工人一般，教师只负责大批量"生产"，将学生塑造成规模相仿的"产品"，整个课堂死气沉沉，教师沦为传授知识的工具，学生被动接受知识。而富有想象的教学要求教师在教学中运用发散性思维引导学生的思维向着不同的方向扩展，在深度、宽度、时间方面均有所涉及。学生可以亲身体验探索知识的乐趣，在不断的摸索中体验、发现知识，当洞察显现时便是想象突破思维固着的时刻。发散思维也是想象不断深化的手段，想象依赖思维的发展不断探索新知。

　　需要注意的是，教学想象艺术需要发散性思维，但是要注意想象是发生在课堂中的，因此，不可只注重发散思维而忽视了教学内容的学习，教学目标的达成，更不可违背教学伦理任意发散思维，而是要有一定的限度。例如，在《啄木鸟和大树》课堂上，多数学生批评大树不愿治病的态度，但也有几个孩子批评啄木鸟缺少爱心："他只对大树劝说了一次，而且是在大树病还不重的时候，如果啄木鸟能更多地关心大树，多去劝说几次，特别是在病重的时候，大树是会接受治疗的，这样大树也不会死了！""显然，课文的本意在于说明小病不治，后果严重，不可讳疾忌医的道理，而孩子曲解了这个意思。因此为大树死得可惜而责备啄木鸟了。其实，教师既可以引导学生去重点研读表现大树自以为是、讳疾忌医的态度的文字，帮助学生端正认识。甚至也可以这样处理：其实啄木鸟劝过大树好几次，但都被大树拒绝了。故事编成课文的时候，把这里简化了。现在既然大家对这个问题很关心，我们可不可以来写一段'啄木鸟二劝大树'的情形？如果这样处理会更符合儿童的思维方式，这一阶段的儿童生活在一个想象的世界里，爱幻想、喜欢想象，尽管这是老师编造的美丽谎言，但不仅无伤大雅，而且达到拓展课文、强化主旨的目的，会收到很好的教学效果。"① 可见，教学想象艺术在运用发散性原则时需注意：第一，思维的发散需以教学目标为中心，不能与教学目标背道而驰，也不能偏移教学目标，而是要紧紧围绕教学目标，为完成教学目标而发散思维，落实想象；第二，运用发散性思维要注意思维之间的紧密衔接关系，切不可跳跃或者牵强地联系在一起，而应使各事物之间自然过渡，顺其自然地联系在一起；第三，运用发散性思维还要注意逻辑顺序，遵循由简单思维到复杂思维的顺序，从而使教学想象看起来形散而神不散。

---

① 周一贯：《小学语文应是儿童语文》，《人民教育》2005 年第 20 期。

四 情境性原则

情境具有较强的感染力,情境性也是引发教学想象的重要因素,通过语言描述或图片等可以创造一定的情境,诱导想象的发生。教学想象的激发也需要情境性,教师需要建立特殊的情境才能引发学生的想象,学生入境越深想象得越生动、丰富。以王崧舟老师教学《去年的树》为例,事实上,唤醒身体经验对激发学生的想象力和理解力具有较大的促进作用。课文初始写到树与鸟的关系。王老师并没有对"好朋友"一词在语言方面进行分析,而是抓住了"天天",采用唤醒身体经验和情境还原的方法提问学生,"小鸟会在什么时候给大树唱歌?"以引导学生主动发现"天天"一词所包含的丰富的时间内涵与思想内容:"从早晨到昏,及春夏秋冬的轮回,说明事物的变化,而树的情绪也有喜怒哀乐的变化。"王老师接着进行了一连串极富感染力的引读。当太阳升起——"鸟儿坐在树枝上,天天给树唱歌。树呢,也天天站着听鸟儿歌唱"。当月亮挂上树梢——"鸟儿坐在树枝上,天天给树唱歌。树呢,也天天站着听鸟儿歌唱"。雪都融化时——"鸟儿坐在树枝上,天天给树唱歌。树呢,也天天站着听鸟儿歌唱"……鸟儿坐在树枝上唱着晚安小夜曲——"树呢,也天天站着听鸟儿歌唱"。伴随着悠扬的音乐,经过九轮声情并茂的朗读,学生被代入童话中的情感世界,在脑海中自觉地想象小鸟日日夜夜、风雨无阻地给大树唱歌的情景,通过不断的阅读学生自己感悟出"鸟儿和树的感情深厚"。[①] 可见,教师在教学中创设特定的情境对于学生感悟、体验课文内容具有重要的作用,学生通过入境亲身体验、主动想象才能自己领悟出其中的真情实感。需要注意的是,教学想象艺术在创设情境时要真正诱发学生入境,使学生产生一种身临其境的感觉,从而在特殊的情境下发挥想象,切不可让学生游离于情境内外偏离教学目标。此外,教学情境的创设必须是学生真正感兴趣的,这样的情境才容易吸引学生。对于学生不感兴趣或是不理解的情境,是很难真正引学生入境的。

五 灵活性原则

在富有想象的课堂教学中,学生的思维、灵魂表现出自由自在,而调皮

[①] 潘庆玉:《植根生命体验激发教学想象》,《新教师》2017年第6期。

是中小学阶段学生的本性,因此,就很容易使学生得意忘形,出现一些有悖于常理的情况。例如,"课堂上,老师正在进行导入环节的讲解,这时,一位叫李飞的学生把一个折得方方正正的小纸团扔到讲桌上,然后坏笑着,老师捡起一看,只见纸团上面写着:'谁打开,谁是王八!'李飞阴阳怪气地大声说:'老师,打开念念,看里面写些什么?'他身边的一些同学也跟着起哄:'老师,打开念念吧!'老师皱着眉,沉思了一会儿,随即说:'同学们,全班同学中,李飞对这个问题最感兴趣,我们要学习他这种刨根问底的精神,现在我把这个任务交给李飞同学,让他用他那洪亮的声音念念纸团里的内容,好不好?'……李飞有些措手不及,磨蹭了好半天,脸通红,迟迟不肯念,最后用极低的声音挤出几个字:'老师我错了,我以后改,行不行?'……教育是一种激励、鼓舞和唤醒,唤醒学生实施自我教育,才是真正的教育"。案例中的教师巧妙地运用了以子之矛攻子之盾的方法,让学生在反思中实现了自我教育,将学生重新拉回教学的正轨中[①]。

中小阶段的学生尚处于不成熟阶段,搞恶作剧正是他们单纯幼稚的表现,实际上也是其发挥想象所制造出的恶作剧,只是其想象偏离了教学正轨,教师本意是想以此引起学生的关于教学内容的想象,但是学生调皮的天性使其想出了恶作剧,所以,教师如果能灵活地处理,适时地激励当事学生进行自我反思、自我醒悟,以实现自我教育,效果则更好。单一程式化的教学想象方法均无法使学生感受到想象的魅力,甚至会打击学生的积极性,使想象偏离教学的正轨,唯有以灵活巧妙的方式引导学生想象,才会产生耐人寻味的效果。因此,教学想象艺术应遵循灵活性的原则,使教学想象自然而富有活力,以引发学生的积极想象。

---

① 参见王献章《课堂恶作剧的有效处理及预防》,《教学与管理》2012 年第 31 期。

结语　教学想象研究的未来走向

行文至此已经进入尾声，综合而论，本研究题为"教学想象"，虽然在研究的最后专门用了两章讨论教学想象的构建策略问题，最后一章还对策略进行了升华，阐释了教学想象艺术的相关问题，但是本研究却不能为有志于构建富有想象的课堂教学提供处方，也不能为富有想象的教学贡献诀窍。在本研究中，你不会找到永远适合于任何教学的、有关描述"如何想象"的清单。教育教学过程总是发生在具体场景中，有关教育教学实践的决定取决于对那种场景的敏锐感知，鉴于想象本身的特点，本研究提供的仅是思考构建教学想象的工具；它描述可供思考的选择，可能采取的方法，却不能提供照着做的具体的操作步骤。

为者常成，虑者常悟，行者常达。教师运用不同的途径、方式在不同的条件下学习和实践教学想象，不仅需要彼此动之以情、引之以境，更重要的是持之以恒地学想象、练想象和用想象。对于教学想象，不仅要知道、理解、学会教学想象，重要的是使想象在教学中变得更加熟练、更加敏锐，逐步走进深度教学想象。教学想象就是这样一种同时运用心智与心灵去理解、生成新知识的过程，这个过程不断促进教师将原有的经验与新信息联结，使师生将教学信息转化为教学知识，通过不断地将知识运用转化为能力，将想象能力从简单地辅助理解教学问题，提高到高端地分析、解决、评价教学问题，从而进行未来的教学想象，促进教学不断创新，真正落实有灵魂的教育。

一　未来的教学想象研究会越来越重要

教学离不开想象，这里无须赘述，教学研究者应该充分发挥想象的优势借以回望过去、立足现在并展望未来。前面对教学想象进行微观的阐释，论述了在教学中融入想象，利用想象将过去已学习的知识经验与新学习的知识建立某种连接关系，来促进现有新知识的学习，是借助了教学想象对过去的回望及现在的立足,但是未来教学研究依然需要教学想象。在实际的教学中学习新知识最关键的是能运用所学的知识生成新知识,或者是利用所积累的知识经验对未来知识进行预测。然而,知识的由此及彼正是想象的辅助,也就是所谓的想象对未来教学的展望。当今社会已经由"信息时代"走向"智能化时代",在这个智能化时代中,我们的生活被虚拟化了,教学同样走向智能化,我们要依靠想象预测到智能化的未来,智能化的教学同样需要想象来完成。因此,未来教学想象研究会越发重要。

二 未来的教学想象将越来越开放

当前教学缺乏想象已经成为共识,教学更注重的是传授知识、促进学生发展,但是要使学生更好地发展,则需要构建富有想象的教学。通过调查研究可知,教学离不开想象,无论教师有意识抑或是无意识,教学过程中必须借助想象辅助完成教学任务。毋庸置疑,关于教学想象的运用极其狭隘,更多的是借助想象满足教学的基本需要,达成教学任务,并未将教学想象作为教学智慧。因此,未来教学想象会越来越开放化、智慧化。我们以往的教学基本上是以完成时态、终结时态及确定的形态呈现的,比如,语文课、数学课上学习了基本的教学内容、做完课后练习题也就完成了,后面只要学生掌握了这节课的内容,记住了知识点就可以了,也就是说,学生掌握了本节课的内容,我们的教学就算完成了,教学只是负责传授知识,学生负责接受、记住知识即可。教师往往会布置作业让学生背诵课文,数学课会让学生计算一些数据,现在则不需要了,因为有些信息网上就可以查得到,学生不需要储存太多的信息,只需记住重要的即可。未来的社会需要学生建立一种开放的态度,不仅是记住某些知识点,更重要的是去发现、认识、接受并预测、生成新的知识。去认识知识是怎么从过去发展到现在,未来又将会如何发展等问题。对于教学的学习形态是开放的,学生可以运用想象去质疑、去批判、去思考,从而形成新的知识。智能化时代的到来要求我们的教学想象越来越开放。

三 未来教学想象的研究方法会多样综合

通过文献分析法发现,想象的研究多分布于哲学、心理学、美学等学科中,其研究以思辨为主,通过逻辑演绎阐述想象对于人类生产、生活及学习所产生的积极作用，而本研究基于已有研究的基础上将量化与思辨结合，基于调查研究将理论与实践结合探讨教学想象。综合而论，已有研究或基于想象的研究进行理论演绎，以思辨为主阐述想象的激发建构过程，或以量化为主，即基于实践活动论述想象对于生产生活的重要作用，在此基础上提出激发想象的若干策略。未来教学想象的研究会多样化，突破理论与实践经验的总结，尝试另辟新路。例如，可能会突破已有学科，在脑科学等方面研究想象。有研究者证实，想象与脑科学有着密切的关系，人类左右脑发育情况影响想象能力，通过后天的培养、有意识的训练等方式可以提升人类的想象力。激活想象力的方式有很多，比如，丰富多彩的颜色可以激发人产生无限的想象力，美妙动听的音乐也可将人代入想象的情境，甚至当你刻意去创设一种轻松、自然的氛围时都可以让人产生想象，因为人在极度放松的状态下最容易开启想象，未来教学想象的培育方式也会随之增加，这就需要深入探索脑科学，合理利用人类先天的优势不足，以最大限度地挖掘人类的想象潜力。

四 未来的教学将极富想象力

文献分析、问卷调查、课堂观察及深度访谈均显示当前教学想象力较弱，需要努力激发、构建教学想象，但是由于传统教学中，"唯分数论"占主导，对学校、社会、家庭的影响根深蒂固致使教师、学生难以接受新的教学理念，他们过于忧虑构建富有想象的教学会影响学生的成绩，所以，对教学想象持表面上中立、实际上持反对的态度，使得实际教学缺乏想象力。随着社会的不断发展，智能化时代到来，我们的生活变得智能化、数字化，一切依靠网络使生活极为便捷，由此，人们不得不承认想象力的重要性，只一味地学习书本知识不提高思考能力的时代已经过去，未来想象力的培育将变得越来越重要，因为唯有敢想才能有将其变成现实的可能性，20年前我们怎么也不会想到可以网上购物、可以刷脸乘车甚至可以一个手机走遍全国，但如今这些当时想都不敢想的事情全部变成事实，未来将有更多不敢想的事情变成事实以方便我们的学习、工作，因为想象是无限的，它对于人的生活、学习、工作起着重要的作用。教学想象更是未来教学改革的发展趋势，教学无法离开想象这已毋庸置疑，未来教学也将越来越富有想象。

附　　录

附录1：教学想象运用现状调查问卷

尊敬的老师：

　　您好！本调查问卷旨在了解教学活动中教学想象的运用情况，以改善教学活动的质量。问卷中的教学想象是指您在已有教学经验的基础上，在课堂教学中激发、引导、建构想象，创造独特、新颖的教学实践活动的过程。本问卷中所涉及的答案没有对错之分，问卷所获取的信息只做科学研究使用，同时，问卷中将不涉及您的个人信息，请放心作答。您认真、真实的作答对我们的研究很重要，因此，恳请您务必按照作答要求认真填写每一个题目，不要有漏答、重答的情况。

　　衷心感谢您的合作与帮助！

南京师范大学课程与教学研究所

作答要求：以下题目均为"单选题"，请将您认为正确的答案打"√"。

一、基本信息部分

1. 您的性别：A. 男　B. 女
2. 您的年龄：A. 20 岁以下　B. 21—30 岁　C. 31—40 岁　D. 41—50 岁　E. 51—60 岁
3. 您的教龄：A. 5 年以下　B. 6—10 年　C. 11—15 年　D. 16—30 年　E. 30 年以上
4. 您的第一学历：A. 中专　B. 大专　C. 本科　D. 硕士研究生
5. 您的现有学历：A. 中专　B. 大专　C. 本科　D. 硕士研究生
6. 您的职称：A. 小教三级　B. 小教一、二级　C. 小教高级及以上　D. 中教三级　E. 中教一、二级　E. 中教高级及以上　F. 无

7. 您所属的教师类型：A. 特级教师　B. 优秀教师，骨干教师，教学能手　C. 普通教师

8. 您所在学校的地理位置：A. 城市（县、市）B. 城乡接合部　C. 农村（含乡、镇）

9. 您所在学校的层次：A. 完全小学　B. 九年制学校　C. 独立初中

10. 您所任教的学段：A. 小学低年级（1—3）　B. 小学中高年级（4—6）　C. 初中

11. 您所任教的学科：A. 语文　B. 数学　C. 英语　D. 物理　E. 化学　F. 历史（思想品德）、地理、生物　G. 音乐、体育或美术　H. 计算机

二、教学想象的相关信息

序号	题目	非常不同意	不太同意	不确定	基本同意	非常同意
1	我认为想象是天生的，后天无法培养					
2	我认为学生的想象力与其自身的智力水平有直接的关系					
3	我认为学生的想象力主要表现在艺术领域中					
4	我在课堂上会给学生留有分享、交流自己观点和思想的时间					
5	如果学生回答错了，我会直接告诉他们答案，以便节约时间					
6	我提出问题，学生回答过后，我经常会继续追问					
7	当学生屡次不明白我所讲授的内容时，我会引导学生思考，而不会直接告诉学生正确的答案					
8	我的想象力较为丰富，能富有想象地从事教学					
9	我要求自己上课前准备好教学所用的材料，并刻意设计一些开放性的题目让学生思考					
10	我不介意学生偏离教学内容去尝试自己的想法					
11	教学开始前，我通常准备一些幽默风趣的故事吸引学生的注意力以导入新课					
12	教学中，我经常运用一些游戏、小故事将教学内容展现出来					
13	我经常运用的教学方法是角色扮演法					

续表

序号	题目	非常不同意	不太同意	不确定	基本同意	非常同意
14	当学生无法理解文本时，我通常创设特殊的情境引导学生设身处地地想象以促进理解					
15	我常常预设好教学活动，并刻意让教学按照预设进行					
16	我常常借助多媒体技术演示一些较为抽象的教学内容					
17	我不鼓励小组讨论教学法，因为小组讨论教学法效率不高且占用大量的课堂时间					
18	我经常会预设一些问题诱发学生思考，使教学由浅入深					
19	我一般准备一页纸的测试题检测当堂课的内容					
20	我认为在教学中借助多媒体评价远不如纸笔测试收效高，原因是多媒体耗费精力					
21	考虑到学生的兴趣与知识经验有差异，我通常准备多个学习任务					
22	我总是耐心倾听学生提出的或许显得较为幼稚、不切实际的问题，并鼓励学生要多思考					
23	我经常让学生在不同的情境中尝试运用他们学到的知识					
24	学生们很清楚，我通常让他们自由发挥，不会轻易否决他们的想法					
25	尽管以不同的方式探究学习会占用大量的时间，但我还是鼓励学生这样做					
26	我允许学生探究超出我所教学科范围内的问题					
27	学生提出问题，我在他们提出问题的基础上，提出问题让他们进一步思考					
28	当小组讨论遇到困难时，我帮助、引导他们，使其继续讨论					
29	教学中我会依据学生感兴趣的内容调整自己的教学内容					
30	我通常让学生互相检查作业，而不是等着我给他们批改					

问卷到此结束，再次感谢您的配合！

下面是修订后的问卷：

教学想象运用现状调查问卷

尊敬的老师：

您好！本调查问卷旨在了解教学活动中教学想象的运用情况，以改善教学活动的质量。问卷中的教学想象是指您在已有教学经验的基础上，在课堂教学中激发、引导、建构想象，创造独特、新颖的教学实践活动的过程。本问卷中所涉及的答案没有对错之分，问卷所获取的信息只做科学研究使用，绝不外传，同时，问卷中将不涉及您的个人信息，请放心作答。您认真、真实的作答对我们的研究很重要，因此，恳请您务必按照要求认真填写每个题目，不要有漏答、重答的情况。

衷心感谢您的合作与帮助！

南京师范大学课程与教学研究所

作答要求：以下题目没有特殊标记的均为"单选题"，请将您认为正确的答案打"√"。

一、基本信息部分

1. 您的性别：A. 男 B. 女
2. 您的年龄：A. 20 岁以下 B. 21—30 岁 C. 31—40 岁 D. 41—50 岁 E. 50 岁以上
3. 您的教龄：A. 5 年以下 B. 6—10 年 C. 11—15 年 D. 16—30 年 E. 30 年以上
4. 您的第一学历：A. 中专 B. 大专 C. 大学本科 D. 硕士研究生
5. 您的现有学历：A. 中专 B. 大专 C. 大学本科 D. 硕士研究生
6. 您的职称：A. 正高 B. 副高 C. 一级 D. 二级 E. 三级 F. 无
7. 您所属的教师类型：A. 特级教师 B 优秀教师，骨干教师，教学能手 C 普通教师
8. 您所在学校的地理位置：A. 城市（县、市） B. 城乡接合部 C. 农村（含乡、镇）
9. 您所在学校的类型：A. 完全小学 B. 九年制学校 C. 独立初中
10. 您所任教的学段：A. 小学低年级（1—3） B. 小学中高年级（4—6）

C. 初中

11. 您所任教的学科：A. 语文　B. 数学　C. 英语　D. 物理　E. 化学
　　F. 历史（品德、社会）、地理、生物　G. 音乐、体育或美术　H. 计算机
　　I. 科学

二、教学想象的相关信息

序号	题目	非常不符合	不太符合	不确定	基本符合	非常符合
1	我认为学生的想象力主要表现在艺术领域中					
2	如果学生回答错了，我会直接告诉他们答案，以节约时间					
3	当学生屡次不明白我所讲授的内容时，我会引导学生思考，而不会直接告诉学生正确的答案					
4	我的想象力较为丰富，能富有想象地从事教学					
5	我要求自己课前准备好教学需材料，并刻意设计一些开放性的题目让学生思考					
6	教学开始前，我通常准备一些幽默风趣的故事吸引学生的注意力以导入新课					
7	教学中，我经常运用一些游戏、小故事将教学内容展现出来					
8	我经常运用的教学方法是角色扮演法					
9	当学生无法理解文本时，我通常创设特殊的情境引导学生设身处地地想象以促进理解					
10	我常常借助多媒体技术演示一些较为抽象的教学内容					
11	我不鼓励小组讨论教学法，因为小组讨论教学法效率不高且占用大量的课堂时间					
12	我经常会预设一些问题诱发学生思考，使教学由浅入深					
13	我认为在教学中借助多媒体评价远不如纸笔测试收效高，原因是多媒体耗费精力					
14	鉴于学生的兴趣与知识经验有差异，我通常准备多个学习任务					

续表

15	我总是耐心倾听学生提出的或许显得较为幼稚、不切实际的问题，并鼓励学生要多思考				
16	我经常让学生在不同的情境中尝试运用他们学到的知识				
17	学生们很清楚，我通常让他们自由发挥，不会轻易否决他们的想法				
18	尽管以不同的方式探究学习会占用大量的时间，但我还是鼓励学生这样做				
19	我允许学生探究超出我所教学科范围内的问题				
20	学生提出问题，我在他们所提问题的基础上，提出让他们进一步思考问题				
21	当小组讨论遇到困难时，我帮助、引导他们使其继续讨论				
22	教学中我会依据学生感兴趣的内容调整自己的教学内容				

问卷到此结束，再次感谢您的配合！

附录二：教师访谈提纲

1. 在您的理解中，什么是教学想象？您所理解的在课堂教学中哪些情况算是运用了想象辅助教学？请列举一下。

2. 您对构建富有想象的课堂教学持什么态度？在课堂上运用想象会耽误您的教学进度吗？

3. 您认为什么样的课堂才是富有想象力的课堂？

4. 您认为是富有想象的教学还是传授知识的满堂灌教学更有利于学生的学习？

5. 您在教学中提问学生的频率高吗？会不断追问学生吗？如果学生回答的方向偏离教学主题了，您会怎么做？

6. 您觉得哪些因素影响了您对学生想象力的培养？请列举一下。

7. 你在教学中使用过哪些方法来培养学生的想象力？收到了什么样的效果？

附录三：教学想象课堂观察量表

教师姓名：　　性别：　　年级：　　学科：　　教龄：　　学历：

维度	含义	观察点	备注
教学目标	发挥想象编制适切的教学目标	1. 根据教材的内容结构和学生的心理特征； 2. 制定了明确的课程目标以及课堂教学目标； 3. 使用想象预设教学活动的方向； 4. 富有想象的教学是否偏离教学目标； 5. 构建富有想象的教学是否影响教学目标的达成	
教学内容	运用想象使教学内容易于被接受、理解、内化	1. 运用多媒体技术辅助教学内容； 2. 提出问题引导学生思考； 3. 创设教学情境引导学生设身处地思考； 4. 教师通过问题诱导学生思考； 5. 想象使得教学内容更容易被学生理解	
教学活动	充分发挥想象设计一些学生感兴趣的教学活动	1. 运用游戏、幽默故事教学法组织教学活动； 2. 运用多媒体技术丰富教学活动； 3. 让学生自主创设教学活动，教师适时引导； 4. 基于学生的兴趣创设教学活动； 5. 结合学生的生活经验创设教学活动	
教学方法	教学方法的运用是否多样、灵活	1. 运用多种教学方法，诸如语言讲授、小组讨论、角色扮演等； 2. 以语言讲授为主，多媒体技术辅助教学； 3. 运用小组合作教学法； 4. 教师的教学方法基于学生的实际情况随时调整； 5. 教师预设的教学方法通常比较合适学生	
教学评价	依据教学目标对教学过程及结果的价值判断，主要是对学生学习效果和教师教学过程的评价	1. 教学评价并没有仅限于纸笔测试； 2. 设计较为开放性的题目测试； 3. 基于具体课堂教学案例测试； 4. 综合运用诊断性评价、过程性评价以及结果评价； 5. 让学生互相评价，然后老师评价	

参考文献

一 中文著作

(一) 经典译著

《马克思恩格斯选集》第 1 卷，人民教育出版社 1979 年版。
《马克思恩格斯选集》第 2 卷，人民教育出版社 1995 年版。
《马克思恩格斯选集》第 3 卷，人民出版社 1995 年版。
《马克思恩格斯选集》第 4 卷，人民出版社 1995 年版。

(二) 国内著作

(汉) 班固：《汉书·艺文志》，浙江古籍出版社 2000 年版。
包亚明主编：《现代性与空间的生产》，上海教育出版社 2003 年版。
陈斐：《语文教学技艺导论》，广东高等教育出版社 2013 年版。
陈向明：《质的研究方法与社会科学研究》，教育科学出版社 2000 年版。
丁润生：《现代思维科学》，重庆出版社 1992 年版。
冯契主编：《哲学大辞典》，上海辞书出版社 1992 年版。
顾明远主编：《教育大辞典》第 5 卷，上海教育出版社 1986 年版。
顾永芝：《艺术概论》，江苏古籍出版社 1989 年版。
郭元祥：《教师的 20 项修炼》，华东师范大学出版社 2008 年版。
贺乐凡、杨文荣编著：《现代教育原理》，科学出版社 1996 年版。
黄希庭编著：《普通心理学》，甘肃人民出版社 1982 年版。
李吉林：《情境教育的诗篇》，高等教育出版社 2004 年版。
李如密：《教学美的价值及其创造》，广东高等教育出版社 2007 年版。
李如密：《教学艺术论》第 2 版，人民教育出版社 2011 年版。
李世棣主编：《普通心理学》，中国人民公安大学出版社 1996 年版。
刘淮南：《中国文学批评史十六讲》，安徽大学出版社 2012 年。

刘小明主编：《小学课堂差异教学策略的研究》，暨南大学出版社 2012 年版。

刘宗绪编著：《义务教育课程标准实验教科书中国历史七年级上册》，岳麓书社 2003 年版。

刘宗绪编著：《义务教育课程标准实验教科书中国历史七年级下册》，岳麓书社 2005 年版。

潘庆玉：《富有想象力的课堂教学》，广东教育出版社 2009 年版。

潘庆玉：《富有想象力的教学设计》，广东教育出版社 2014 年版。

裴娣娜主编：《教学论》，教育科学出版社 2007 年版。

彭云飞、沈曦：《经济管理中常用数量方法》，经济管理出版社 2011 年版。

皮连生、刘杰主编：《现代教学设计》，首都师范大学出版社 2005 年版。

皮武：《生成之魅：大学课程决策实地研究》，吉林大学出版社 2013 年版。

普通心理学编写组编：《普通心理学》，山东教育出版社 1987 年版。

石中英主编：《教育哲学导论》，北京师范大学出版社 2002 年版。

宋立华：《教学倾听研究》，中国社会科学出版社 2016 年版。

上海音乐学院马列主义教研室编著：《艺术中的哲学》，福建人民出版社 1983 年版。

唐孝威、何洁等编著：《思维研究》，浙江大学出版社 2014 年版。

陶行知：《教学做合一讨论集》，上海儿童书局印行中华民国三十二年第 3 版。

王策三：《教学论稿》，人民教育出版社 1985 年版。

《现代汉语词典》第 6 版，商务印书馆 2012 年。

《新华字典》第 10 版，商务印书馆 2004 年版，第 589 页。

乌美娜：《教学设计》，高等教育出版社 1994 年版。

吴明隆：《问卷统计分析实务——SPSS 操作与应用》，重庆大学出版社 2010 年版。

徐英俊：《曲艺教学设计：原理与技术》，教育科学出版社 2011 年版。

杨荣树：《课堂学生跳跃性思维初探》，四川大学出版社 2010 年版。

姚传旺主编：《真理问题纵横谈》（下），中共中央党校出版社 1995 年。

詹志禹等：《未来想象教育在台湾》，台北：台湾"教育部"未来想象与创意人才培育总计划办公室 2013 年版。

张勇：《中国就业制度变迁与公共政策选择》，江西科学技术出版社 2007 年版。

赵鑫珊：《科学·艺术·哲学断想》，生活·读书·新知三联书店 1985 年版。

赵恒烈：《赵恒烈历史教育选集》，人民教育出版社 2005 年版。

赵伯飞：《美的感悟与随想》，西安电子科技大学出版社 2016 年版。

郑雪主编：《心理学》第 2 版，高等教育出版社 2006 年。

周少川主编：《历史文献研究》总第 28 辑，华东师范大学出版社 2009 年版。

中国社会科学院外国文学研究所编：《外国理论家、作家论形象思维》，中国社会科学出版社 1979 年版。

中央教育科学研究所比较教育研究室编：《简明国际教育百科全书·教学》（下），教育科学出版社 1990 年版。

朱光潜：《朱光潜全集》，安徽教育出版社 1990 年版。

朱汉国主编：《义务教育课程标准试验教科书历史七年级下册》，北京师范大学出版社 2002 年版。

（三）译著

［奥］维特根斯坦：《哲学研究》，李步楼译，商务印书馆 1994 年版。

［丹］克努兹·伊列雷斯：《我们如何学习——全视角学习理论》，孙玫璐译，教育科学出版社 2010 年版。

［德］海德格尔：《海德格尔式的现代神学》，刘小枫译，华夏出版社 2008 年版。

［德］黑格尔：《美学》，商务印书馆 1981 年版。

［德］胡塞尔：《胡塞尔选集》（下），倪梁康选编，上海三联出版社 1997 年版。

［德］伽达默尔：《真理与方法》，上海译文出版社 2004 年版。

［德］康德：《实用人类学》，邓晓芒译，重庆出版社 1987 年版。

［德］康德：《纯粹理性批判》，邓晓芒译，人民教育出版社 2004 年。

［法］萨特：《想象》，杜小真译，上海译文出版社 2014 年版。

［古希腊］柏拉图：《苏格拉底的申辩》，吴飞译，华夏出版社 2007 年版。

［加］基兰·伊根：《走出"盒子"的教与学》，王攀峰、张天宝译，华东师大出版社 2010 年版。

［加］马克斯·范梅南：《教学机智——教育智慧的意蕴》，李树英译，教育科学出版社 2001 年版。

［加］迈克·富兰：《变革的力量——透视教育改革》，中央教育科学研究所、加拿大多伦多国际学院组织译，教育科学出版社 2004 年版。

［美］爱因斯坦：《爱因斯坦文集》第 1 卷，许良英、范岱年译，商务印书馆

1976年版。

[美] 奥斯本:《创造性想象》,王明利、盖莲香、汪亚秋译,广东人民出版社1987年版。

[美] 成中英主编:《本体诠释学》第2辑,北京大学出版社2002年版。

[美] 杜威:《民主主义与教育》,王承绪译,人民教育出版社1990年版。

[美] 杜威:《学校与社会·明日之学校》,赵祥麟、任钟印、吴志宏译,人民教育出版社1994年版。

[美] 高普尼克:《宝宝也是哲学家:学习与思考的惊奇发现》,杨彦捷译,浙江人民出版社2014年版。

[美] 克里斯·希金斯:《修改想象力基本概念的审慎开端》,林心茹译,台北:台湾远流出版事业股份有限公司2013年版。

[美] 拉雷·N. 格斯顿:《公共政策的制定:程序和原理》,朱子文译,重庆出版社2001年版。

[美] 刘、[美] 洛帕-布兰顿:《想象力第一,释放可能的力量》,王蕾译,华东师范大学出版社2013年版。

[美] 米尔斯:《社会学的想象力》,陈强、张永强译,生活·读书·新知二联书店2005年版。

[美] 帕特森、[美] 布莱德:《我从彩虹那边来——如何养育0—7岁的孩子》,郝志慧译,天津教育出版社2011年版。

[美] 派翠莎·哈蒙:《创意者的大脑——一本教你从无到有的创意指南》,莫莫译,福建教育出版社2012年版。

[美] 乔纳·莱勒:《想象:创造力的艺术与科学》,简学、邓雷群译,浙江人民出版社2014年版。

[美] 史密斯、雷根:《教学设计》第3版,庞维国等译,华东师范大学出版社2008年版。

[美] 舒尔曼:《实践智慧:论教学、学习与学会教学》,王艳玲、王凯、毛齐明、屠莉娅译,华东师范大学出版社2014年版。

[美] 肖恩·布伦金索普:《想象力教育》,林心茹译,台北:台湾远流出版事业股份有限公司2013年版。

[美] 约翰·杜威:《艺术即经验》,高建平译,商务印书馆2005年版。

[美] 约翰·罗尔斯:《正义》,何怀宏、何包钢、廖申白译,中国社会科学

出版社 1988 年版。

［美］朱迪思·朗格：《想象知识：在各学科内培养语言能力》，刘婷婷译，上海教育出版社 2015 年版。

［日］佐藤学：《静悄悄的革命——课堂改变，学校就会改变》，李季湄译，教育科学出版社 2014 年版。

［苏］巴甫洛夫：《巴甫洛夫选集》，吴生林等译，科学出版社 1955 年版。

［苏］彼得罗夫斯基：《普通心理学》，人民教育出版社 1981 年版。

［苏］高尔基：《论文学》，孟昌等译，人民文学出版社 1978 年版。

［苏］罗森塔尔、尤金：《简明哲学词典》，生活·读书·新知三联书店 1973 年版。

［苏］赞科夫：《和教师的谈话》，杜殿坤译，教育科学出版社 1980 年版。

［英］柯林伍德：《历史的观念》，何兆武译，商务印书馆 2003 年版。

［英］休谟：《人性论》，关文运译，商务印书馆 2015 年版。

二　中文期刊论文

贲立人：《"想象"小议》，《语文学习》1980 年第 5 期。

蔡玲玲：《让现代教育技术为学生想象添翼——小语"四结合"中想象作为三维设计》，《电化教育研究》1999 年第 5 期。

陈方达：《审美创造中的想象功能》，《福州大学学报》（自然科学版）1999 年第 3 期。

陈俊、贺晓玲、张积家：《反事实思维两大理论：范例说和目标指向说》，《心理科学进展》2007 年第 3 期。

成尚荣：《教育需要想象》，《江苏教育》2018 年第 66 期。

慈夫领：《萨克斯音乐教学中如何培养学生的音乐想象力》，《高教探索》2017 年第 S1 期。

丁静：《新课程背景下对教学常规的反思》，《全球教育展望》2005 年第 7 期。

丁永祥：《论美育在学生想象力培养中的作用》，《河南师范大学学报》（哲学社会科学版）1999 年第 5 期。

董琦琦：《柯尔律治"想象"观对德国古典美学的传承与改造》，《社会科学辑刊》2010 年第 5 期。

方向红：《感知与想象的现象学区分——兼谈胡塞尔"先验想象"概念的缺

失》,《南京社会科学》2010年第10期。

付勇君:《"富有想象力的教育"对英语教学的启示》,《甘肃联合大学学报》（社会科学版）2013年第11期。

干树德:《历史教学中的想象》,《西南师范大学学报》（人文社会科学版）1990年第3期。

高崎:《想象的价值》,《中等职业教育》2011年第7期。

[美]戈登·罗伦德、高文:《设计与教学设计》,《外国教育资料》1997年第2期。

顾桂芳:《语文教学中学生想象力的培养》,《中国教育学刊》2000年第1期。

郭方玲、吉标:《教学思维方式解读》,《天津市教科院学报》2006年第4期。

郭元祥:《教师的20项修炼》,华东师范大学出版社2007年版,第81页。

韩宝强:《想象力比技巧重要——介绍一种培养儿童音乐创造能力的方法》,《人民音乐》1992年第1期。

何明:《走进立体几何——立体几何引言课的教学案例》,《中学数学月刊》2012年第8期。

核心素养研究课题组:《中国学生发展核心素养》,《中国教育学刊》2016年第10期。

洪志文:《例谈化学教学中想象能力的培养策略》,《化学教育》2014年第7期。

黄红成:《"想象"数学：指向核心素养的教学主张》《中小学教师培训》2017年第11期。

姜艳、李如密:《教学想象力：内涵、价值及其激发策略》,《课程·教材·教法》2017年第2期。

雷家骕:《迎接想象力经济扑面而来》,《中国青年科技》2008年第4期。

李海龙:《高等教育学的常识、传统与想象》,《高等教育研究》2017年第10期。

李海林:《"使动"的课堂——美国教师课堂行为特征分析》,《上海教育》2014年第29期。

李建军:《课堂想象：通向教学智慧的必由之路》,《教育科学研究》2011年第6期。

李森、石健壮:《教学思维变革三题》,《大学教育科学》2010年第5期。

李如密、宋立华:《教学倾听艺术探微》,《课程·教材·教法》2009 年第 11 期。

李润洲:《三维教学目标表述的偏差与矫正》,《课程·教材·教法》2014 年第 5 期。

李文阁:《生成性思维:现代哲学的思维方式》,《中国社会科学》2000 年第 6 期。

李祎:《从"预成论"到"生成论"——教学观念的重要变革》,全球教育展望 2006 年第 5 期。

李祎:《教学生成:内涵阐释与特征分析》,《全球教育展望》2006 年第 11 期。

李允:《繁荣背后的危机:中小学课堂教学模式同质化》,《课程·教材·教法》2015 年第 11 期。

李志厚:《国外教学设计研究现状与发展趋势》,《外国教育研究》1998 年第 1 期。

梁宁建、殷芳:《学生的认知风格与教师的教学策略之间关系的研究》,《心理科学》1998 年第 2 期。

刘婷婷:《教学等待的价值及实践诉求》,《教学与管理》2018 年第 4 期。

刘绍勤:《论想象的价值及想象力的培养》,《高等教育研究学报》2004 年第 1 期。

罗四兰:《培养好奇心,促进主动探究学习——以小学语文教材为例》,《基础教育研究》2010 年第 8 期。

罗祖兵:《生成性教学及其基本理念》,《课程·教材·教法》2006 年第 10 期。

罗祖兵:《教学思维方式:含义、构成与作用》,《教育科学研究》2008 年第 Z1 期。

罗祖兵:《从"预成"到"生成":教学思维方式的必然选择》,《课程·教材·教法》2008 年第 2 期。

罗祖兵、周省非:《后现代教学观视阈下的问题意识及其培养策略》,《教育导刊》2017 年第 4 期。

潘庆玉:《认知工具:富有想象力的教育策略和方法》,《教育研究》2009 年第 8 期。

潘庆玉:《想象力的教育危机与哲学思考》(上),《当代教育科学》2010 年第 15 期。

潘庆玉：《植根生命体验激发教学想象》，《新教师》2017 年第 6 期。

潘溯源：《论萨特想象美学理论在虚拟现实艺术中的体现》，《艺术百家》2017 年第 3 期。

潘茹：《美术课堂要调动学生的想象力》，《中国教育学刊》2017 年第 7 期。

裴娣娜：《学习力：诠释学生学习与发展的新视野》，《课程·教材·教法》2016 年第 7 期。

彭豪祥：《教学目标认知偏差：负效应及其解决对策》，《中国教育学刊》2013 年第 9 期。

强海燕：《自信心的性别差异与女性教育》，《教育评论》1999 年第 2 期。

钱建兵：《以想象为核心培养学生空间观念》，《教学与管理》2018 年第 11 期。

钱正劝：《关注课堂生成就得"淡化预设"吗?》，《小学语文教学》2005 年第 7—8 期。

秦丹丹、孙胜忠：《影像·信念·理性——从柏拉图的"洞喻"看〈死者〉中的众生相》，《安徽师范大学学报》（人文社会科学版）2008 年第 1 期。

邱关军：《从离身到具身：当代教学思维方式的转型》，《教育理论与实践》2013 第 1 期。

邵光华：《论空间想象能力及几何教学》，《课程·教材·教法》1996 年第 7 期。

施旭东：《法式与创生：艺术的创造之维——兼论现代艺术学的"创造性"建构》，《中国艺术论丛》2008 年第 8 期。

宋秋前：《课程教学中应处理好的几个关系》，《教育研究》2005 年第 6 期。

孙丽娟：《试论想象与科学创造》，《长白学刊》1993 年第 6 期。

孙云晓，赵霞：《中国儿童想象力危机报告》，《少年儿童研究》2009 年第 22 期。

王慧：《学校场域中的教师课堂行为》，《当代教育科学》2008 年第 3 期。

王鉴：《教学智慧：内涵、特点与类型》，《课程·教材·教法》2006 年第 6 期。

王熙梅：《想象·形象·艺术形象——美学随感录》，《贵州社会科学》1985 年第 1 期。

王献章：《课堂恶作剧的有效处理及预防》，《教学与管理》2012 年第 31 期。

王琰：《教育智慧类型差异与教师学习》，《中国教育学刊》2009 年第 10 期。

王勇：《比较教育学与想象的可能》，《外国教育研究》2005 年第 10 期。

吴献木：《论想象在创造性思维中的作用》，《湖北经济学院学报》（人文社会科学版），2009 年第 10 期。

奚丽萍：《教育同质化现象论》，《教育研究与实验》2009 年第 5 期。

夏正江：《个体发展的节律与因序而教——来自 Kieran Egan 的看法及其启示》，《教育研究与实验》2007 年第 3 期。

肖菊梅、李如密：《教学洞察力：内涵、特征与策略》，《课程·教材·教法》2017 年第 11 期。

晓秋：《想象的功能》，《思维与智慧》1995 年第 5 期。

许昌良：《教师教学惯习转变的理性思考及其实现》，《天津市教科院学报》2013 年第 8 期。

徐继存：《教学制度建设的理性与伦理规约》，《西北师范大学》（社会科学版）2006 年第 3 期。

徐金海：《让学生展开想象的翅膀——特级教师袁瑢的教学体会》，《江西教育》1981 年第 10 期。

颜景田：《浅谈数学教学中想象力的培养》，《学周刊》2011 年第 2 期。

杨启亮：《体验智慧：教师专业化成长的一种境界》，《江西教育科研》2003 年第 10 期。

杨永军：《"象"实"像"虚》，《咬文嚼字》2003 年第 7 期。

叶澜：《让课堂焕发出生命活力——论中小学教学改革的深化》，《教育研究》1997 年第 9 期。

佚名：《科学：想象力》，《女学生杂志》1910 年第 1 期。

张晓阳：《大数据迷潮下的教育研究及其想象力》，《基础教育》2015 年第 4 期。

张洪涛：《带着想象去备课》，《人民教育》2013 年第 Z3 期。

张丽华、沈德立：《论创造性思维产生的有利条件》，《教育科学》2006 年第 2 期。

张春坤：《观察、想象、修改的训练》，《人民教育》1979 年第 4 期。

张厚粲、孟庆茂、郑日昌：《关于认知方式的实验研究——场依存性特征对学习和图形后效的影响》，《心理学报》1981 年第 3 期。

张广祥：《数学探究的一个途径——数学想象力》，《数学通报》2004 年第 10 期。

张柠：《想象力考古》，《东方》2003 年第 11 期。

张春燕:《想象与情感——论休谟的美学及其影响》,《西北师大学报》(社会科学版)2014 年第 1 期。

张函:《书法创作中的想象与灵感》,《中国书法》2017 年第 7 期。

赵光旭:《巴什拉的诗意想象论及其美学意义》,《同济大学学报》(社会科学版)2008 年第 6 期。

赵伯飞:《浅析黑格尔的艺术想象与艺术独创性理论》,《理论导刊》1997 年第 10 期。

赵艳红、徐学福:《论教师洞察力》,《教育研究与实验》2013 年第 3 期。

郑国宣、蔡子南:《在小学语文教学中培养学生的想象能力》,《教育评论》1998 年第 2 期。

钟为永:《文学教学中的想象》,《语文学习》1982 年第 7 期。

周一贯:《小学语文应是儿童语文》,《人民教育》2005 年第 20 期。

周学祁:《想象与想象力培养》,《江苏教育》1985 年第 1 期。

左璜、莫雷:《课程想象力:内涵及其培育》,《华南师范大学学报》(社会科学版)2013 年第 4 期。

三 中文学位论文

戴慧群:《两种情境下认知风格对风险决策的影响》,硕士学位论文,江西师范大学,2009 年。

冯建国:《积极想象方法的理论与应用研究》,硕士学位论文,东北师范大学,2010 年。

亓玉慧:《课堂教学中的"边缘人"研究》,博士学位论文,西南大学,2014 年。

宋立华:《教学倾听研究》,博士学位论文,南京师范大学,2015 年。

吴晓玲:《走进教学想象力——基于对以自然为法之教学观的理解》,博士学位论文,南京师范大学,2008 年。

杨晓奇:《教学资源及其优化问题研究》,博士学位论文,南京师范大学,2014 年。

张晓阳:《想象教育论纲》,博士学位论文,华东师范大学,2016 年。

四 中文报纸

白云飞:《用 3D 打印机打印你的想象力》,《洛阳日报》2013 年 6 月 3 日第 90 版。

储朝晖：《教育改进的想象与实证》，《光明日报》2015年5月12日第14版。

黄鑫：《世界电信和信息社会日，关注人工智能使用——人工智能进入快速发展期》，《经济日报》2018年5月18日第4版。

刘慈欣：《展现伟大时代的瑰丽想象》，《光明日报》2015年10月21日第10版。

潘苇杭、潘新和：《养护想象力：通能教育之首务》，《中国教育报》2019年1月10日第7版。

乔梦雨、田文生：《重庆大学一教授将弹幕引入课堂——"用新媒体把学生的注意力抢回来"》，《中国青年报》2016年6月17日第10版。

《国科大生物试卷玩诗意，走红网络——〈蛋白质工程原理〉期末考试试题结合古诗词，走红网络》，《新京报》2015年5月17日第A06版。

余文森：《新课程下如何让"预设"与"生成"共精彩?》，《中国教育报》2006年4月14日第5版。

赵永新、吴昊魁：《中国儿童想象力太差》，《人民日报》2009年8月17日第11版。

五 其他

《未来全球分"高想象力国"和"低想象力国"》新华网，http://news.xinhuanet.com/fortune/2012-09/11/c_113029010.htm，2012年9月11日。

宾夕法尼亚大学想象力研究中心，http://Imagination-institute.org/grant-recipients/intoducing-imq，2018年9月11日。

"The doctors would": Mark Beeman, personal interviews with the author, Northwestern university, April 10 to 12, 2008. the right hemisphere. http://nobelprize.org/nobel_prizes/medicine/laureates/1981/sperry-lecture.html.

六 外文资料

A. Flew, "Images, Supposing, and Imagining", *Philosophy*, Vol. 28, No. 106, 1953.

Charlie Magee, The Age of Imagination: Coming soon to a Civilization near You Second International Symposium: National Security National Competitiveness: open Source Solutions Proceedings, 1993: 98.

Currie, Ravenscroft, *Recreative Minds: Imagination in Philosophy and Psychology*,

Oxford: Oxford University Press, 2002.

Dunne, J. & Pendlebury, S., "Practical Reason", in P. Gawker, R. Smith & Standish, eds., *The Blackwell guide to the philosophy of education*, Oxford: Blackwell Publishers, 2002.

"Egan, Imagination, Past and Present", in Kieran, Maureen Stout & Keiichi Takaya, eds., *Teaching and Learning Outside the Box*, The Alehouse Press, 2007.

E. Louis Lankford, "Preparation and Risk in Teaching Aesthetics", *Art Education*, Vol. 5, No. 5, June, 1990.

E. Husserl, *Die Bernauer Manuskripte über das Zeitbewusstsein*, Husserliana Band XXXIII, hrsg. von R. Bernet und Lohman, Dordrecht/ Boston/ London: Kluwer Academic Publishers, 2001.

Guilford, J. P., *The Nature of Human Intelligence*, New York: McGraw-Hill, 1967.

Guba, E. G. &, Lincoln, Y. S., *Effective evaluation*, San Francisco: Jossey-Bass, 1983.

In Peters, R. S. ed., *The Philosophy of Education*, London: Oxford University Press, 1973.

J. A. Boydston, *John Dewey the Early Works*, Carbondale: Southern Il lions University Press, 1972.

J. J. Chambliss, "John Dewey's Idea of Imagination in Philosophy and Education", *Journal of Aesthetic Education*, Vol. 25, No. 4, April, 1991.

McKernan, *Curriculum and Imagination: Process Theory, Pedagogy and Action Research*, London and New York: Rutledge, 2008.

Johnson, *Moral imagination: Implication of cognitive science fore ethic*, Chicago: The University of Chicago Press, 1993.

KiranEgan, *The educated mind: How cognitive tools shape our understanding*, Chicago: University of Chicago Press, 1997.

Leslie, A., "PretenseandRepresentation: The Origins of 'Theory of Mind'", *Psychological Review*, Vol. 94, No. 4, Aprl, 1987.

Nystrand, "Dialogic Instruction: When recitation becomes conversation", in M. NY strand (ed.), *Opening dialogue*, New York: Teachers College Press, 1997.

P. Brady, The Role of Imagination in the Development of Curriculum Theory *Dis-*

course, 1981, Vol. 1, No. 2, February, 1981.

P. H. Hirst, *Knowledge and the Curriculum*, Ch. 7. *What is teaching*? London: RKP.

Stevenson, "Twelve Conceptions of Imagination", *Journal of Aesthetics*, Vol. 43, No. 43, 2003.

Shulman, "Professional Development From experience", in S. Wilson, eds., *The Wisdom of practice: essays on teaching learning and learning to teach*, San Francisco: Jossey-Bass, 2004.

Van Manen, M., The *Tact of Teaching*, New York: The State University of New York Press, 1991.

Walton, *Mimesisas Make-Believe*, Cambridge, MA: Harvard University Press, 1990.

Words worth, W., *The prelude*, Cambridge University Press, 1999.

Zaw, "S. K. Moral Rationality", in L. May, Fried man, A. Clark, eds., *Mind and morals: Essays on cognitive Science and ethics*, Cambridge: The MIT Press, 1996.

后 记

教学想象是一个"让人欢喜让人忧"的话题，它非常有意思，越深入研究越有"味道"，然而，不可否认，"教学想象"又非常抽象，它如同空气一般是我们不可或缺的，也时时刻刻都能感受到的，但却怎么也无法"抓住"。将抽象的事物具体化是很难的，这也是我在完成本研究过程中始终比较"头疼"的事情。在此过程中我深刻体会到学术研究的艰辛与不易，从选题到成稿到无数次修改再到定稿，这期间我纠结过、彷徨过、停滞过，最终书稿付梓。

本书是我在博士学位论文的基础上修订而成的，到目前距离博士学位论文答辩已经过去两年有余，博士毕业我直接去了北京师范大学教育学部跟随王本陆教授从事博士后研究工作，其间与王老师也探讨过，在北京师范大学做的入职报告也是这个主题，当然，在此期间也曾有无数次和我的博士导师李如密教授交流，也就是说在这两年中我始终没有"放下它"，尽管有了一些新的想法，但仍觉得不够成熟。也或许是源于我极度不自信的学术性格，我最终没有将那些新的想法加进本书。如今本书即将出版，回顾此前的生活，有许多人、许多事对我影响很大，帮助很多，值得我永远追忆。

由衷地感谢我的导师李如密教授在我攻读博士学位期间对我学习、生活等诸多方面的关心与照顾，能拜在先生门下实乃平生一大幸事。先生睿智儒雅、平和宽厚，对我的鼓励与包容使我增添了学术的自觉与自信。尤其是在博士学位论文的选题与写作过程中，先生的指导给我留下许多"想象"的空间，更多的时候先生笑曰："放开胆量'想象'着写"，导师幽默风趣的背后更多的是对我有一种"学术期待"。刚入校第一次拿到导师给我批阅的论文时我惊呆了，从标点符号到字词句到文章逻辑层次框架结构，标注得清清楚楚，让我既感动又惭愧，感动于导师对待学术的认真细致，他总是将指导我们学习作为最重要的事情，任何时间、任何问题只要我们有疑问请教他，他总是

后 记

耐心及时地回复我们;每次去办公室见老师,老师总是立即放下手中的事务,面带微笑地先于我们一步"问好",让我们感受到大咖、学者的风范;惭愧的是我让老师费心了。老师的启发指点每次都让我眼前一亮,使我明确了努力的方向。

特别怀念温馨的课程与教学研究所(以下简称课程所)。课程所是我攻读博士学位期间待的时间最久的地方,因此,也是最留恋的地方,那里有许多美好的回忆,留下了许多的酸甜苦辣。如此富有学术氛围的课程所给我提供了很多便捷,使我免去来回奔波、排队占座只为觅得一处"净土"安心学习的忧虑。十分感谢课程所所长喻平教授慷慨地将他学生学习的座位借予我坐了三年,感谢喻教授在论文开题、答辩中给予的宝贵建议,尤其当我请教喻教授论文调查部分时,喻教授耐心指导并大气喊话"后期检测可让严卿帮忙",让我倍感温暖且增添了几分前进的自信。在课程所经常见到的是徐文彬老师,徐老师幽默风趣的特点给我留下了深刻的印象,感谢徐老师在论文开题、答辩及平时授课时给我的指点与帮助。在课程所经常与我们开玩笑,喊我"学霸"的是黄伟老师,当我担忧论文调研时,黄老师热心地为我介绍调研学校,时不时关心我论文进度,对此我深表感谢。吴永军老师的热情、平易近人让我十分佩服,每次见到吴老师,他都很热情,让我感到为人师的魅力。我们课程所还有一位美女吴晓玲老师,吴老师待我如朋友、如学长,让我很温暖。何善亮老师总是笑嘻嘻的,每次有困难找何老师,他都热情地帮我们解决问题。再一次真诚地感谢课程所全体老师为我们的学习提供了诸多便捷。除此之外还有南京师范大学教育科学学院的张乐天教授、齐学红教授,课堂上高质量的讲授与讨论给我诸多启发与帮助,对此表示感谢。

感谢我的博士后导师王本陆教授,王老师性格温和,每每与老师交流均收获满满,王老师不仅在学术方面给我指导,而且在其他方面也特别包容、理解、支持我。博士后进站期间发生了太多特殊的事情,也彻底打乱了我的学习和工作计划,我一度认为,我的人生已经跌入谷底,王老师及师母王永红女士一直在开导、鼓励我,使我重新振作起来,尽管按时、顺利出站,但我始终觉得很对不住王老师,家里的事情占据了我太多的精力,使我未能有太多的时间帮助王老师处理一些力所能及的事情,所以,我自己觉得这个博士后做得"不合格",没有达到预期值。

感谢我的硕导西南大学教育学部么加利教授,感谢西南大学教育学部孙振东教授，虽然我已毕业多年，但他们一直通过各种形式关心我的学习、生活。

"李门大家庭"也是我非常留恋的，"李门"的同学们给了我太多的感动与温情。攻读博士学位期间适逢赵小凤师姐到南京师范大学访学，我们朝夕相处一年多时间，留下许多美好的回忆，赵师姐待我如亲姐妹，时常做好饭喊我一起享用，让我非常感动，师姐关心我的学习、生活，在为人处世、待人接物方面为我树立了榜样。杨晓奇师兄与宋立华师姐在学术方面与我交流甚多，杨师兄坚定的学术立场与极高的学术自信，是必须学习的；宋师姐每次为我解惑答疑时均娓娓道来，阐述自己的观点并给出论据，较明显地表现出导师的风格，让我非常佩服。对我的学习与生活给予关心与帮助的还有李允师姐、肖菊梅师姐、李中国师兄、齐军师兄、刘伦师兄、孙伟师兄，师妹王禧婷、段乔雨、徐敏、郑红娜、李茹、崔爽怡、丁萍萍、牛宝荣、李秀梅，师弟张涛、崔阳洋、吕兴祥等，我们一起读书、一起探讨生活……三年的博士生活因为有你们，而变得格外温暖与多彩。感谢舍友薛辉，无数次深夜的"卧谈"使我们彼此增进了友谊，明确了努力的方向。感谢师弟魏同玉，同窗严卿、梅培军、董柏林等带来的欢声笑语，论文数据分析部分幸有严卿的帮助才得以顺利完成，在此一并谢过。在论文调研时有人多老师给予我帮助，还有本书所引用资料的作者，虽未一一提到名字，但内心充满感激。

同样感谢我的父母，多年来一直默默支持我的读书、学习并给予理解、支持，让我更加自信、坚定地完成学业。特别感谢我的母亲饱受失去亲人的痛苦，在我做博士后研究工作期间远离家乡独自陪我到北京，帮我带二宝，照顾我和儿子的饮食起居，使我全身心投入博士后的研究工作中。还要真诚地感谢我的公公、婆婆，在我攻读博士学位及从事博士后研究工作期间尽心尽力地照顾大宝的生活起居，承担了所有的家务，为我全身心投入学习免去了后顾之忧。

感谢我的爱人曹广煜。在我攻读博士学位及从事博士后研究工作期间不仅要忙着上班，还要兼顾家庭，不仅要肩负起父亲的责任还时常替我履行做母亲的职责，以弥补孩子暂时离席的母爱。还要感谢我的女儿曹知乐给我的支持与理解。女儿16个月我便去了南京师范大学，博士毕业接着去了北京师范大学进站做博士后，其间只是假期回家看望，每次与女儿视频时她都开心地与我说笑，从未因我离家求学而哭闹；每当回到家，女儿便黏着我，让我尽享亲情的温暖。

后　记

　　而今，我已就职于山东师范大学教育学部，学部领导及各位同事们对我特别照顾，入职后我们学部的部长徐继存教授专门与我交谈，告诉我做教师和做学生的不同，师者当自重；我的教学师傅车丽娜教授在我入职后便用心指导我上课，多次为我磨课，让我深刻体会打造一堂好课，绝非一朝一夕。教育学部是一个团结、温暖的大家庭，每天跟着敬爱的路书红副部长忙来忙去，充实又开心；每每遇到困难，丛伟龙主任都会慷慨地伸出援助之手，为我解决了许多麻烦；尽管孙健老师特别忙，但他还是时不时抽出时间为我传授一些宝贵的工作经验。张丽老师及吴磊老师和我同年入职，我们相交甚多，一起培训，一起参加启航1+1公开课，一起快乐地工作……

　　最后，我要对本书的编辑郝玉明老师表示最诚挚的谢意。郝老师的精心修改和中肯的建议为本书增色不少，也使得本书避免了不少疏漏。书稿的多次修正也是我不断学习的过程，未来我将继续努力，秉承教学情怀，保持学术热情，脚踏实地地做一名优秀的高校教师。

姜　艳
2021年12月1日于山东师范大学田家炳4323